Change & Transform

想 改 變 世 界 · 先 改 變 自 己

Change & Transform

想改變世界・先改變自己

李茲文化

跟任何人都可以聊得來 3

學會愛的語言、追愛得愛，人見人愛就是你。

How to Make Anyone Fall in Love with You

愛情有什麼道理？
85個按戀愛科學設計出的追愛不敗招式！
讓對方愛上你，一愛就是一輩子。

兩性專家
李俊東
名電視節目主持人
賴瑞·金 心動推薦

誠品年度跨領域暢銷冠軍作者
萊拉·朗德絲 著 鄭煥昇 譯
Leil Lowndes

別說標題太聳動，
《跟任何人都可以聊得來3》裡
有八十五個科學驗證過的技巧，
可以讓你一窺愛情的原貌。
懂得愛，你就能得到愛！

推薦序

寫在狩獵之前

收到出版社給了一大疊厚厚的書稿邀我寫序，正好是天氣變化極大的春季（說是發春的季節也可以）。

春天讓人心情起伏不定，心神不寧。精神科醫師指出，春天躁鬱症求診病患往往會增加兩到三成，多數患者無法控制情緒，門診案例曾有躁症發作男自以為是「萬人迷」，當起散財童子，狂買手機、鑽戒和名牌包向認識與不認識的女人們示好……。躁症好發於桃花盛開的春天，又稱為「桃花癲」，醫界普遍認為與「腦細胞運作失調」有關。

都說「春心蕩漾」，果真如此！桃花開，心花開，即使發癲犯傻，好歹也是桃花一朵紅；至少自己爽，沒遇到爛桃花就好（自己是不是別人的爛桃花就管不著了）。

曠男怨女苦苦等不到正桃花、好桃花，為了求姻緣，勤奮拜月老、領紅線（這幾年紅線領到都可以編條圍巾了）。失業率令人心驚膽顫的年代，月下老人不但兼差，事業還做得有夠大！想必大家都缺愛。不少人靠著月老杯杯的名號又加盟又連鎖又異業結盟的，不但開起廟來，還做網站發行公仔，聽說還開了一間銀行咧。

無法大幸福，每個人退而求其次，嗯哼，追求小小的「小確幸」總可以了吧。下班後上不了昂貴的夜店把妹喝酒，就到夜市去吃些好吃的順便逛街走走。

但是夭壽啊，物價「漲」聲竟然不斷響起，平民小吃親民價格早已大崩壞！銅板價小確幸的滷肉飯、大雞排都漲到吃不起的這個艱苦世代，小情小愛不知道從什麼時候開始變成了奢侈品；愛情像是掉在田徑場跑道上的高貴玻璃鞋，許多男女寧願赤著腳跑步，也不願意冒險負擔起試穿玻璃鞋卻不小心弄碎刺傷腳噴血的失誤。

太久沒戀愛（更沒做愛），父母逼婚，臉書狀況已經好一段時間單身；偏偏那個鞋子穿特大號的男歌星結婚還把婚宴辦成演唱會，還辦三場來個世界大巡迴！而靜靜地離婚的昔日玉女明星竟然還能靜靜地又結婚了，難不成真的是有錢好辦事？

曾幾何時單身引發社會福利問題？甚至演變成國安事件？國民遲遲沒結婚成了國家危機？什麼都要SOP，（為何不乾脆公布戀愛的SOP？）未婚的人被扣上單身公害的帽子，終於領悟到「躺著也中槍」這個名言佳句。

忙著活命的男女，嗡嗡嗡，從早到晚忙做工；嚕嚕嚕，薪資卻是倒退嚕！許多人根本領不到22K（別說黃金還24K咧，即使跌價還是買不起），現實的環境求生都嫌辛苦了，政府還要人快結婚快生！到底是想要逼死誰？

那首《沒那麼簡單》之所以可以高居點唱排行榜，是因為大家真真覺得「相愛沒有那麼容易，每個人有每個人的脾氣，過了愛作夢的年紀……。」停停停，怎麼不知不覺就跟著唱起來了？切歌！

世界上最長的路不是絲路，是「情路」，只是情字這條路，總讓人喊破喉嚨感嘆「餵蝦米」？為什麼「你都滿面春風，我都在淋雨」？唉唷喂呀，怎麼不小心又開唱起來了。（話說現在旱季缺水，下點雨不無小補也算做功德啊。）

無法開心戀愛，至少開懷練唱吧。光棍小資男女振振有詞：「寧願在包廂裡傻笑，也不要在婚禮上假笑。」（愈是當不成新郎新娘的，愈是有人要來找當伴郎伴娘）。

發文無法曬恩愛，只好寫「食記」；沒有另外一半可以搞甜蜜，那就拍自己！

自從有了「臉書」，「無名」關門大吉之後，原本勤於發文認真寫作的型男正妹開始從傳統部落格來個民族大遷徙，不管有臉的、沒臉的都義無反顧地加入了「非死不可」（Facebook）！「按讚」的發明，激發起人類原本就「自戀」的潛力。智慧型手機當道，男女們原來只打算用文字努力經營自己，現在完全都把精力獻給「自拍」！人類的進化已從古早年代的單戀、暗戀（已經不奢求熱戀），徹徹底底、完完全全進化到「自戀」。

日子都已經這麼難過了，就別讓自己不開心。

屢戰屢敗的人，喪失了信心，覺得愛情裡實在太多洋蔥，苦慘了，怕了！

那ㄟ安捏？

太久沒有愛的人，不想太多，只想被「秀秀」。獨立自主慣了，沒有情人，有些男人至少有無數的「女優」相伴，不想靠男人的女人也有「好棒棒」；自我安慰沒有愛情也沒有關係。遇到有人要介紹對象，往往不知如何推辭，索性來個「神回覆」說自己再過不久就要出櫃！

大家都知道，我除了兩性專家的身分，還有占星與塔羅的專長。每次我的兩性講座後，總有許多人排著隊等我。她們沒有拿著愛的號碼牌，也不是等著要和我簽名合照，更別說我人緣好、人帥真好；大家來找我其實是希望我順便免費幫忙排星盤找愛，算塔羅求愛！

到底是怎樣？

決定要愛的男女，好不容易靠著聰明過人、啥都能幹的手機搖一搖、搖到外婆橋，不是啦，是搖一搖，搖到了一個自己「敲喜歡」、長得「敲口愛」的對象，發了好幾個訊息、貼了好多個金促咪的貼圖（還用代幣買的）送禮物給對方，想不到對方竟然裝死，犯了江湖的絕命大禁忌：「已讀不回！」

對愛心存幻想的人，其實根本還沒有準備好。

太過渴望愛的人，亂槍打鳥，一進到愛的叢林就失心瘋迫不及待瘋狂掃射，這樣的獵人常常淪到反被獵物「打槍」的命運。每次才剛想要出手，一下子就「GG了」。此起彼落的「搜哩搜哩」，頻頻聽到有人說：「穴穴你。」一直被發好人卡，只差沒有上臺接受十大好人好事表揚。

大多數的人不是不想愛，只是不知道怎麼去愛。

面對愛情心裡還抱持期待的人，盼著能夠因為愛上天堂（沒想到總會遇到壓死駱駝的最後一根稻草，只能無奈揮手下降直墜入苦情地獄）。

不管是這些年，還是那些年，我們想追的人，偏偏總是英雄所見個死人頭（太激動了，是英雄所見略同啦）！最重要的一刻往往被人搶先一步。以為快要得手的愛，突然有人擺出囂張的揪咪姿態昭告天下：「我追到了，超棒der！」把悲傷留給自己，只能在一旁流口水，乾瞪眼。

沒關係，是愛情啊。

這就像過年排隊買福袋抽汽車，只有一個名額，你期待自己會抽到，放棄和老爸老媽吃團圓飯、犧牲阿公阿嬤包給你的壓歲錢，排隊排到天荒地老，終於花了一千塊買到福袋，拿出佛珠唸好佛號之後，準備打開來瞧瞧……。突然，百貨公司廣播宣布：「恭喜，恭喜，汽車大獎得主現在已經誕生了。」哇哩咧！過年點光明燈，明明前兩天就去排隊，眼看今年總算會有機會，偏偏穿著藍長袍的師姐笑咪咪地來到跟前輕聲說：

「拍謝啦，燈都已經點完囉，明年請早！」然後像跳針一樣，一直說著：「拍謝，拍謝……。」

愛情如同江蕙演場會的門票，人人有機會，個個沒把握，秒殺還不夠，跑好幾家排隊搶ibon，搶到大家火氣蹦蹦蹦，最後還要忍受無法到手的心痛！

別哭、別哭。你哪位？有事嗎？

放眼望去，自願茹素的男女愈來愈多。

只要還想吃肉，就別放棄打獵啊！只要心還沒死，相信這世界一定會有天使。

愛情的叢林裡，摩拳擦掌的男女獵人齊聚，獵物奔馳，獵人與獵物鬥智也鬥力。在開始狩獵之前，讀讀這本《跟任何人都可以聊得來3》，看萊拉怎麼說？我的同行萊拉是愛情專家，深諳狩獵生態！八十五個科學驗證過的技巧，每個技巧都是有用且實用的生存法則，相關實例佐證的故事讀起來更是輕鬆有趣。

現代人怕老、怕窮、怕孤單，於是不論男男女女都熱中微整形，就怕「有點年紀惹」，外表初老、顯老千萬不可！於是拼命賺錢貸款買房求安心。有閒錢的養狗、養貓，沒閒錢的養生、養老。

戀愛要怎麼開始？熱度怎麼樣才能持續？情要如何談？愛要怎麼做？

我十多年前就在男性和女性時尚雜誌寫專欄，出了多本暢銷書，以愛情顧問的姿態建立我的兩性專家版圖，在增產報國的年代，也算是功在黨國啊。隨著我把重心放在大學開課及演講，我知道很多死忠的善男信女一直在等我出愛情書，我只能說：這些年，大家辛苦了！

一直等著我的讀者們，如果感情世界還沒有下單成交，來、來、哩來，哩來！別只是在書店看《跟任何人都可以聊得來3》，買回家慢慢細讀吧。且看科學研究分析男女性愛身心，更有作者的親身經歷，仔細閱讀其中，一定可以讓一直處於奔走、暴走、盲走狀態的人恍然大悟；學到之後，盡情去捕捉你要的獵物吧。

前《GQ》國際中文版副總編輯暨兩性專家
李俊東

目錄

第二部分 個性相近，各取所需

第三部分 自我

第五部分 約會初期的兩性鴻溝與橋樑

第一章

任誰都會愛上你？嗯，幾乎啦

「我不懂耶……我不醜，我聰明、體貼、事業有成，爲什麼他不愛我？爲什麼我交不到女／男朋友？」多少次夜深人靜，你是不是問過自己這樣的問題？你是不是邊問邊捶著牆壁……旁邊的枕頭？

這樣的你狐疑地從架上取下這本書，抱著一絲絲希望，想看看裡頭能給你什麼答案。吸引到你的，也許是「追愛得愛」這個副標題。

「好大的口氣，」你心想。確實，這是個超乎常規的目標，但只要你願意跟著這本書，跟著書裡各種科學驗證過的道理前進，你就能進入未來另一半的心坎裡，到時候這標題看起來就不會那麼離奇了。

古往今來明明那麼多人被愛拒於門外，明明心碎成一片，二十一世紀的我們憑什麼說我們找到了戀愛公式？很簡單，因爲歷經了好幾個世紀的抗拒，科學終於開始著手去解開愛情之謎了。科學會告訴我們什麼是愛，會告訴我們愛火爲何點燃又爲何煙消雲散，還有什麼樣的愛可以歷久不衰。

就像石器時代的人類看到日蝕或月蝕，會認爲那是種魔法，我們看愛是一種咒語。剛戀愛的我們會想跟路人分享，會想幸福地大喊「我戀愛了！」，這時愛情眞的就像對我們下了咒語一樣。但進入二十一世紀，我們發現愛情其實可以定義，我們發現愛情其實是數據、是化學、是生理學與心理學的綜合體。好吧，或許再加上一點點魔法。

隨著科學揚帆進入未知的領域，我們將有機會了解蕭伯納（George Bernard Shaw）口中「最瘋狂、最虛幻、最短暫的激情」，究竟是什麼東西。人會甘心在那「激動、反常、精疲力盡」的狀況裡待著，究竟是什麼動力在背後推著？「愛，到底是什麼？」是個謎團，是個難題，但這難題不新，巨賢大哲如柏拉圖與佛洛伊德思考過這問題；《史努比》（*Peanuts*）漫畫裡頭很大的查理布朗，也曾爲這事頭大過。

時間拉到西元一九五〇年，漆黑的百老匯劇院裡上演著音樂劇《南太平洋》（*South Pacific*）。當台上的男主角艾齊歐．平沙（Ezio Pinza）唸著內心戲的獨白：「誰能解釋愛？

誰能說明白？愚者話匣開，智者嘴停擺」，台下想必是心有戚戚焉。不過，最近倒是有不少男女智者嘴巴動了起來，成功解釋了什麼是愛。我們不好苛責創作《南太平洋》的羅傑斯（Richard Rodgers）跟漢默斯坦（Oscar Hammerstein），因爲當年他們在寫這部愛情音樂劇的時候，科學家對愛情還是一頭霧水，就像戲裡美國海軍護士奈莉跟相戀的南島首富迪貝克這一對俊男美女，也弄不清楚那個奇妙的傍晚發生了什麼事情。

科學「發現了」性

早在佛洛伊德把「性」當回事來研究之前，擅於理性分析的科學家就都一致認爲愛是人的基本需求，但他們也很理性地認定男女之愛沒辦法評估、分類，更別說是定義，任何人有這種念頭都是太有錢或太閒。佛洛伊德臨死都在說：「我們眞的不懂愛啊！」

人之將死，其言也善，佛洛伊德的遺言被科學界奉爲圭臬好一段時間，直到一九七〇年代初期有一群充滿實驗精神與幹勁的社會心理學家，他們回歸到科學家的本色吶喊：「爲什麼？」跟「怎麼會這樣？」他們開始自問，也開始問他們能拉進實驗室裡的每一個人：什麼是愛？

兩位女性心理學家有了突破，是因爲她們無意間吸引到了媒體的注意，讓二十世紀的記者們跟「什麼是愛?」這個老問題，有了新的接觸。艾倫・柏薛德 (Ellen Berscheid) 博士跟她的同事伊蓮・哈特菲爾德 (Elaine Hatfield) 成功爭取到一筆金額高達八萬四千美元的聯邦研究補助，而她們申請的研究計畫主題不是別的，正是愛情這件小事。艾倫能讓美國國家科學基金會 (National Science Foundation) 撥款，她的說詞是：「棘背魚的交配習性，我們已經瞭若指掌，是時候換種動物研究了。」

艾倫的研究跟前人一樣，原本也應該要沒沒無聞的，但沒想到一本超冷門的專業期刊上登了十幾頁艾倫的東西，然後對飲食男女來說很幸運的是那個命定的早上，在國會山莊裡，現已退休的威斯康辛州參議員威廉・普羅克斯麥爾 (William Proxmire) 在一大疊厚厚的報紙裡發現一小則報導提到國家科學基金會補助兩位女性學者，她們要做一個「鬧著玩」的兩性研究。

參議員氣炸了！八萬四千美元的稅金拿去研究什麼?他用光速發了一則新聞稿大談愛情不是科學，還怒氣沖沖地點名說：「國家科學基金會，不要蹚愛情這渾水，那是伊莉莎白・貝瑞特・布朗寧 (Elizabeth Barrett Browning)[1] 跟艾文・柏林 (Irving Berlin)[2] 該搞的事情。」最後性情中人的他老人家還補了一句：「我跳出來反對補助這項研究，還有一個原因，那就是我不想知道『愛情是什麼』。」他以爲他代表多數，但他錯了，還錯得離譜！

普羅克斯麥爾的反應引發了國際性的軒然大波，風暴中心正是艾倫，而且這風暴一刮就是兩年。「號外！號外！詳細報導：國家科學基金會要解開愛情之謎！」各家報紙都忙翻了，全員出動不說，攝影機跟麥克風更興致勃勃地瞄準艾倫，至於艾倫的研究室原本平靜無波，現在也快被雪片般的信件給淹沒了。

參議員對「愛」的攻訐，產生了跟他預料中相反的效果，激烈發言不但沒有讓這「鬧著玩」的研究畫下句點，反倒是他的小鬧劇撩起了各界對愛情研究的強大興趣與關注。《紐約時報》(*New York Times*) 記者詹姆士．雷斯頓 (James Reston) 就公開說要是艾倫的團隊可以「解析出人從戀愛、婚姻、幻滅到離異，乃至在這過程中產生下一代的一整套流程，那這肯定會是美國自總統傑佛遜買下路易斯安納州以來，[3]聯邦政府最划得來的一筆投資。」

艾倫．柏薛德女士所做的，就像是把小指從塞住的堤防洞裡拔出來一樣。從她發

---

1 維多利亞時代英國女詩人。
2 美國近代作曲名家。
3 西元一八〇三年，當時的美國總統傑佛遜以每英畝大約僅三美分的價錢向法國購得路易斯安那州的廣大土地。

難之後，關於愛情各個面向的深入研究就像山洪爆發，一發不可收拾。當時響叮噹的社會學大家，包括像佛亞 (Foa)、默斯坦 (Murstein)、迪安 (Dion)、阿隆 (Aron)、魯賓 (Rubin)，乃至於其他許多外界較不熟悉的學者，都投身愛情的研究，他們留下的是迄今仍包得好好的禮物，等著我們開封。或許並非這些學者的本意，但他們的心血結晶，他們的研究成果，可以讓我們學會如何讓別人愛上我們。

確實，不是每項研究都跟戀愛直接相關，所以爲了找出跟本書宗旨有關的研究，我地毯式搜索了數百份論文，當中有研究的名稱拗口到令人咋舌，像是《交換定向對異性同居者雙重功能運作的影響性研究》(*The Implications of Exchange Orientation on the Dyadic Functioning of Heterosexual Cohabitors*)，對此我只能說：蝦密？此外有研究讓老鼠依序聽古典、爵士與藍調音樂，看哪一種會讓牠們性慾勃發；有項研究對本書來說無用武之地，因爲研究的主題是戀屍癖；還有研究的對象是源自印度的雙修瑜珈裡，男女雙方一動也不動的靜態「性行爲」，我想這樣的技巧，只有在十級風浪、顛到不行的蜜月之旅船上，才派得上用場吧。

不過大家不用擔心，另類研究畢竟是少數，更多的研究叫好叫座，引人遐思而且非常實際。勇者博士科學家提摩西．波頗 (Timothy Perper) 在最鍾愛的「實驗室」，也就是單身酒吧裡，不知泡了多少個小時，盯著「實驗對象」多久，才完成了他非常實用的研究傑作；主要研究愛情理論的勞勃・史騰伯格（Robert Sternberg）與其團隊，提出了許多精采的觀察；陶樂斯・譚諾夫（Dorothy Tennov）與其同僚探討了迷戀的成因，結論令人獲益良多；卡洛・羅奈（Carol Ronai）名氣不大但膽子不小，她竟然跑到上空酒吧當起了豔舞女郎，就爲了試驗什麼樣的表情可以打開男人的「開關」。

研究永遠不嫌多

我本身的第一手研究雖然不若前輩們那麼驚世駭俗，但也非常扎實。在我成爲溝通顧問與訓練師之前，我有超過十年的時間擔任自己創辦的研究團隊總監，這個團隊就叫作「計畫」（The Project）。

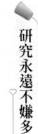

「計畫」的所在地是紐約市，是個爲了探究性愛與兩性關係而成立的非營利組織。在參與「計畫」運作的期間，我累積了數以千計的受訪者，並將訪問的成果整理歸檔；這段時間有數十所大學邀請我去發表相關的演講，我都順便把學生當受訪對象來採集資料。

就像艾倫・柏辭德的遭遇一樣，「計畫」的爆紅也是無心插柳。《時代雜誌》（*Time*）記者採訪了我們訪談受試者的過程，並據此寫了一篇全頁的文章說：性幻想上百老匯了！嗯，這是眞的。

「計畫」裡有一個小組的業務是讓志願者把眞實的性幻想演成心理劇，但其實這裡頭並不牽涉到裸露，也沒有不堪入耳的語言，可以說是非常普級的表演。這麼獨特的表演引起了美國三大電視網的注意，於是他們在全國性的時段播放了心理劇的片段，播出之後果然引發連鎖效應，歐美眾家主流平面媒體也刊出了相關的文章。

就在知名度的累積之下，許許多多切身的愛情故事、幻想與渴望開始從世界各地傳來，有人來電，也有人來信給「計畫」，鉅細靡遺說明了他們到底想從潛在戀愛對象的身上得到什麼。大部分來信與電話的開頭都是：「這些話我從沒跟別人說過……」，接下來就是來信或來電的朋友對著不知名的「計畫」工作人員，隔空揭露他們內心最深層的慾望。我們懷抱著感激靜靜聽著，記錄著人爲什麼戀愛，又怎樣能讓人陷入愛河。

戀愛技巧的誕生

讓我們先把性愛擱在一旁，讓我來聊聊我的另外一個專業領域：人際溝通，因爲

我就是把「計畫」蒐集到的資料帶進了人際溝通的領域，並且在這裡把資料轉化為可以

操作的戀愛技巧。

人類行爲可以誘發，是已經獲得證明、毫無疑問的事實。這點若是還有疑問，那所有的心理學家與數以千計的企業訓練師，包括我本人在內，就都該失業了。誘發情緒與改變行爲，都有科學確立的方法可以達成，像難搞的人怎麼應付，老是給你找麻煩的員工該怎麼糾正，都是我們可以學習、可以做到的事情。

在替政府部門、大專院校、專業機構與企業組織所辦過的研討會上，我得到許多回饋，而這些回饋讓我深信，人類的行爲模式確實是可以改變的。如此複雜的任務誠屬不易，首先我們得了解人類基本的需求與行爲動機，然後就可以運用適當的語言與非語言技巧去影響他們的行爲。

這本書就是要談這點。**從科學研究的發現出發，我將揭露人會陷入愛河，背後對應著什麼樣的基本需求與動機，然後我會分享有哪些語言與非語言的技巧可以誘發你想要的行為，包括如你所願愛上你。**

這本書能問世，是各個專業領域累積多年研究的成果，包括人際關係、男女性事、溝通技巧、性別差異都牽涉其中。我不僅拜讀主題爲愛情本質的科學論文，納入我本人親自所做的研究，也參考現代治療師與溝通分析師的專業書寫，都是爲了這本書能順利成形。我特別要感謝心理語言學家黛博拉．坦寧 (Deborah Tannen)，還好有她的研究資料；還有心理治療師約翰・葛瑞（John Gray），我要感謝聰明的他提出了「男人來自火星；女人來自金星」的說法，這個比喻讓男女思考與溝通風格大不同，成爲了常識。

要讓人愛上你，有哪些元素跟流程？能不能簡化成公式？下面要講的東西聽起來簡單，但實際上相當之複雜。

首先關乎人際間吸引力的組成，你得要有扎實的科學根據，然後你得針對你鎖定的「獵物」，也就是你的「潛在戀愛對象」，盡可能把資料找齊。有了資料，你要展現高超、縝密且不露痕跡的溝通技術來滿足他意識中或潛意識裡的需求。最後一步，你必須拿出銳利的感知來判斷他在性愛方面的偏好，這樣煮熟的鴨子就不會飛掉了。

說完了，就這樣，這就是你可以讓潛在戀愛對象愛上你的基本公式。

戀愛技巧的測試

光研究與紙上談兵並不能滿足我，我必須想辦法確認這些技巧上場眞的堪用。話說幾年前，爲了測試自己的想法到底有沒有料，我策畫了一場主題爲「任誰都會愛上你」的研討會。

一知道有這個企畫，邀請我去演講的單位遍布全美，大學、單身社團、各種性質的俱樂部，乃至於推廣教育的課程都表達出興趣。以研討會之名我測試了自己的理論，而在研討會學員給我的回饋是：**「OK的，你可以讓人愛上你！」**

這很容易嗎？不可能。

要付出代價嗎？絕對要。

你可以先讀完這本書，再決定這個人的這顆心，值不值得你付出這麼多去贏取。但如果你已經下定決心要走下去，那就跟定我，我們一起來探索有哪些技巧不能放過，有哪些方法可以讓你的潛在戀愛對象爲你傾心。（你或許注意到我用了幾次「潛在戀愛對象」，這在本書是一個專有名詞，接下來的內容裡我都會這樣用，雖然一個名詞六個字有點笨重，但這麼說顯然比「任何人」精確許多，「任何人」是出版社選的用語，他們很清楚這樣比較吸睛。）

誰是你的潛在戀愛對象？首先，潛在戀愛對象是「任何」一個準備好戀愛的人。時機，就算不是戀愛的全部，也絕對是不容忽視的很大一塊。這麼說吧，一個剛失去摯愛另一半的人，就不太可能準備好要戀愛，這樣的人就不包括在潛在戀愛對象裡頭，至少暫時是這樣啦。

再來，潛在戀愛對象是「任何」沒有特殊心理需求（或特別喜歡某種「菜」）的人。有些人對於性與愛有特別的需求或偏好，不能滿足他不是你的問題，我們之後會大篇幅探討你心儀對象的性愛地圖（Lovemap）。[4]

扣掉這兩種人，剩下的幾乎都是潛在戀愛對象，眞可說是天涯何處無芳草，除卻巫山很多雲。現在就讓我們出發，直取你渴望的那顆眞心吧！

4 性心理學者約翰・曼寧（John Money）為方便討論人類性愛偏好，而於一九七〇到八〇年代提出的概念：「性愛地圖」代表著我們心裡對理想性伴侶與性活動的想像。

第二章

人為什麼會陷入愛河：六項基本元素

艾倫．柏薛德帶頭，後來一堆人跟進的研究有什麼了不得的結論嗎？嗯，好吧，佛洛伊德或許說對了一點，愛情確實成謎，我們確實很難將之抓在手上，轉化成可以二進位存到硬碟裡的電腦資料，所以學者們用的辦法是把愛情看成病毒，然後針對特定的愛情課題去各個擊破，步步爲營地蠶食出一些確定的結論，如此累積起來的收穫倒也不容小覷。

一路研究下來，人對戀愛有六件事情可以確定。這六件事情就是六個箭靶，你要成功偷心，就要學丘比特把箭頭對準這六圈靶心，精準地射過去。

一號靶：第一印象

一見鍾情就跟搶新人獎一樣，一生只有一次機會。

你第一眼看到獵物，獵物第一眼看到你，都是決勝的關鍵，因爲雙方都會做出「衝還是不衝」的判斷。科學家說愛苗種下，往往就在兩個陌生人認識的幾分鐘之內。

初見面的兩隻貓會停下來互相打量，如果其中一隻發出嘶嘶聲，另外一隻也會豎起毛皮嘶回去；但如果第一隻貓動一下酷酷的鼻子，另外一隻貓咪就會投桃報李，然後兩隻貓咪就會一起開心地呼嚕起來，順便還會互舔整理對方的毛。

男女之間的認識過程，就跟小動物間會互聞一樣。我們或許沒有尾巴可以搖，沒有毛可以豎，但我們有眼睛可以瞇、可以睜；我們有拳頭可以握、可以鬆。像把手鬆開掌心向上，就代表「我聽你的」。此外還有幾十種不自覺的反應會出現在人際互動的開端。好消息是我們可以學會控制這些照講應該要不受控制的反應。

兩人一對上眼，潛在戀愛對象就會不自覺讀取你微妙的種種肢體語言，他們會在很短的時間內決定要試試看還是打退堂鼓。如果第一時間沒被暗暗打槍，男生跟女生的大腦就會立刻變成一台電腦，**你的潛在戀愛對象會在你們第一次聊天、第一次約會的**

時候跑分數出來，然後立刻決定你是晉級還是淘汰。

在這本書的第一部分，我們會介紹有哪些技巧可以吸引潛在戀愛對象接近你、喜歡你，讓你約出去。我會提出一些經得起科學驗證的方法，讓你可以藉此聊天不會冷場，第一次約會就全場起立鼓掌。

二號靶：氣質要相近，但又要能各取所需

我的情人要跟「親愛的我自己」一樣（嗯，幾乎啦）！

如果你通過了第一印象的考驗，進入到第二關，你的獵物就會開始評估你有沒有可能成爲自己的潛在戀愛對象。他的潛意識這時候說的是：「我想要找個跟我一樣的人，嗯，百分之九十九一樣啦！」

不論是要能契合一輩子，還是要能契合一頓晚飯，兩個人某種程度的相似是一定要的。人心是很精密的儀器，我們會自動偵測哪些人跟我們的價值觀一樣，信仰一樣，世界觀一樣。同質性讓我們舒服，因爲有人想法跟我們一樣，就等於在說我們長到這麼大，一路以來的抉擇是對的。我們也會去找跟我們興趣一樣的人，因爲這樣「眾樂樂」比較容易。**所以說「一樣」絕對是人際關係要能起飛的好跳板。**

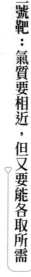

但一樣的地方太多，又會讓人覺得有點無聊。而且每個人都有缺點，我們需要能跟我們互補的人。比方說一對情侶數學都不好，那家裡誰管錢？如果兩個人都很邋遢，那誰去收拾地上的一堆臭襪？

這就是為什麼如果是認真要找長期伴侶，我們也會去偵測跟我們互補的特色。不過倒也不是我們缺什麼都想要，**我們只會想要我們欠缺但又覺得有趣的那些特質。**所以說，我們找對象會找跟我們相像但不是一模一樣的人。

進入本書的第二部分，我們會討論可以如何在獵物的心上種下「我們很像」的種子，但同時又能讓他知道我們很像歸很像，但我還是有很多不一樣的地方可以讓你靠、讓你笑，讓你不無聊。

三號靶：愛情要公平

愛情的「我有什麼好處」原則

「嘿，寶貝，每個人都有行情，每個人身上都有個標籤！」他多正？他地位多高？他血統多純正？他可以管多人少？他有錢嗎？他聰明嗎？人客氣嗎？他可以幫上我什麼忙？

上面這些話聽起來，你會覺得很醜陋嗎？科學家說愛情其實並不盲目。每一個人，包括我們當中的聖人或仙女，挑起另一半都會有點像歐巴桑或歐吉桑。這就跟做生意沒兩樣，商場上每個人心裡的OS都是：「我有什麼好處？」這句話其實在愛情的世界裡，也是一項確定的原則。

你們有些人在抗議，我聽到了。「才不呢，愛情很純粹，愛情可以包容一切，愛情裡是關懷，是利他，是水乳交融，是無私奉獻，這些才是愛的眞諦。」嗯，我不會說你錯，但這些是「愛的眞諦」的前提是愛是眞愛，外加談戀愛的是兩個好人。你身邊搞不好就遇過一心一意對彼此，願意爲另一半犧牲一切的情侶或夫妻。這樣的案例令人嚮往，也確實存在。但這個境界是很後面，非常後面的事情；**要達到這個境界，你首先得讓人愛上你才行**。

如果你想讓人愛上你，科學家說，你首先必須讓他們相信跟你交往不會吃虧。我們可能沒有自覺，但科學家說千錘百鍊出來的供需法則不只適用在市場中，也適用在愛情裡。情人會不自覺地去計算對方的「相對價值」，還有這段關係的「成本效益」、「隱藏成本」、「維持費用」、「預估折舊」，沒錯，這些都是經濟學的概念，然後他們會自問：「找不到更好的了嗎？」每個人在內心深處都有一個大大的記分板，所以說要讓人愛上你，你就得讓你鎖定的對象覺得跟你交往不但不會吃虧，而且還會大賺！

如果你生來不是正翻或帥爆，家裡不姓王，不姓郭也不姓連，然後你本身又沒有史懷哲博士悲天憫人的廣闊胸懷可以讓異性景仰到五體投地，那也沒關係。第三部分我們會介紹鑽石舞台級的口才來取代我們一般人都含不到的金湯匙，這樣再挑的獵物我們也有能力滿足。

四號靶：配合對方的自戀去演

你是如何愛我？讓我一一細數。

轟轟烈烈的愛情風暴裡，「自我」就是那個雷電交加的核心。丘比特射箭時是瞄準對方的心，但科學家說我們眞正應該集中火力的，是心儀對象的自我。**愛上一個人，往往是因為我們能在對方眼裡看到理想中的自己**。

自我是世界的中心，對找愛的人來說絕對是天大的好消息，因爲人的自我是非常好攻擊的目標，你喜歡的人也不會例外。要讓你喜歡的人覺得自己漂亮、強壯、英俊、迷人、有活力，或者達成他對自己的任何期望，方法多到不像話，你可以大動作恭維，也可以小小力按捺。更別說還有不可勝數的途徑，可以奸巧但有效地讓獵物覺得自己閃閃惹人愛。用點心思，花點工夫，你就能讓獵物相信他們早就懷疑了的事情是眞的：自己眞的不是凡胎。他們會想說：「我不一樣，我棒極了，眞謝謝你能看出這麼明顯的事情，我愛上你了。」

每個人都需要安全感跟肯定。爲了不受這個冷酷的世界傷害，我們對主要的人際關係會有一定的期待。在第四部分，本書會探索各種方法，讓你可以讓獵物覺得你是燈塔、是救星，是海海人生中的避風港。

五號靶：約會初期要拆掉性別的藩籬

亞當夏娃到現在，真愛存在嗎？

一九五六年的百老匯舞台上，雷克斯．哈里森（Rex Harrison）哀怨地說出：「唉，爲什麼女人不能像男人一點？」，台下每個人都露出了會心的微笑。雷克斯知道他的「窈窕淑女」眞的是一種獨特的生物。但從《窈窕淑女》（*My Fair Lady*）之後，女性主義者開始對雷克斯的信念產生了強烈的質疑。

時至今日，歷經了幾十年來對於兩性心理差別的思索、推測與假設，答案終於揭曉了。請下懸疑的鼓聲，眞相就是：沒錯！男人跟女人的思考與溝通方式，確實非常不一樣。

神經外科醫生可以在 X 光片上明確指出女性的腦部有特定的神經元叢集，就是這樣的大腦讓亨利．希金斯 (Henry Higgins) 在所創作的《窈窕淑女》裡說女人「重心機、令人氣、令人急、令人抓狂、令人超不爽。」另外也有科學家把儀器對準男性的腦細胞，他們想弄清楚女生指控男生是「不體貼的呆頭鵝」，到底有沒有道理。

就這樣，雖然關於遺傳基因、腦部結構與性別差異的資料不斷累積，但愛情森林裡的獵人不分男女，都還是認定人的想法都差不多，都還是堅持用自己的想法去追求異性，我們會想說自己希望怎麼被追，就怎麼去追別人。關於這點，近期的科學發現或許能指點一些迷津，但除非我們把大腦前葉動手術切掉，否則我們用腦的習慣還是不會有什麼根本的改變，女人還是會繼續把人逼瘋，男人也還是會繼續呆下去。兩性還是會繼續用讓人解嗨的方式溝通，而這正好是第一次約會的大忌。

爲了避免打草驚蛇把獵物嚇跑，認眞的獵人會牢記水鹿、麋鹿、梅花鹿，野牛、野狗、野兔的習性在心，**我們在愛情森林裡覓食也應該把異性跟我們的差別記清楚，這樣才能把喜歡的人一舉成擒**。

第五部分會告訴你如何避免約會初期常犯的錯誤，如何讓戒心最重的獵物也卸下心防。提到愛就彈開的獵物會跟異性保持安全距離，但其實只要操作得宜，你就能讓獵物自動進入你的射程距離。

六號靶：愛沒藥醫、性有藥方

如何讓性慾通電

很多書給性生活建議，都把點燃伴侶的慾火說得好像把床頭櫃上的檯燈打開一樣簡單。壓這裡促進高潮，按摩那裡增加快感，書上都會這樣告訴你。沒錯，性慾是一種「電器」，但身體上的「開關」只對應到生理上的功能跟反應而已，「意志力」(Mind power) 才能讓性這台複雜的機器年復一年運轉。**人最重要的性器官不在兩腿之間，而在兩耳之間。**

想知道詳細的「技術分析」，相關的參考書籍可以說是好買至極。「怎樣讓男人欲仙欲死」、「怎樣讓女人捨不得下床」、「怎樣讓男人上去就下不來」、「怎樣讓女性每次都能得到滿足」、「怎樣讓女性每天都想要」，我想類似這些口吻的書名你應該看過吧。這類書都寫得很清楚，女人看了就會知道怎樣搔弄龜頭冠正下方的那個點，讓男人爽到瘋掉；男人也可以研究詳細到連笨蛋也看得懂的圖表，晚上他們就知道手指要怎麼用，才不會下錯交流道，跟女伴的 G 點擦身而過。

別誤會，我不是說這些東西不重要，相反地，這些知識都很重要。但如果你眞的要人愛上你，這些技巧就會在我稱之爲「大腦口交」(brain fellatio)的面前相形見絀了。**所謂的大腦口交，就是把夢想、渴望與性幻想從伴侶的腦中「吸」出來，然後據此創造出一個他們可以一生享用不盡的性感氣氛。**

各位男士要知道對女人來說，遠比一週幾次、甚至一夜幾次更重要的事情，是你在兩人世界裡，點點滴滴所營造出來的感性，還有就是你每次望向她的深情。女士們，比起妳的罩杯或臀部曲線，男人或許更重視的是妳對性的態度，跟在床上的配合度，妳知道男生總是會有一些「特別」的要求。

沒有兩片雪花的形狀會完全一樣，也沒有兩個人的性慾與癖好會完全一樣。我會教你技巧去發掘獵物的特殊需求，這樣你就能在床上完全滿足他。在本書的第六部分，我們會探索什麼樣的性事，才是能讓人愛上你的好性事。

現在就讓我們展開這涵蓋了六個部分的旅程，首先讓我們來看看陷入愛河時的我們，生理上會有哪些反應。

第三章

戀愛時的生理反應

「為什麼我的五臟六腑全怪怪的？」

戀愛是一種心理反應，也是生理反應。我們首先要介紹的一些技巧，是鎖定要引發獵物的生理反應，而這些反應往往走在他們的大腦意識前面。讓我們把核磁共振跟X光機給搬出來，一起來看看在感覺到愛的瞬間，獵物的身體到底發生了哪些機轉。

「要無腦到什麼程度，對方才會愛上我？」

事實上，要非常無腦。科學家說大腦像豌豆一樣小的人才會戀愛，而且他們猜測迷戀的核心就是一種叫作「苯乙胺」(phenylethylamine) 的化學物質，而苯乙胺的縮寫正好是「PEA」，跟「豌豆」的英文拼法相同。另外苯乙胺跟安非他命是親戚，效果也有點類似。

苯乙胺分泌出來後會通過神經系統跟血液循環，創造出一個相當於吸毒快感的情緒反應，至於生理上，人則會心跳加速、手汗迸發，五臟六腑也都感覺怪怪的。（有一種說法是苯乙胺會讓你想一有機會就把獵物的衣服扒掉。）

按照科學家的說法，苯乙胺、多巴胺 (dopamine) 跟去甲腎上腺素 (norepinephrine) 這三種化學物質，是人產生戀愛感覺時會分泌出的三種東西。如果說有什麼身體的自然反應最接近吸毒的快感的話，大概就是這三種東西帶給人的感覺了。所以說美國作曲家柯爾．波特 (Cole Porter) 會寫出說：「你讓我好舒服啊。」，原來是有所本的。

壞消息是這種「舒服」只能維持一段時間，而且這時間可能只是一下子而已。這也難怪大量的科學證據顯示，愛情常常給人稍縱即逝之感，也難怪有些人會愛到忘我、愛到頹廢。好消息是這種舒服延續的長度，通常還是足以啓動偉大的愛情故事。平均一到三年的時間已經足夠讓兩人打得火熱，交換承諾，繁衍族群。

當然你不可能隨身帶著一管苯乙胺給人打針，所以我們的第二志願就是學習利用技巧去引發苯乙胺的分泌，讓你的目標產生戀愛的感覺。

「為什麼我們愛這個而不愛那個？」

人不會一早醒來莫名其妙分泌一大堆苯乙胺，然後出了門見到誰就愛誰。苯乙胺跟它的姊妹化學物質會出現在人體當中，必須要由特定的刺激誘發非理性的情緒反應。特定的刺激？那是什麼樣的刺激？或許是她經過時的一抹香水味，或許是他打招呼時的男孩子氣，也可能是她笑起來鼻頭可愛的模樣，還可能是你出門前隨手抓起來做造型的一個無害小配件。一九二四年，希爾頓飯店的創辦人康拉德．希爾頓（Conrad Hilton）在做禮拜的時候發現自己前面的第五排坐著一頂紅色帽子，然後他就被煞到了。出了教堂他馬上跟著那頂紅帽子，最後他也娶到了帽子的女主人。

「這些小事情怎麼燒起熊熊的愛火？」

這些看起來好像沒什麼的小事情，怎麼會激發出濃濃的愛意？愛的泉源到底在哪裡？跟基因有關係嗎？

嗯，基因跟愛情沒有關係。愛的源頭深埋在我們的「心理」層面。看到、聽到、聞到或感覺到喜歡的人事物，我們內心擊發的火藥其實原本就已經在潛意識裡藏得好好的，只差沒被喚醒。這個火藥庫，就跟我們多數的人格特質一起放在那個看似深不見底的心理深淵中，那裡有我們的童年記憶，包括我們從五到八歲這關鍵期間的生活經驗。這段期間之所以關鍵，是因爲潛意識的「印記」(imprinting) 就發生在這個時期，而印記其實是動物王國裡若干物種也有的現象。

一九三〇年代奧地利有一位重要的動物行爲學家做到了一件事情，那就是讓一群小鴨無可救藥地需要他、黏著他。他首先是觀察到小鴨從一孵化出來就會排成一列縱隊，東倒西歪地緊跟著媽媽直到成熟期都寸步不離。這位康拉德・勞倫茲 (Konrad Lorenz) 博士於是決定自己跳下去當鴨媽媽來驗證印記的眞實性。

勞倫茲博士開始用保溫箱孵一窩小鴨，然後一看到蛋殼縫中露出一點點小鴨嘴，他立刻蹲下學鴨媽媽那樣跨過蛋的上面。就這樣，鴨仔們奮力破殼來到世上後，就馬上跟著博士繞著實驗室跑。後來雖然出現了正牌的鴨媽媽，但已經被印記了的鴨仔們還是會以博士「鴨」首是瞻。

研究已經證實印記的存在並不限於鳥類。現存的許多種魚類、天竺鼠、羊隻、鹿、野牛，還有若干其他的哺乳類物種，都表現出有受印記左右的習性。那人類呢？

嗯，算有，但跟被博士騙的天真小鴨稍微不一樣的一點，是我們長大就不會跟著爸媽走了。不過倒是有強力的證據顯示我們會陷入另外一種印記的控制之下，那就是早年受到的「性印記」。

舉世知名的性學家約翰．曼寧自創了一個詞叫作「性愛地圖」來形容這種特殊的性印記。**幼年時期在跟家人、朋友與陌生人的互動中，我們的腦部會被鑿刻上痛楚或舒爽的印記，這些印記就是性愛地圖**。這些刻痕之深，我們腦中有些角落永遠不會完全復原，就等著特定的刺激打過來，這些曾經的傷疤就會復發，就像休眠的火山再次爆發。

曼寧博士說：「性愛地圖就跟臉、軀幹、大腦一樣平常，每個人都有。要是少了性愛地圖，人跟人就不會戀愛、不會結合，人類也就沒辦法繁衍下去了。」你喜歡的人有張性愛地圖，你自己有張性愛地圖，每個人都有自己的性愛地圖。每張性愛地圖都深深地烙印在我們的自我、本我、心理與潛意識當中。性愛地圖可以是正面印記。或許小時候媽媽噴了某種香水，或許你崇拜的父親個性像大男孩，又或許你最喜歡的老師笑起來鼻子會噘一下，小希爾頓搞不好就是小時候在故鄉新墨西哥州聖安東尼奧市遇過戴紅色帽子的大姐姐對他很好，所以長大後才會有「紅帽子情節」。

性愛地圖也可以是負面印記。女人可能小時候被騷擾過，長大就愛不了眼神比較猥褻的男人；男人可能小時候某個很兇的嬸嬸喜歡噴某種香水，他長大就沒辦法接受噴同一款香水的女人，他只要聞到同牌子的香水，就會感覺像是蚊子聞到殺蟲劑一樣。

性愛地圖有時候很繞，主要是早年的負面經驗會讓上面的路線變得很糾纏。女人可能小時候跟媽媽一起被外遇的父親遺棄，長大後男朋友只要稍微瞄一眼路過的女生，她就會一整個大抓狂。男人或許五歲的時候被漂亮的褓母打過屁股，刺激到「小雞雞」，覺得很舒服，長大之後就一定要對方打他屁股，否則就沒辦法眞心愛上對方。

不論好壞，有些事情我們表面上已經忘記，但其實我們關乎性的潛意識裡都有備份，條件對了就會再跳出來。對的人在對的時間出現，螢幕畫面就會轟的一聲，然後苯乙胺就會迸發在我們的血液當中讓你的大腦失控、理性罷工，愛情克承大統。總之愛情就像汽車引擎，需要火花點火後才能啓動。

這還只是開始而已。火星塞點火讓引擎啓動完，就會交棒給電瓶負責接下來的工作，而人腦被苯乙胺打到之後恢復一下，理性（照講）就會稍微介入到大腦皮質裡。你跟潛在戀愛對象會開始互相認識，而隨著彼此了解的增加，你們會開始探究兩人有哪些共通或歧異之處（這點容我們在第二部分細談），你們會開始問自己：「我可以從這段關係中得到什麼東西？」（詳見第三部分）；我們會傾聽內心的王子或公主，會開始盤算這段關係有沒有討你的歡心（第四部分）；剛萌芽的愛苗極其脆弱，我們可能才約不到幾次會就不小心踩到獵物的地雷（第五部分）；如果能夠跨過這一關，那床第之間所發生（或沒有發生）的事情就很重要了（第六部分）。這本書會從科學的角度來分析這裡所提到的每項因素。

現在讓我們重回起點。戀愛對象哪裡找？怎麼讓對方爲了你分泌苯乙胺而呈現無腦的狀態？

第四章

好男人／女人都跑哪裡去了？

你是不是都找錯地方了？

單身或離婚的人，不分年齡，也不論身處何地，每天早上刷牙、刮鬍子、化妝、染髮的時候都在問自己同一個問題：好男／女人都死哪去了？

每五個美國人就有一個單身在找對象，《美國人口統計》（*American Demographics*）雜誌是這麼說的。這意思是在二十五歲以上的美國人當中，四千九百萬人的婚姻狀況是單身、鰥寡或離異中，而且這個數字還在不斷增加。

「這樣是好事吧，」你會想，但如果外面眞的有這麼多潛在戀愛對象在跑來跑去，我怎麼都沒看到？答案是：他們到處都是，而且就跟你一樣在尋找愛情。在你閱讀的當下，潛在戀愛對象可能就在公園裡歇著大嚼潛艇堡，可能在小巨蛋聽演唱會，可能在捷運上滑手機，可能在餐廳裡研究菜單。小心，潛在戀愛對象就在你身邊。

即便到了噴射機滿天飛、網路交友很普遍、地球村變成地球里再變成地球鄰的今天，多數人還是吃窩邊草結婚。有人研究社會學家口中的「居住接近性」(residential propinquity)，結果顯示近水樓臺很有道理。事實上，有一份研究很精確地指出基層工人平均在距離住處五條街左右的地方找到另一半。除非你安營紮寨的地方是在撒哈拉沙漠的正中央，否則你其實不用爲了獵愛長途跋涉。你只需行囊裡揣著新知，外加本書即將教會你的技巧，你就可以朝著遠在天邊、近在眼前的目標挺進。

你應該聽過失敗的戀人悲嘆：我老是找錯地方、選錯對象。但其實地方跟對象不是主要的問題，大多數人眞正的錯誤在於他們用錯方法。

專業的舞台劇演員都知道說到所需要的技巧，試鏡是一回事情，能長期穩定擔綱一個角色又是另外一件事情。試鏡時，演員必須很有效率地讓導演或製作人拜倒在他們的才華與演技之下，成敗有時就是一分鐘甚至不到的事情。同樣地，我們要讓異性愛上我們是一回事，要跟這位異性維持長久的，甚至是白頭偕老的關係，那又是另外一回事。我們要讓對象煞到我們，有時候必須在一分鐘之內完成，做不到這一點，人家就不會注意到你，不會認識你，更不可能愛上你。

第五章

一見鍾情，有這事？

假設你明天會鴻運當頭，會遇見你理想中的潛在戀愛對象。他或許會坐在階梯上看書，或許在博物館裡看展、賞畫，也可能在公車上搖搖晃晃，或是在提款機前排隊等著領錢。

你偷看了他第二眼，不知怎麼地這人就是討你歡心，苯乙胺在你體內四處亂竄，你血管裡像是有小鋼珠在橫衝直撞，你完全就不是平常的自己。或許是她太正，或許是他的書卷氣，或許是她懂穿衣會打扮，或許是他散發出某種男人味。這就是所謂的一見鍾情嗎？真的有一見鍾情這種東西嗎？

嗯，這其實完全看你怎麼說。一看到某人就產生慾望，一見就想脫衣，這種狀況是絕對有的。但見一面就要愛上某人，科學家幾乎都同意沒有這種事情，會有這種說法都是馬後砲，事後諸葛，都是兩人在一起之後追贈的勳章。

> 戀愛都是成功了，修成正果了，參與的兩人才追溯兩人的感情是真愛；反之，要是分手了，凸槌了，那兩人都會說自己只是一時的迷戀。
>
> ——《人類性愛的醫學事實》雜誌（*Medical Aspects of Human Sexuality*）

不管你想怎麼說，有件事情是確定的。星星之火，可以燎原，任何一點小小的刺激，都有可能激發濃濃的愛意。潛在戀愛對象一出現在雷達上，你的開局會非常重要。如果你能一出手就打到七寸，讓愛情發熱生煙，那你當然絕對有資格堅持一見鍾情存在，沒人能跟你爭。

一見鍾情的說法可以流傳下來，是因爲社會上普遍對愛情存在浪漫的想法。美國文化把愛情看得很重，而就像詛咒只能殺死相信巫毒的人，一見鍾情也只作用在覺得有這東西的人身上。

【第一部】

第一印象

一見鍾情沒有第二次機會

第六章

第一印象如何能石破天驚

第一印象永垂不朽

獵物看到你的第一眼就像高能射線，會一路穿透靈魂之窗，把印象烙印在他的靈魂記憶中，直到永遠。

我一個熟男好朋友叫傑洛，在他家鄉的社交圈很搶手，很受一些先生已經走了的太太們歡迎，出席場合都會希望由他作陪。傑洛跟這些太太們認識是在高中時期，當時他們是同學。傑洛的這些女性友人都有顆美麗的心，但歲月不饒人，她們當中好幾個已經略顯發福，早已不復當年的青春貌美。

有天在一個派對上，我側耳聽到有個白目的傢伙在嘲笑傑洛對女人的品味，對此吾友傑洛十分不解。

「但她們都很美啊！」傑洛呼喊著。他掏出皮夾，抽出一張折角的黑白舊照片，上面是他高中時的返校日舞會皇后跟她的姊妹淘。

「你看，」傑洛把照片秀給那個出言不遜的人看。照片裡三個女孩有兩位就在現場，都是傑洛在罩的，而且其中一位就是當年的返校日皇后。**直到今天，傑洛眼中的女性友人都還是跟當年一樣漂亮，這就是第一印象的力量**。

在美國，形象顧問一收費就是幾千美元，要出席正式晚宴或舞會的人還是趨之若鶩，將之奉爲神樣。「第一印象沒有第二次機會」，話是這麼說的。有人甚至給了這個概念諺語的地位：「第一印象，堅若磐石。」但這些我們都知道了，有新的嗎？

新的東西就是：即便已經是二十一世紀了，我們還沒有眞正搞清楚第一印象的廣度與深度，乃至於第一印象的存在是奠基於什麼樣的微細現象，我們也幾乎一無所知。

男士們，反戴的棒球帽或穿過胸毛的金鍊子對於你初見面的女子來說，可以是高湯也可以是毒藥，勝負可能在你準備說出「哈囉」的空氣穿過聲帶之前，就已經底定了；女士們，對鼓起勇氣對你說「哈囉」的男生來說，妳才轉身四分之一圈，王子可能就已經失去勇氣，變回青蛙了。

隨時做好戀愛的準備，我是說「隨時」！

既然第一印象這麼重要，潛在戀愛對象按不按鈕、轉不轉身又都是幾秒上下的事情，那有個大問題我們就不得不問了：為什麼找愛的人知道約會要盛裝，卻不知道倒垃圾或遛狗要打扮呢？等到你約得到對方的時候，對方對你的第一印象早就定了，我不是說約會的行頭不重要，不應該好好準備，但早在你們約會之前，第一眼已經決定了他對你的印象，而這個印象重要多了。

你或許還沒感覺，但非常有可能的一件慘事是這幾個月以來，十幾個甚至數十個潛在戀愛對象都從你指間溜走了，只因為你沒有把陷阱設好，這意思就是你沒有進入備戰狀態。獵人先生，這意思是你沒有穿上獵裝；獵人小姐，這意思是妳忘了佛要金裝。**研究顯示對男生來說，重點應該放在衣著搭配上；對女生來說，身材跟臉蛋一定要保持好**。

女獵人們可能想問：「化妝有很重要嗎？」這點我們讓研究來回答。科學家要男生跟六位女性講話，化妝跟沒化妝的都有。這份名為《唇膏作為人格特質第一印象的影響因素研究》(*Lipstick as a Determiner of First Impressions of Personality*) 的報告指出，男生對女生的看法會因為對方有沒有擦口紅而非常不一樣。

各位女士，妳有多少次素顏走在路上瞥見陌生的「歐巴」，卻被他當成交通標誌一樣完全不賞臉？正常男人都喜歡紅唇大眼睛，所以妳能怪他們嗎？男生，你有多少次蓬頭垢面、邋裡邋遢在公車上向可愛的女士問路，對方卻只用語音系統的聲音，匆匆提供完資訊後就偏過頭去？正常女人都喜歡男生看起來專業又成熟，所以你能怪她們嗎？

技巧1 全副武裝，情場如戰場

男士們，我沒有要你們穿雙排扣的西裝去買報紙跟豆漿；女士們，我沒有要妳們在帶狗狗出門前把腮紅跟睫毛膏用光。**我要的是你們每次出門前，都要把遇上獵物的可能納入考量，別忘了自己獵人的身分。**

心理學中的增強理論(reinforcement)告訴我們人都有惰性，都會發懶。剛開始你眞的打扮得十足帥氣或妖嬌美麗，才把垃圾拿出去，你覺得自己已經做到要讓鄰居說閒話的邊緣了，但還是沒有「生意」上門，你一定會氣餒。氣餒個三、四次，你一定會懷疑。

懷疑到一定程度，你會心想：根本就沒用嘛，騙人。

我在教行銷的研討會上對來參加的業務員朋友說過一個大概的原則，一般來說要能成交，你跟客人大概要能接觸到第五次左右，所以說不要急，凡事都需要時間。**一輩子的幸福難道不值得你努力做作個五、六次嗎**？只要能聽到未來的另一半說：「你都這時候出來倒垃圾喔？我每次倒垃圾都一眼就看到你耶」或「你的狗叫什麼啊？你又叫什麼啊？」，我相信你一定會覺得很值得。

心理建設：隨時準備絕殺！

一台電腦不僅應該把硬體弄好，軟體也要安裝測試過。同樣地，人不只應該把外在顧好，內在也要隨時做好開門讓愛進來的準備。這一點你要做到滴水不漏，不分時間、地點都不能有任何理由。潛在戀愛對象不會只出現在派對或婚友社裡，他們無所不在。

辛蒂年紀很輕、很清秀，職業是美甲師，我找她做指甲已經好幾年了。這些年來我觀察到去光水除了是一種化學溶劑之外，還有一種副作用是可以溶解女人的心防，讓人隔著美甲桌，邊抓著客人的手邊把生活中大大小小的瑣事都向你吐露個精光。像曾經接連著好幾個月，辛蒂幫我弄指甲時的餘興節目，就是大談她做這一行都遇不到男生。

有天我跟辛蒂約的比平常晚一點，大概是傍晚六點見面。我們做到一半，她正跟我說著客人的指甲她剪、修、磨、畫一整天，下班後根本沒力氣去單身酒吧認識男生。就在這個時候，大概六點四十五分吧，辛蒂背後的門被推開了。然後我們一起聽到一個低沉的男聲說：「對不起，我知道現在很晚了，但可以讓我進來修一下指甲嗎？」順著聲音延伸視線，我看到辛蒂的身後站著一位希臘風的男神（原來男神也需要剪指甲！）。不等我手動把下巴推回去，辛蒂就頭也沒回地說出：「不行，我們再十分鐘打烊。」

「這樣妳覺得如何？」辛蒂有點沒好氣地說，邊說心思還是專注在我的指甲邊邊有沒有沒剪乾淨的倒刺。帥哥轉身離去，辛蒂的評語是：「他以爲他是誰啊？幾點了還跑來說要修指甲？想得美！」

大話剛說完，辛蒂耳朵裡內建的軍事用超跑聲納就突然捕捉到了捷豹旗艦雙門硬頂敞篷車的引擎聲浪，雷達顯示地點就在店外。她一個旱地拔蔥外搭配鷂子翻身就到了窗邊，結果只能目送剛剛才自己送上門來的南歐版歐巴帥氣地打著三輻方向盤，滾著扁平比四十五的十九吋跑車胎滑出停車格，也從此永遠滑出了她的生命。她自責後悔了好一段時間，但我沒來得及好意給她的建議是，她應該耳聽四面、眼觀八方，全天候掃描可能來敲門的愛情。

頂尖的業務員每秒都在做的事情除了呼吸，就是思考潛在的客人在哪。不論是在牙醫診所、影印店還是自助餐店，業務員都不會停止這兩件事情。我有個業務員朋友拿下一筆價值幾百萬美元的企業保險合約，簽約的地方不是五星級飯店或總裁辦公室，而是健身俱樂部的按摩浴缸，給他生意的人沒有西裝筆挺，反而是一絲不掛。所以就像那首老歌唱的，你真的可以「在十元商店裡找到價值百萬元的寶貝」。[5]

技巧2▼隨時做好絕殺的心理準備

有遠見的獵人不會看到熊才急急忙忙要去鋪設陷阱；大器的漁師不會等魚群來了才去撒網。早起出門前先在心上埋設好機關，遇到可口的獵物才不至於與之失之交臂。

身心都準備好迎接愛的來臨，你的下一個課題是：我要如何讓獵物的五臟六腑感覺怪怪的，跟平常不太一樣？怎樣讓他對你的出現產生反應？

要達到一見鍾情的程度，首先我們來介紹兩門強大的武器，遇到獵物你一定要同時擊發。這武器就在你的鼻子上方，沒錯，很多人都信誓旦旦地說過：「我一看到他的雙眼，就愛上了。」

5 一九三一年哈利．華倫（Harry Warren）為百老匯音樂劇《比利．羅斯的瘋狂棉被》（*Billy Rose's Crazy Quilt*）寫了一首歌，英文歌名是 *I Found a Million Dollar Baby (in a Five and Ten Cent Store)*。

第七章

一見鍾情：如何引發閃燃

男人有的愛大胸、有的愛翹臀、有的愛長腿。女人的話雖然會極力否認，但其實我們還蠻愛看男生屁股的。（這些可不是扯淡，確實有英國研究討論男女各自喜歡打量異性的特定部位。）

大家愛看的地方固然不同，但可以確定的是大家都很愛看。要說視覺性的動物，絕對不只是男性而已。記得青少年的時候被迫跟陌生人打招呼嗎？爸媽是不是有跟你說過要「看人家的眼睛」才禮貌，然後他們會說絕對不可以看人家的胸部、屁股跟腿，否則就要叫警察把你抓起來。

熾烈的眼神可以讓情感閃燃，這點已經沒有爭議了，不信的話請看「互相凝視對戀愛感受的影響」(The Effects of Mutual Gaze on Feelings of Romantic Love)，你就知道什麼叫作拍板定案。在這項研究裡，科學家讓四十八位陌生男女共處寬敞的一室，然後指示他們在閒聊的時候要跟同組的異性進行定量的眼神接觸，之後再由研究者問受試者對彼此的感受爲何。

結果？

> 受試者中有照指示凝視對方，也得到了回應的那些人，跟其他任何一種狀況的人比較起來，前者對陌生夥伴產生戀愛感受的程度明顯高很多……互相凝望可大幅提升兩造之間的激情……與好感。
>
> ——《人格研究期刊》(*Journal of Research in Personality*)

上面這段話用人話說，**意思就是互相吸引的兩個陌生人要擦出火花，靈魂之窗絕對是彈藥庫**。

爲什麼小小兩顆眼睛會有如此大的爆炸威力呢？人類學家海倫·費雪(Helen Fisher)說這是動物的本能。**眼睛直視可以啓動「人腦中原始的區塊，召喚出兩種最基本**

的情緒，分別是想靠近與撤退的心情。」

打死不退的眼神攻勢可以產生接近恐懼的亢奮情緒。用力看著另一雙眼睛，它們主人的身體就會開始分泌苯乙胺，而苯乙胺就是愛的化學成分。看過《無敵鐵金剛》的卡通嗎？用強大到讓人覺得被脫光的「原子光熱線」猛攻獵物，是熔化對方鋁合金機身，讓對方愛上你的第一步。

喜歡的東西任誰都會捨不得把視線移開，討厭的東西就算有錢拿都不見得想看，這是人性。溫暖的火團我們可以慵懶地看一下午，血腥或恐怖的電影情節我們會反射性閉眼。這些是沒生命的東西，那如果換成人呢？確實，人也是一樣。喜歡的人我們可以看了又看，看完再看；我們主觀覺得平庸、甚至醜陋的臉龐，我們會左邊也閃，右邊再閃。誰讓我們覺得無聊，看眼神就知道了。

上面這一點我其實是在演講裡觀察出來的。每次我在一個點上繞太久，就會有聽眾把頭埋到大腿上，也有人會開始端詳指甲是不是該剪啦，精神比較差的也有就開始「度咕」的。等到我迷途知返，開始講些有趣的東西，這些人的眼皮又會像蝴蝶振翅般眨一眨，像雨後天青的彩虹一樣閃耀著七彩光芒。

幾乎跟眼神接觸處於對立面的一個因子是害羞。對方的某種特質如果震懾住我們，我們就會逃避他們的眼神，就像基層員工有時就不太敢直視大老闆。同樣地，我們在外貌或專業極出眾的人面前，也會有類似的退縮反應。

我在主持研習活動的時候，都會努力把視線公平分攤給所有學員。但如果當天有某位學員特別俊俏，那可是連我也會眼神閃爍起來。我會誰都看，就是不看他。當然我很快就會質問自己在幹嘛，然後我會強迫自己看他，但不看還好，一看到大帥哥的我馬上腦裡轟的一聲，心跳好像停了一下，我忘記自己講到哪，就連自豪的嘴巴都開始結巴。

眼神這玩意，眞的是人際互動裡的二鍋頭，嗆的很呢！

眼神接觸要放多少量，才能讓人產生愛的幻覺？

有位英國科學家的意見是一般人在對談時，大概有三〇%到六〇%的時間會看著對方。這麼點眼神接觸，這麼慢的轉速就想要鑽木生火，門都沒有！

心理學權威杰克．魯賓（Zick Rubin）還是密西根大學的研究生時，想到一個問題讓他魂縈夢牽，這問題就是愛要怎麼量化。後來到了哈佛跟布蘭黛斯（Brandeis）大學階段，這位生性浪漫的年輕學者第一次設計出了心理量表來測量情侶或夫妻間有多少愛，這也就是後來所稱的「魯賓（愛情）量表」（Rubin's Scale）。時至今日，不少社會心理學家還是很愛用這個堪稱祖師爺級的量表來分析感情。

在以「測量愛情」爲核心的研究當中，魯賓發現熱戀中的人互看的時間超過正常值，而且即便有電燈泡出現也不會馬上跳脫兩人世界。魯賓設計了一個有點賊的實驗來證明這一點。首先他讓交往中的男女回答一系列的問題來評估兩人的相愛程度，不明就裡也不知道自己得幾分的兩人在回答完問題後，會被請到一個房間等著。受試者這時得到的指示是「實驗的負責人等下會來，實驗的本體馬上就會開始進行。」但受試者所不知道的是等候的過程其實就是實驗的本體，隱藏式攝影機會記錄每對男女在等候期間花多少時間對望。結果「筆試」分數愈高，**被認定相愛程度愈高的男女，在房間裡互望的時間也比較長；反之，兩人之間相對沒有愛的男女，互望的時間確實也比較短**。

要讓你的獵物體驗到早已愛上你的超凡感受，要讓愛上你成爲一種先驗的事實，一種自我實現的預言，你就應該卯起來利用聊天的機會把對方的秋水望穿。前面提到正常人聊天平均有三〇%到六〇%的時間看著對方，**你要把目標設定在至少七十五%的時間都有眼神接觸，這樣獵物體內的苯乙胺濃度才有可能爆表**。

「此時無聲勝有聲」，互望的時候即便沒說話，流通的訊息也遠勝過於語言載體所能傳遞的。對女人來說，男子熱切地看著妳，就等於在對妳說「女孩妳好漂亮，我被妳煞到了，妳說什麼我都好有興趣。」而男生被女生明顯盯著看，他的解讀會是「我喜歡你，你怎麼還不趕快把衣服扯掉，帶我去翻雲覆雨。」

如果你真的希望有人第一次見面就對你產生這麼多的「非分之想」，那你就絕對得認眞地、好好地看著人家。不是看眉毛，不是看鼻樑，而是要看那一雙雙有藍、有棕、有黑、有綠的眸子，就彷彿對方的視網膜是蒙娜麗莎，你正在欣賞一樣。

音樂劇與電影《國王與我》(*The King and I*)裡的雋永智慧是「哼首快樂的曲子，你人就會自然開心起來」。同樣地，你若能在兩人之間的空氣中吹起「粉紅泡泡」，那獵物心中就會產生戀愛的感覺。

技巧3 ▼ 原子光熱線，對獵物行熱烈的注目禮

跟獵物聊天時，眼神接觸可以稍微刻意一點，視線不能只停留在角膜所在的表面，而應該想辦法穿到眼球後方的視網膜跟視神經。想像你的視線是錨，朝著獵物深邃如海底的眼睛拋下去，讓兩人的視線可以鎖在一起，讓你的獵物感覺你們好像已經是一對戀人，鏡頭在拍你們時都已經是顆心的形狀了。

不過，眼神接觸並不只是看得深就好，你還必須溫暖，還必須用眼睛向對方招手。我們買魚的時候也會看眼睛，那個不叫放電，叫過日子，叫精打細算。

寢室限定：迷濛的眼神

臥房內專屬的迷濛眼神，並不是電影明星的特殊技，並不是說我們要耍深情還得去向《手札情緣》(*The Notebook*) 或《幸運符》(*The Lucky One*) 的男女主角申請專利。是人，內心都有用電眼情挑異性的潛能，畢竟我們都是同一個祖先演化而來的。人類學家甚至還煞有介事地說這叫作「交配凝望」(copulatory gaze)，因爲這種凝望在男女性愛中扮演著要角。像跟人類基因接近到無以復加的侏儒黑猩猩在交配之前，就會有好幾個月的「前戲」是在彼此互望。

性愛如果少了眼神接觸，那好些個靈長類幾乎都做不下去。爲了實驗，幾位芬蘭科學家把公的跟母的狒狒湊在一起。同時利用專門的設備限制視覺，科學家得以分配不同的公狒狒先看到母狒狒身體的哪一個部分。當第一眼看的是心愛母狒狒的私處時，公狒狒高潮達到射精的次數只有五回，反觀先看到眼睛才轉往私處的公狒狒，射精的次數高達二十一回。（各位男性先不要急著高潮，**增加眼神接觸在前戲中的比重不**

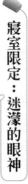

代表你可以一個晚上二十一次，但我保證你的女伴一定會對你讚不絕口）。心理學家海倫・費雪甚至下了這樣的注解：「最重要的性器官或許不是私處，也不是心或大腦，而是一雙眼睛。」

眼睛何德何能竟能如此撩人、如此勾魂？很簡單，瞳孔夠大就能辨得到。你去看過往的明星貝蒂・戴維斯 (Bette Davis) 跟克拉克・蓋博 (Clark Gable)，或是去看當紅的莉莉・柯林斯 (Lily Collins) 跟年輕的 X 教授詹姆斯・麥艾維 (James McAvoy)，他們有什麼共同點？沒錯，他們的眼睛都像戴了超強的瞳孔放大片！到底有沒有戴或動其他手腳我是不知道啦，但有的話我覺得也無可厚非！人不愛美，天誅地滅！更何況明星是靠臉吃飯的。

有門準科學姑且稱作「瞳孔讀心術」(pupillo-metrics)，瞳孔讀心術之父埃克哈特・賀斯博士 (Dr. Eckhard Hess) 提出的結論是瞳孔愈大，吸引力就愈強。他的實驗是把兩張同一位女性臉龐的照片秀給一群男性看，兩張照片唯一的不同處是一張有修，一張沒修，有修的那張瞳孔變大了。結果是男性受大眼版女主角吸引的強度是正常版女主角的兩倍。賀斯博士接著把實驗反過來做，讓女性看眼睛一大一小的同一個男主角照片，看看女生是否也會大小眼，結果小姐們一樣喜歡大眼睛的男生。

按照賀斯博士的說法，人沒辦法自主控制瞳孔的大小，但早在他所處的一九六〇年代，博士就已經證明我們可以作弊無誤。他的辦法是先把男性受試者接到一台科幻感十足的機器上，量得他們瞳孔正常的「振幅」，然後拿一連串不同的照片給他們看。結果看到壯闊的風景、可愛的北鼻、美滿的家庭，男士們都堪稱心如止水，瞳孔的振幅都非常正常，但博士很故意地在照片中插入一張裸女，冷不防被偷襲的男士們果然心頭小鹿亂撞，瞳孔也不聽使喚地翻了一個觔斗，電流瞬間劃過身體，就像匹克刷過吉他的六條鋼弦，合拍的刺激會讓瞳孔放大，結案。

想讓瞳孔放大成一泓清澈的泉水，讓獵物情不自禁想身陷其中嗎？**記住在兩人聊天時要搜尋對方臉蛋上最大的亮點盯住，就這麼簡單**，可愛的小鼻子或迷人的酒窩都行。這樣一方面對你來說是視覺上的享受，一方面你的瞳孔也會跟著慢慢放大，事後想讓瞳孔縮回去休息，就再去找顆有毛的媒婆痣看一眼就行，不用擔心。

技巧4▼迷濛的雙眼，閨房限定

跟獵物聊天時，找對方臉蛋上最可愛的地方猛看，看得開心之餘，你的瞳孔也會放大，讓對方也能看到你平日是閨房限定的迷濛雙眼。

另外，**你可以在腦中幻想深情**。專心想著獵物的美貌，想著自己看得有多爽，要是哪天能一起洗個鴛鴦浴就更好了。這些念頭都有助於幫你的瞳孔戴上隱形的放大片。

再者，你必須把害羞、猜忌、緊張，或任何會讓瞳孔縮回去的情緒通通從腦海中踢出去。**盡量把像溫暖、柔軟之屬的關鍵字跟你眼前的獵物連在一起，這樣連你的目光也會跟著柔和起來。**

帶領獵物感受戀愛時的本能、不安與慾望高漲

關於眼睛這個重點戀愛器官，我們還有第三種用法要介紹，這次我們希望達到的目標是讓獵物感受到初初陷入愛河時的那種動物性、那種不安與那種鋪天蓋地。

一般來說交談的時候，我們會在句子說完時或幾個句子的中間稍微移開視線，這是很正常的現象，如果沒有，那就代表我們非常在意（或深深愛著）講話的對象。會有人說「我沒辦法把目光從你身上移開」，不全然是一種誇飾或比喻。相愛的兩個人不僅喜歡在戀人絮語時四目相交，就連在靜默無語的時候都捨不得看別的地方。無話

可說或無話要說的時候還看著一樣東西，那樣的愛意具有強大的電力。

幾年前我雇了一位木工師傅傑瑞幫我在辦公的地方加裝一扇窗。傑瑞不算帥，腦袋瓜也不算多靈光，但不知怎麼地我很受他吸引。他有一種無可名狀的氣質讓我覺得惶惶不安，覺得動物的本能附身，覺得慾望高漲。

不過我沒有讓自己陷入這小小的迷戀之中。或許是我覺得勾搭木匠傳出去不是什麼光采的事情，或許是我知道兩人的背景與現況不容許我們這樣亂來，又或許是傑瑞也有些部分是扣分的，所以他在我的性愛地圖上還算不上完美。但即便如此，傑瑞的出現還是讓我幻想了快一個月。

那之後兩人分道揚鑣，我們好幾年沒見。直到最近剛好在寫這本書的時候，我需要新書架放多出來的新資料，才又很自然地打了通電話給他，他也立刻出現在我家門前。老了三歲的他還多出四、五公斤的肉，但感覺依然可口，不同的是這次我因為要寫書有做了功課，所以才跟他聊了五分鐘，就已經知道自己為什麼拿他沒輒了。

我注意到每次不管我對他說了什麼，傑瑞都會望著我的眼睛。就連我話說完了，沒有聲音的時候，他的目光都還是黏在我身上。就是這點小事讓我覺得不安、原始慾望高漲。

我們持續聊著書架的話題，然後我又發現一件事情，那就是傑瑞為什麼願意或想要讓眼神接觸撐得久些，原因不是他刻意要去勾搭誰，不是他對我特別有興趣，純粹是因爲他反應比較慢，所以聽到我說「希望書架的寬度可以到三十五公分左右」，他需要多停頓一下才能把這樣的要求吸收進腦子裡。

雖然這聽起來有些烏龍，但我們還是可以用這樣的原理開發出某種技巧來召喚出那「不安、原始、慾望高漲」的情緒，讓潛在戀愛對象被你弄得興奮莫名。

技巧5 ▾ 太妃糖眼神

任何時候跟你的獵物說話，記住眼睛一定要黏在人家身上久一點，安靜的時候也不例外，不准亂進廣告休息。

長得不尋常的凝望，就能撩撥那原始而有點死相的感覺，被弄的人在欲仙欲死之餘，又同時被體內的化學物質搞得欲戰欲逃，不知到底如何是好。

當你的視線非得離開一下不可，比方說你得看看是什麼東西在咬你的腳，怎麼會濕濕的，或是旁邊有人大喊失火了，你想看看是不是你家的時候，也請你至少不要轉頭像翻書一樣，**請你動作慢一點、溫柔一點，你可以想像自己的視線被太妃糖黏著，要移開也只能慢慢地。**

眼神亂看不是壞事，眼神輕浮戀人之福

再來是我們能讓獵物的血液裡流淌著苯乙胺的最後一種方法。男女見面之後得照著一定的程序去走，愛情才能產生，這就像有導演鋪排好了一切，演員就應該照著走一樣。

當中一個不這樣做不行的步驟還是得用到我們的眼睛。一旦一男一女開始習慣彼此的存在，愛情的引擎運轉聲開始在兩人內心轟隆隆響起來後，一個好玩的現象就發生了。隨著戀人感覺愈來愈好，情緒愈來愈安定，他們的眼睛也會開始愈來愈大膽。他們的視線會慢慢開始去探索對方的臉蛋、秀髮與眸子。然後他們會慢慢地不滿足於頭部以上的部位，而開始望向對方的粉頸、香肩與曼妙的身材；男生的話就是厚實的胸膛、臂膀與緊繃的腹肌。總之，這是個作夢與遐想的時刻。

爲了跟新獵物的關係更上層樓，多使用這種我稱爲「視覺自由行」的技巧。隨著話題不斷地推演，讓你的眼睛跟著從對方的鼻樑滑降至甜唇，用目光去感受、去撫摸他那豐厚的唇形，然後再慢慢往南抵達肩頸，若無頑抗則可越過邊境去到墨西哥，我是說肩頸以下的青草芳香之地。

技巧6▼視覺自由行

跟獵物聊天的同時別忘了讓眼睛亂飄，讓它們去機加酒自由行。剛開始自由行當然要去一些比較安全的地方，像是東京，喔不，是他的臉蛋，其中你又可以特別專注在那雙迷人的眼睛上。如果對方沒有露出不悅之色，那你就繼續小步小步，搭著廉航往南飛往頸部、肩膀跟迷人的身軀。

女性同胞如果要走上這趟旅程，妳們的護照幾乎都免簽，這點很好用；男生的話則可能要確認每一站需不需要簽證，要的話記得申請。萬一去到比較危險的國家你又沒有辦好手續，入境時被帶到小房間的話可就不妙了。雖然我們在這裡談的是男女之事，不是一個人的旅行，但你應該聽得懂我的比喻。

上述這四種用到眼睛的技巧：原子光熱線、迷濛的雙眼、太妃糖眼神與視覺自由行，都是經過科學驗證的催情良方，用用看你就會知道其神效。但不需要科學說半天你也應該知道的是要讓人愛上你，首先得有人介紹你跟某人認識，要不就是你得想辦法跟某人「萍水相逢」，也就是俗稱的「搭訕成功」。衛道人士可能看到或聽到搭訕兩個字就跳腳，但我個人不覺得這有什麼，重點是搭訕的過程必須配合場合不會感覺突兀，也不會讓被搭訕的人覺得尷尬。

我們來談談搭訕有哪些基本常識，看看若沒有人幫你作媒的時候，你要怎樣自力救濟。

第八章

起手式：第一次接觸

搭訕這門藝術（男女通用）

生物學家記錄動物從認識、互聞、吼叫、發出嘶嘶聲、用鼻子互頂、到最後交配，他們發現當中有一個特定的求偶模式，同樣的一方求偶與一方接受是固定的戲碼，而如果這當中的流程被打斷或破壞，最終的交配往往就不會發生。

智人（就是我們）也是遵循上述的模式，甚至我們還有一點比其他演化程度低於我們的動物更不利，那就是我們的大腦太發達而妨礙了直覺或本能的進行，說白了就是身爲人類的我們想太多，很多事都不敢做。我們會問自己、問身邊的人一堆問題：「他會不會覺得我太主動？」、「我要不要裝矜持？」、「我看起來還行嗎？」、「我的領帶有沒有正？」、「我是不是應該去洗手間補個妝，也許多擦一點口紅？」害羞往往會讓你無法思考，讓你無法採取行動，讓你變成被車燈震懾住，在路中間不知所措的一隻小鹿。

兔子就不會想這麼多，我們應該學學兔子。我們應該照著科學研究告訴我們的事情去處理發現獵物之後的每一步。

給男士：有牌就出

男士們，你覺得遇到你希望共度一生的異性，正確的做法是什麼呢？**說實在這沒什麼好爭的，你就應該要衝，而且要趕快衝**。老話一句非常有道理：「一失足成千古恨，再回頭已百年身」，這話足以讓單身者引以爲戒。

菲爾是我的男性閨密，閨密的意思是我對他沒興趣，從高中開始我就有這種朋友。有天我們兩個在餐廳吃飯，吃著吃著菲爾看到一個超正的女生隻身坐在他身後的吧檯上。菲爾看夠了轉身對著我說：「我未來的老婆！」

「恭喜，那你要怎麼認識你未來的老婆呢？」我有點覺得他在唬爛。

「妳等著瞧。」他若有所思地說。「或許我應該就這樣走過去打招呼。嗯，還是不要」，他開始自言自語，「那樣好像太老套了，這我準老婆耶，這樣太普通了。也許我應該請她喝杯什麼。不行，那樣太像在演電影了吧……。」他自己都笑了。「不然我過去跟她說我被她煞到了，不行，這樣好像太直接了，會嚇到她。還是我去跟她說我希望她當我孩子的媽？不好，這樣好像太露骨了。」

就在菲爾在那裡有完沒完之際，我眼睜睜看到他身後除了正妹，還冒出一個帥哥走過去，然後一屁股朝正妹旁邊的空位坐下去。等到菲爾想好了，轉身過去的時候，無名帥哥已經跟菲爾無緣的老婆聊得有來有去了。「一見鍾情」立刻變成了「一場幻夢」，獵人瞄太久，就是會看著獵物從眼前被別人帶走。

看到美女，到底怎樣做才對呢？嗯，你應該用行動，或身體語言來表達一切。首先是眼睛，你應該先看看她，連看好幾秒，當然注意到有人在看她，女生的眼神會逃開，這很正常。女人的養成都是這樣的，矜持是她們基本的反應。有男人在看，她們很自然會低頭往下看，這不等於她沒興趣。**有人分析調情的模式，結果顯示在把視線往別處看之後，女性如果在四十五秒之內再把頭轉回來，就表示她樂於你注意到她。**

所以說男士們要帶錶出門。就在她害羞地假裝對你的攻勢沒有興趣的時候，你可以趕緊開始讀秒。如果她在四十五秒內卸下武裝，那就表示對你開綠燈，你可以趕快把油門踩下去。

你可以對她笑，可以紳士地點點頭。你就把這想成是在高級餐廳訂位，先取得女方的注意力，你就訂好位子可以跟她講話了。不要去想說「她會不會覺得我太直接或太過分了？」你不先讓她認識你，她對你不會有任何想法；你不趕緊採取行動，獵物隨時都會溜走。

技巧7▼（給男士）：動作要快

「動作要快」不是說你要直衝獵物，看到誰就撲過去，而是說你要立刻讓她知道你的存在跟你對她有興趣。下面有幾種方法供你參考：

眼神接觸：維持穩定的眼神接觸一段時間，讓她知悉你不是剛好看過去而已。

對她微笑：笑要笑得友善、笑得禮貌，不要給人猥褻或下流的感覺。

朝她點頭：如果她在關鍵的四十五秒內給你回應，你可以微微對她點個頭，意思是：「我很欣賞妳，可以預約跟妳說說話嗎？」

進入射程：最後你要站起身來，進入到可以跟她說話的範圍內。

進入可以跟她說話的軌道位置後，你開口應該說些什麼呢？首先不要在腦子裡有搭訕的念頭，你一旦這樣想，對方就會眞的感覺你是在搭訕。很多害羞的獵人來參加我主持的研討會，會後他們跑來問我：「第一句話講什麼好？」我覺得會爲此而苦惱，會這樣問的男生很可愛。

這些來問的男生當中有一個特別害羞，他從口袋中抽出一本很多頁被摺起來、看來他已讀得滾瓜爛熟的書叫《怎麼搭訕女生》(*How to Pick up Girls*)。這問題顯然是很多男生的疑問，因爲這本書寫成於二十五年前，賣出了兩百多萬本，很多男性雜誌裡都有這書的廣告。這書裡頭有很多「古早味」的搭訕萬用句，比方說「別說像妳這樣的美女今晚是一個人。」或「妳是名模嗎？」這些說法對你爸媽那一代也許很好用，但現在時代不同了，搭訕只會讓女人翻個大大的白眼。**你說什麼其實已經不是重點了，重點是你的模樣跟你說話時給人的感覺**。

男士們，你的第一句話應該跟女士或跟環境有關。你可以問她現在幾點，可以恭維她的腕錶或穿著，可以問她附近景點怎麼去，可以問她跟宴會主人的關係。**大原則是你的第一句話愈不耍帥愈好，因為你們基本上還是陌生人**，她不會管你說了什麼，你說的再好她也不受用，這階段她基本上還是在打量你的外表，**她腦中記分的項目不是你說話的內容，而是你說話的態度與氣質**。她不傻，她知道你不論說什麼，都只是爲了說而說，你只是想跟她說話，至於說什麼連你自己都不是特別在乎，所以重點是她喜不喜歡你，而不是她喜不喜歡你說的話。

雖然你不用記一整套台詞，但你倒是要注意你先出口的那幾個字，**畢竟就像你的外表會決定你給對方的第一印象，你對她講的頭幾個字也應該讓她聽著悅耳**，否則這很可能就會是你對她說的最後幾個字。在你對她還是一張白紙的時候，你對她說的第一句話就是你在她的內心世界裡百分之百的投影，所以如果你一開口就是在抱怨，那你在她的內心裡就會是一個愛抱怨的男人；如果你一開口就很臭屁，那她就會判斷你是個自負的男人；但如果你一開口就讓她驚豔，那她就會覺得你是個有料的男人。

男士們，你可能在想你爲什麼要耍酷？爲什麼要給人感覺內斂、穩重、行止得宜？我可以告訴你這都是自然界的定律。女人的大腦裡內建的機制會在她看到你的第一眼啓動，她會本能地評估你會不會是她的未來伴侶。她會希望你被她給俘虜，但同時又希望你能控制你的動物本能，她會希望自己的伴侶能夠收放自如，該有魅力的時候有魅力，該自我克制的時候可以自我克制。

給女士：好牌先出

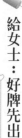

女士們，妳們可能覺得破冰是男生的責任，但妳知道研究顯示三分之二的邂逅是女生啓動的嗎？

這也是自然界的設計。在動物世界裡，求愛的個體會嘶吼、會呼叫、會跺腳，動物這方面的表現遠比智人外放。發情的母黑猩猩看到獵物，會「漫步過去，把屁股對準公黑猩猩的鼻子來吸引他的注意，然後她會眞的拉他站起來交配」。這樣的行爲有一個專有名詞，就叫作「雌性的主動性」(female proceptivity)，反之則爲「接受性」(receptivity)。事實上由女性主動的狀況人類也不陌生，只不過身爲女性，我希望男生不要讓女生太累。

女性要如何主動創造機會給男生呢？其實我們最好的老師就是小孩，就是鳥兒，就是蜜蜂，就是動物王國中所有上帝的創作，**我們需要找樣東西來吸引目標的注意力**。

女士們，假設說妳看到俊美的陌生男士在舞池中央搖晃，在桌子對面端坐，在隔壁的跑步機上喘氣，妳應該怎麼辦？通常的狀況是這樣，一看到中意的男人，女性會盯著他半秒，然後就把頭轉開。勇敢一點的女生會露出一抹淡淡的微笑，然後一樣把頭轉開。因爲不想被當成花癡，這些女性都不敢採取主動，她們只能祈禱男生能猜到自己的心意並對她們有興趣。

五萬顆微小的種子從花蕊中散發出來，能落地生根的只有一顆。如果妳也屬於上一段所描述的女性，那妳跟英俊帥哥有緣的機率，大概頂多也就是五萬分之一。妳不能只是微笑然後希望樂透能中，自然界的頭獎可沒有那麼好贏。

適用於女性的起手式

我們來看看相關的研究能告訴我們什麼。莫妮卡．莫爾 (Monica Moore) 在研究的過程中聽說三分之二的邂逅是由女方啓動，她於是想了解看看這些女生是用什麼方法搭訕的。她設計了一項研究讓自己可以觀察超過兩百名女性在派對上的舉止，並且記錄下科學上所稱的「非語言邀約訊號」(nonverbal solicitation signal)。

下面數字由高而低，我列出了莫妮卡的觀察記錄。搭訕招數後面的數字是莫妮卡觀察到女性用該方法搭訕的成功次數。所謂成功不用我解釋了吧？這些招數使出來以後，男生就乖乖過來陪女王聊天了。

女性成功搭訕的招數排行榜

❖ 熱情的微笑 511

❖ 用短暫但順暢的眼神瞄他一眼 253

- ❖配合音樂獨舞　253
- ❖直直看著他然後撥一下頭髮　139
- ❖死命盯著他　117
- ❖看著他，點點頭，然後再看回別的地方　102
- ❖「不小心」蹭到他的身體　96
- ❖對他點點頭　66
- ❖指著張空位要他過來坐　62
- ❖低頭撫摸自己雪白的頸部　58
- ❖一邊眼神接觸，一邊舔嘴唇　48
- ❖一邊眼神接觸，一邊補妝或搔首弄姿　46
- ❖刻意走過他身邊，展現妳臀部的曲線　41
- ❖找點事請他幫忙　34
- ❖找樣可以拍的東西，拍出聲來引起他的注意　8
- ❖拍他的翹臀（個人不建議）　8

姊妹們，出手的方法有好有壞，但不要遲疑不出手。如果妳需要勇氣，就想想選擇異性來確保種族的繁衍本來就是演化賦予女性的責任。表面上妳是在「勾引」男人，但實際上妳不過是在履行上天交付妳的神聖使命，自然之母不但不會生氣，還會給妳鼓勵。

這樣子妳還是害羞？妳怕自己對他笑那麼開或「不小心」蹭到他，會顯得太過於主動。他會覺得妳太主動嗎？相信我妳多慮了，因爲男生的自尊心會自然啓動，我保證十分鐘不到，他就會完全忘記今天自己不是獵人，而是獵物。**莫妮卡．莫爾說男生常常被女生釣，但事後都認定主動的是自己。**

我會決定用自己的研究成果去補強莫妮卡的發現。不久前有天我在紐約阿爾巴尼(Albany)有很多分店的 T.G.I. Friday's 餐廳吃飯，我隔天要給一個單身團體演講，所以餐點吃一吃，我內心就開始在思考明早的研討會課程。我打算撥一些篇幅給「微笑」，我會讓女性同胞知道笑對帥哥有多受用。

我想著：「萊拉，妳這個僞君子。明天早上妳會跟女生說要有勇氣對陌生人微笑，但妳自己卻做不到。」這麼想著想著我看到一個帥哥隔了幾張桌子坐在我的旁邊，一邊快要用完餐一邊在讀不知道什麼東西。這時我靈機一動：「ＯＫ，萊拉，勇敢一點，來試試看吧。」於是我就對這位俊俏的陌生人笑了笑。

這位可憐的傢伙被我當成實驗品。看到我對他笑，他先是稍微愣了一下，然後就把整顆頭又埋回書本中。隔沒多久，他又抬起頭來。我再度笑了笑，然後他又把頭塞回書中。過了幾分鐘，這位陌生的帥哥起身經過我的桌子，應該是要去洗手間。把握他經過的瞬間，我勉強自己又笑了一次。困惑的帥哥只是抓了抓頭，不解風情的他還是沒有停下腳步。

接下來好玩的來了。從洗手間回來，經過我桌子的時侯，他走得非常極其之慢。又一次我抬起頭來看著他，然後正如各位所想的，我又笑了一次。這次陌生的帥哥停下了腳步。在我連珠炮一般的微笑攻勢後，他停下來跟我聊天似乎也就很合理了，就好像我們已經正式見過面一樣。他還在我這桌坐了下來，喝了杯咖啡。

嗯，我邀請這位男士，山姆，參加我隔天早上的研討會，而他也很賞臉地來了。研討會進行到講「微笑」的部分，我說了這個故事，當然我保留了山姆的身分，因爲重點是微笑如何創造出條件，讓陌生人願意坐下來跟你聊天。

在研討會結束後，山姆說：「那個，萊拉，我想妳剛剛的小故事是在說我吧。不過……」他露出了困惑但誠懇的表情，「我覺得昨天晚上應該算是我主動接近妳。」最好是，山姆。

我跟妳們說，各位姊妹，男性的自尊心是一件很好玩的事情。妳只消有勇氣大方地笑、點頭，指個空位讓他坐下來，然後再從莫妮卡提供的選擇中任選一項發揮，男生就會選擇性忘記他們是獵物而不是獵人。

技巧8▼（給女士）：一靜不如一動

女性的獵人，妳一察覺到有好的獵物，別等，別被動等他過來敲門。大自然其實是讓女生負責出擊，妳可以無所不用其極，有效就行。只要妳別拿針筒裝苯乙胺去戳男生的屁股，其他我都沒有意見。

第九章

肢體語言做先鋒

讓身體代替嘴巴說話

科學文獻中記載了父母親早年的肢體語言，是愛能否滋生的一大關鍵。把愛拿來研究最不遺餘力的科學家裡，有一位就是提摩西．波頻。他曾經很精實地砸了兩百多個小時坐在單身酒吧的高腳凳上，仔細端詳兩性之間在論及愛情時，一開始會做哪些事情。

就跟科學家記錄倉鼠的交配習性一樣，波頻博士也在單身酒吧裡觀察到同樣的求偶模式不斷重複出現。夜復一夜，他堅守崗位，該筆記的時候筆記，該畫表的時候畫表，另外針對男女之間如何扮演獵人的角色，他也不斷提出合理的假設。然後依循科學的優良傳統，他把男女試著認識異性的肢體語言模式拆解成五個特定的步驟。

波頗博士的發現顯示男女雙方若都能精準掌握這一套流程，那當晚就約成功或直接一起買單離開的機率會很高；反之，若兩邊有任何一邊不懂這套遊戲規則，或懂但沒能執行成功，那分道揚鑣就很難避免。

很多想戀愛的人會刻意去報名國標舞的課，他們覺得那裡應該會有很多潛在戀愛對象。這些人會很痛苦地學著跳狐步 (fox trot)、華爾滋、恰恰跟倫巴，就算沒天份也能慢慢學得幾分樣，問題是眞正重要的舞蹈他們卻常常沒能學到，那就是「親密之舞」(the Dance of Intimacy)。

親密之舞應該怎麼跳呢？跟「田納西的華爾滋」(Tennessee Waltz) 一樣，親密之舞也有明確而固定的跳法，你一定得照著跳才能跟潛在戀愛對象從陌生變成熟悉。下面要介紹五種潛意識的肢體語言，你都要注意，因爲只要搞砸任何一項，獵物就會失去興趣而匆匆回到單身的叢林裡四處遊蕩。

♡第一動：非語言訊號

兩個舞伴進入說話射程之後，其中一個要出聲來顯現自身的存在，方法如前一章所述，可以笑、可以點頭、可以拋媚眼。

♡第二動：說話

進入第二動，兩個人要有一個人說話。這人可以隨便對天氣、餐點發表一點意見，也可以問個問題，實在沒靈感就簡單說聲「嗨」也行，總之要出聲就對了。

♡第三動：轉身

真正有趣的來了。其中一方出聲之後，另一方起碼的回應是要轉頭正眼看著人家，讓勇敢出聲的人知道你聽到了，也很感激他做出這樣的努力；若沒回應，很少有人會再次拿熱臉去貼冷屁股。

如果回應很熱烈、很友善，那多半兩造就會聊起來，然後關係的分水嶺就會出現。獵人與獵物會開始從只有頸部以上對著對方，進展到整個肩膀都對著人家，再來如果感覺不差，兩人的身體就會慢慢跟上。最終滿分的狀況是雙方能整個人都展露在彼此面前。

這樣從頭、上半身、下半身，到整個人的轉向，可以在幾分鐘內完成，也可以一搞就是幾小時。**但確定的是身體每多轉一點點，兩人的熟稔程度也就增加一些些**。

♡第四動：觸碰

隨著有人出聲、有人轉身，一種強大的關係催化劑也會伺機登場，這催情的仙丹就是肢體的碰觸。他遞餅乾給你的時候，你可以不小心「揮」到他的手；他西裝外套上有毛屑，你可能會忍不住幫他拍掉。這樣的碰觸可以發生在一瞬間，可以感覺毫不經意。

重點是你如何回應他的初次碰觸，這會決定你們的關係能否向前邁進。如果對方輕碰你的外套，而你的肩膀不自覺地稍稍聳了一下，那他就會很敏感地判斷自己被打槍了。雖然說這眞的可能是對方太敏感了，但兩人來電的時機就這樣錯過了。

在第四動的階段，波頗博士說獵人與獵物其實很難分，因爲一旦觸碰的程序完成，而且「賓主盡歡」，那這兩人就已經是準情侶了，至少一夜情侶應該沒有問題。

在這個階段，還有另外一個現象會發生，那就是男女之間的眼神接觸會呈現另外一種不同的風貌。早在一九七七年，就有科學家觀察到一對男女在感情升溫之際，眼神接觸不但量會增加，同時性質上也會從出於禮貌而流於正式地看著對方，轉化成帶有某種感情的凝望。這時候兩造的目光會開始周遊對方的臉蛋、頭髮、頸部、肩膀乃至於軀幹。這也就是我們稍早提到過的「視覺自由行」。

♡第五動：同步

最後一步，也是可看性最高的一步。就像是要確認要不要在一起一樣，這對「新人」會開始追求動作上的同步。

比方說，男方跟女方可能會同時伸手去拿飲料，又同時把杯子放回桌上；也可能兩人會同時調整重心，同時跟著音樂扭動身體；同時注意到室外有什麼騷動，然後又同時發覺沒什麼事情。

波頗博士寫道：「一旦完成同步，酒吧裡的兩人往往可以維持默契到店家打烊，到他們吃飽喝足必須離開，到他們共乘的火車到了終點站，換言之就是到外面的世界插上了手，迫使他們不回到現實都不行。」但即便如此，若是這對男女當中有任何一個在上面五個動作中出了任何一點差錯，像是最終沒能達到同步，那博士跟他的同僚就認定這一對不會有什麼搞頭了。

最近我很幸運能看到一對璧人現場卯起來放閃。那天我在餐廳吃飯，位子前面有一個吧檯，吧檯上面坐了一對年輕的男女。他們的身體完全面對著彼此，甚至還互相朝著對方有一點前傾，其實這樣說有一點稍嫌客氣了，因爲他們幾乎就快要從高腳椅上摔下來。這兩人臉上帶著微笑，甜言蜜語還不忘點頭。他們的雙手不時會撥到對方，還很神奇地會同時拿起杯子又放回吧檯上。他們一起笑，一起皺眉，除了外面偶爾傳來聲響干擾的片刻，他們的雙眼幾乎都沒有離開彼此的小世界。甚至連被外面的干擾吸引到的時候，他們轉頭跟回頭的動作也都整齊劃一。我想你問任何一個人，都會覺得這兩人是一對情侶吧。

後來我吃完正要買單，服務的小姐注意到我剛剛有在看這對男女，她於是帶著大大的笑容說：「我也注意到那一對了，很閃喔！」

「是啊，」我只能同意。「他們看來是在熱戀中。」

「喔，沒有耶，他們才認識十分鐘而已。」

我想，這小倆口一定讀過波頗的東西吧。要不就像是音樂劇《飛燕金槍》(*Annie Get Your Gun*) 裡十九世紀美國女神槍手安妮．歐克利 (Annie Oakley) 所說的：「這有很難嗎！」

親密之舞要兩個人才能跳。就算你是獵物，也不代表你可以不把舞步記熟。但很可惜的是**很多有機會成形的關係最後無疾而終，都是因為一個不小心，獵物用不是他本意的肢體語言推開了原本興致勃勃的獵人。**

不同於獵鹿或獵熊，獵「人」有一個很大的問題在於獵人不分男女，都有可能產生不安全感，也就是俗稱的害羞，沒聽過有人打山豬會不好意思的吧，獵「人」就會不好意思。所以說，**發現有人看上你了，你必須顯示出你也OK的訊號，這樣你跟準情人的親密之舞才跳得下去**。

有次我跟一個女生朋友去參加一場派對，她叫黛安娜。玩到一半有位帥哥對黛安娜笑了笑，小黛立即的反應是把眼神撇開，但她一轉頭卻興奮地對我說：「那邊那個帥哥對我笑耶。」

「很好，」我說，「笑回去。」

沒過多久，那邊「那位帥哥」已經變成站在我們身邊的「這位帥哥」。我不知道小黛是害羞、是矜持，還是耍酷，總之她不但沒有轉過身對帥哥新朋友笑一下，反而只顧著跟我講話。幾分鐘過去了，我們開始無言地看著陌生的帥哥跟另外一位女士打得火熱，小黛這時才一整個大崩潰。「唉，我想他應該是覺得我近看不正吧。」

「錯了，小黛。」我很想把她搖醒。「妳不是不正，妳只是太冷，人家做球妳都沒回。」黛安娜沒做到前面提到五動的第一動：**出個聲表示你看到他、聽到他、接納他**。

機會二十四小時都在出現，也二十四小時在流失，就算一個半球在睡覺，另外一個半球也會持續這樣的循環。很多時候獵物是想上鉤的，但陰錯陽差反倒成了不情願的漏網之魚。

一個單字帶你上天堂

跟新鎖定的獵物聊著聊著，你愈來愈覺得：「這個人我可以耶。他固然正，但他吸引我的不只是正而已，我有想跟他定下來的感覺。」就在幾秒鐘之間，你的心跳加快了，你的喉嚨乾了，你是不是要進入愛的力場了呢？

但沒想到，接下來的你非但沒有指揮身體的各部位去各司其職，想辦法去做該做的事情，反而開始擔心起獵物對你有著什麼樣的印象。你的呼吸變得短促，你開始暈眩像是暈船，這代表苯乙胺開始直衝腦門！

小心！人一緊張，平常那個「專注的男人」跟「認真的女人」就會消失得無影無蹤，你原有的魅力也會蕩然無存，你會開始「微管理」自己的一舉一動，你會太在意自己的表現而失去了日常的冷靜。察覺到自己開始緊張，你就先別管波頻的招數，也先沒空想那五動是先觸碰還是先同步了。遇到這樣的生死關頭，你需要的是超級簡單的指引，好讓你的身體可以自然去做波頗博士叫你做的事情，而你則可以把精神專注在可愛的獵物在講什麼東西。

獵人，接下來我要說的事情非常要緊，因爲男人常常忘記時代不同了。以往的女性需要男性扶養，就好像部落的女人需要強壯或能跑的男人幫妻小獵豬捕兔回來烤，新時代的女性多半有自己的工作與收入，要吃薩摩黑豬或法國野兔，上館子就可以，不需要爲了吃點東西還得找個男人。**對男性來說，這年頭重點已經不是你要讓她覺得你好棒棒，重點是你要讓她知道你覺得她好棒棒。**

女性的獵人，我們很多姊妹都早已把男人當成奢侈品，而不再當成必需品了。可能是母奶裡的某種成分使然，我們小時候多會學著對身邊的男性善解人意、溫柔得體。不用懷疑，五歲的小女孩就知道說：「把拔你好棒喔，我想要芭比娃娃。」爸爸一定買帳，因爲爸爸也是男人。然後五歲之後的某天，一切都變了，因爲我們長大了。長大之後的我們，有些變成女性主義者，然後我們開始矯枉過正。大女孩手裡不拿芭比，心裡也不再把任何男人當爸比。

對現代女性來說，展現才華與獨立的能力是一種需求，**但有些女孩會過於在異性面前逞強，這樣不OK！**在一起以後妳想讓男人對妳佩服得五體投地，有的是時間，事實上妳也確實應該讓自己的另一半對妳的能力毋庸置疑，這樣你們才能維持平衡而健康的關係，但那是之後的事情。**當下妳應該做的，是讓男人覺得妳覺得他好棒棒。**

所以總結一下，不論男生還是女生，都喜歡聽好話，都會比較喜歡一下子就喜歡我們的人。不只一份研究召集互不相識的一群男女，然後科學家會亂點鴛鴦譜，讓他們以爲團體中的某位異性喜歡他們。之後被問到他們喜歡團體裡的誰，大多數受試者都回答那個他們誤以爲喜歡自己的異性，幾無例外。可惜在現實生活中，沒有這樣一位科學家當我們的月老，幫我們去給喜歡的人咬耳朵，所以我們只好自力救濟。雖然「我喜歡你」說出來還是有點尷尬，無妨，肢體語言這時可以派上用場。

在跟他聊天的時候，想著一個英文單字「soften」，也就是「放軟」的意思。這個單字裡的六個字母分別代表六種提案，你的肢體語言只要都照著做，就可以在「親密之舞」以外多加一層保障。

技巧9 ▼ 軟化獵物的心

S 代表**微笑**（smile）：你一邊聽獵物講話，一邊可以微笑著表示接納。

O 代表**打開**（open body）：打開你的身體，面對你的愛情，用你的鼻子對著他的鼻子，衣服下的肚臍對著他的肚臍。雙手放鬆，打開胸懷，邀請他進來。

F 代表**前傾**(forward lean)：朝著你的獵物前傾，站著或坐著都行。貼近對方，讓對方體會到他對你的吸引力。

T 代表**碰觸**(touch)：輕輕地、「不小心」地碰到面前獵物的手臂或衣服。

E 代表**眼神接觸**(eye contact)：記得前面介紹眼神接觸的四項技巧要全部都用上。

N 代表**點頭**(nod)：輕輕點頭，讓獵物知道你有在聽他講話。

「這些東西都很基本！」喔，是嗎？

看到這一段，有些讀者可能會說：「這些建議好像都是常識嘛！我們現在不是在討論撲朔迷離的愛情心理嗎？妳怎麼會搬出這麼普通的建議？這麼基本的東西妳好意思說是『技巧』？」

嗯，各位看倌您有所不知。首先，這些東西看起來或許很基本、很一般，但你都做得很好了嗎？我有很多飽讀詩書、在都市叢林打滾多年的朋友都還很需要磨練；再者，東西基本不代表不重要，事實上這些東西的重要性是最高等級。研究已經再三證明要成功讓人對你一見鍾情，這些基本功就是會有用。

接下來讓我們來探討另外兩件同樣是聰明人也會覺得棘手的事情：第一次聊天跟第一次約會。

第十章

第一次聊天就上手

對談講求的是琴瑟和鳴

如果人跟人交談是音樂，你跟潛在戀愛對象的第一次交談就是美麗的演奏會。主要音符與節拍都正確，你就能讓獵物的心裡充滿和諧與喜悅。反之，要是你不小心算錯拍或大走音，獵物的心裡就會馬上出戲。

我們到目前已經討論過的是「舞蹈」（肢體語言）可以用來吸引獵物注意，接下來我們要探究的是你戀愛序曲的「音樂」性，重點會放在你跟獵物第一次聊天時的措詞與應對。

你可以把第一次的對話想成是試鏡的演出，你可以藉此看看自己能不能在對方的生活中軋上一角，能的話那又會是個什麼樣的角色。等在一起之後，你講話再無聊也沒關係，但那是之後的事情；戀人未滿的階段你必須讓第一場對話節奏平穩但火花四射，這樣愛焰才有升起來的可能。

什麼樣的對話才叫好對話？對A獵物來說，只要聊到運動、舞台劇跟芭蕾的對話都是好對話；但對B獵物來說，哲學、心理學跟核融合才是合格的話題，才能引起他的興趣。有人愛拿自己家裡的房子、家人、狗狗或鸚鵡大聊特聊；有人卻絕口不提自己的私事。所以說，你需要一些技巧去套出獵物的好惡，這樣第一次對話才能在他的心中烙下印象。

對談就像做愛

跟新伴侶第一次做愛，你可以溫柔地問：「我這樣弄對嗎？沒把你弄痛吧？你喜歡怎麼樣？」這樣是對的，可惜你不能在第一次對話時就問人家說：「親愛的，你喜歡聊棒球、排球、還是網球？還是做菜？」

跟新伴侶前幾次發生關係，你可能對她的喜好跟敏感帶還弄不清。你不知道她喜歡大力還是小力，不知道她喜歡快點還是慢點，你只能察言觀色用猜的。你可以觀察她身體的變化，看她臉上的表情，聽她小小聲的呻吟，注意她不自覺的呼吸。你可能發現她喜歡你親她胸部，因爲她會克制不住收縮，那沒什麼好講的你當然會多給她一點同樣的步數。又或者身爲女性的妳發現他在妳咬他大腿的時候抗拒了一下，那妳當然就會識相地不再當德古拉。

做愛的時候要這般如履薄冰，剛開始聊天的時候也不遑多讓；如果說第一次說話跟第一次上床至少同等重要，一點都不誇張。從某種角度來想，說話搞不好更重要，因爲前頭嘴上工夫不好，後面床上工夫就根本沒機會展現。想聊天聊到床上去，可沒那麼容易！

聊天就像推銷

聊天的時候，注意獵物的各種反應。**一隻眼睛欣賞對方，另一隻眼睛要注意對方不自覺的臉部表情、頭部轉動、肢體偏移、兩手姿勢，甚至於是眼神閃爍與眼皮跳動。**就像超級業務員一樣，你必須要能夠察言觀色、隨機應變、因時制宜。不能說是見人說人話，見鬼說鬼話啦，但至少你千萬不能白目。除了少數受過專業訓練的情報員可以隱藏自己的情緒到完美以外，正常人都一定會讓自己的情緒流露出蛛絲馬跡，就看你看不看得出來。獵物的想法或許不會從嘴巴說出來，但這不代表他身體的其他部位不會向你呼喊。

我在主持的銷售研討會上教過一個技巧，我稱之爲「眼球銷售」(eyeball selling)。銷售的成敗往往決定於你知不知道客人的好惡開關設於何處。你要知道什麼讓客人感冒，什麼讓他們嗨，什麼東西他們不痛不癢，這樣你才有機會把產品塞到他們身上、手上或腳上。同樣地，面對愛情的獵物，你也要知道什麼東西讓他們痛，什麼東西讓他們癢，什麼東西他們不痛不癢，這樣你才有機會親手讓他們又痛又癢。

假設你今天在派對上讓人給介紹了一個正妹，你們開始聊起了天……。

注意獵物的臉

在聊天的過程中，對方的臉部表情會不斷地改變。有時候明明聊著你自己覺得很普通、很無聊的主題，獵物的臉突然認眞起來，眼睛睜得又大又圓，一副很感興趣的模樣。

又或者你自覺話題很有趣，怎麼他的臉卻垮下來？這時候如果你有注意到獵物的反應，就可以趕緊打方向盤調整策略。總之，如果你找到對方喜歡的話題，就可以乘勝追擊。**懂的東西你可以發表意見，不懂的東西你可以丟出問題，路找對了就要一直走下去！**

而遇到獵物目光空洞、表情木然的時候，就表示你該悄悄改變話題了。想點別的東西讓獵物的目光回神。不懂得看臉色的白目獵人，可是很快就會被獵物給掙脫的。

♡注意獵物的頭部位置

獵物如果被你無聊到，很常見的反應就是把頭轉開。當然把頭轉開需要一個藉口，所以比方說廚房有個風吹草動，有人推開門進到店裡來，或是好像有人在叫他的名字，他都會在第一時間迫不及待地「另謀高就」。

反之，獵物若覺得跟你講話有趣，就不會輕易讓視線跟你產生太大的距離。即便一整個托盤的高腳杯砸到地上，玻璃如流彈從他的鞋跟旁掠過，他眼睛連眨都不會眨一下。**我們要注意獵物的頭往哪裡偏，只要他的頭沒有正面對著你，你就要想到是不是該換個話題。**

♡注意獵物的身體位置

想想你自己遇到無聊的人或話題，又找不到理由脫身時，你的身體會有多麼誠實。你會不斷地往後退，你的身體也會偏到左邊或右邊去。

如果今天不斷往後退，身體也偏了的是你的潛在戀愛對象，那你就要小心了，這可能表示你們的關係還沒開始就要結束了。這時候要扶社稷於將傾，你就得好好瞄準，把剩餘的彈藥善加利用，最好別再繼續滔滔不絕。這時候請你把舞台劇的獨白魂收起來，**置入幾聲獵物的名字，然後問個比較個人一點的問題來讓焦點回到他身上**。這策略進可讓獵物回神，重新提起興趣跟你講話，退則可以讓已經難以挽救的情勢埋下未來逆轉的伏筆。

反之，如果客人看著你是以正面示人，而且表現出開放與接納的態度，那優秀的業務員就知道可以開始收網了，這換到愛情的世界裡也是一樣。對方如果沒有抵抗，那你就應該趕緊拎著球棒上場，把壘上的隊友給打回來得分。**這包括你應該跟他約時間出去玩，跟他要電話，或提議找時間到你家喝杯茶，繼續聊今天沒聊完的東西**。

♡注意獵物的手部動作

獵物說出口的話未能全信，但手告訴你的事情絕對不用懷疑。你可以每隔一段時間看一看他的手在幹嘛，因爲那雙手除了賞心悅目，還能告訴你它的主人在想些什麼。

他是不是邊聽你講話，邊伸出手去拿桌上的迴紋針或窗邊的火柴棒？他是不是無意識地用手指在咖啡杯緣上畫圈圈？這些動作都代表著他有心事或在想事情，事實上你的獵物很可能在想你剛剛說的東西，所以你應該把這當成進廣告的訊號，讓些許的沉默賦予兩人對話一些深度。**如果一聲不吭會太尷尬，那你至少得把速度放慢，讓獵物在聽你說話之餘，還能有一些記憶體處理自身的思緒**。

掌心向上是好消息。身爲獵人的男性如你若看到獵物用掌心對著你，那你應該要非常高興，因爲這代表她喜歡你。這時的她對你無所設防，說不定還等著你打破心牆。**掌心向上是標準的「我投降」之意，衡諸情勢你可以考慮得寸進尺，進行兩人的第一次「接觸」**，我是說眞正身體上的接觸。包括像她的掌心或無袖上衣露出來的前臂，都是可以考慮的目標物。

身爲獵人的女性可以格外留心男生手指有沒有在指東西，他是不是邊講話邊「書空咄咄」，手指像槍管一樣指來指去？**事實上妳可以把用手指東西想成是男生「勃起」的替代品，因為兩者同樣表示這個男人為了某樣東西興奮莫名**。如果他指著某個遠方是在談某件事情，那就表示這件事對他來說極具意義，這事後妳就應該卯起來附議才是聰明。

♡注意獵物的眼睛

看到獵物的眼睛在飄，不見得代表對方心不在焉或對你沒興趣。這也可能只是你沒挑對話題，搞不好換個主題他就回神了。

熟練之後，你可以觀察獵物的瞳孔大小來判斷自己講話受不受對方歡迎。**如果對方瞳孔開始縮小，那就代表他心中在吶喊「好．無．聊！」；反之，如果對方瞳孔開始放大，那就代表對方心裡的 OS 是「這我有興趣，繼續講，不要停！」**

技巧10▼眼球說話術

不要只是傻傻地一直講一直講，也不管獵物的反應是啥。你應該效法厲害的業務員，學他們那樣察言觀色，看對方的臉色說話，這樣你的潛在戀愛對象才比較願意買你的帳。

怎麼知道對方想聊什麼

好不容易遇到你可以的對象，聊起天來卻怎麼樣都聊得很卡，應該任誰都會覺得很嘔吧。你內心可能會無聲地大喊：「天啊，你我真的可以耶，拜託我你也可以。我們現在能在這裡閒聊，很好，但要是我們能講些有趣點、有內容點的東西就更好了。你到底喜歡聊什麼東西啊？」

爲了有上面這種困擾的人，我想出了一個勝率很高的方法可以讓閒聊順利升級爲懇談，讓你可以更貼近喜歡對象的內心，這方法我稱之爲「採櫻桃」(cherry picking)，也就是要你像農人在採櫻桃的時候那樣把好的果實挑出來。**在跟獵物閒聊的階段，你要注意對方在言談中提到什麼東西不太對勁，或從什麼地方岔出去提到了什麼樣的插曲、回憶，乃至於各式各樣的人事物**。這堆沙礫中或許就有你夢寐以求的精采話題可以讓對方刻骨銘心。

男士們，假設從公司漫步回家的路上下起傾盆大雨，你直衝最近的騎樓躲雨。那騎樓剛好屬於一家咖啡廳，於是你索性推門進去，抖了抖身上的雨滴，然後才一坐下，你就發現對面的椅子上坐著位美麗的陌生女性。你清了清喉嚨，準備試一試運氣。

「天啊，」你說，「這雨還眞是說下就下，都不打聲招呼的喔。」

她轉過頭來，還算有回應。「是啊。」

你見機不可失，馬上搜尋腦中有什麼別的話題。「妳常來這裡嗎？」

獵物彷彿看出你的故意，但還是沒有停止回應。「喔，沒有，沒有。」她笑著說，「我也是進來躲雨，順便點杯熱拿鐵。」

你豁出去了。「是啊，這雨還眞的大啊。」嗯，你知道這回答算不上精采，但對這場隨時會結束的邂逅來說，總是帖續命丹。

「喔，嗯嗯，」獵物說，「就當是老天爺在幫忙澆花吧！」

此話一出，你們倆同時看了窗外一眼，然後又看了看對方。你笑了，你的獵物也擠出了一絲笑容，然後兩個人就都想不出話可以講了，兩雙眼睛看著各自的熱咖啡。萍水相逢畢竟只是萍水相逢。

眞可惜！一切開始的那麼順利，雨天配上咖啡店，氣氛多好！對方有笑容，也有靠近你，初步看來她不討厭你，但就在對話該從漫無目的的閒談升級到言之有物的對話時，你卡關了。

推理隨堂考：這「無言的結局」其實有個出口，樹上其實有顆櫻桃等著你摘，你有看出來嗎？陌生的美女留下了一個詞的線索，你要是有掌握到就可以打蛇隨棍上，讓兩人的對談脫離閒聊，朝更有深度、更能留下印象，甚至留下電話的方向發展，你知道答案嗎？

解答：澆花。

倒帶到聊天氣的部分。就在你因爲想不出下句話而滅頂之前，她其實說出了「就當老天爺在幫忙澆花吧」這樣的話語。如果你腦筋動得快點，就會發現這話其實很耐人尋味。你或許分不清水仙跟大蒜，也不知道楓跟槭是不一樣的東西，但這沒關係，你只要能聽出植物在陌生正妹的生活中，一定扮演著某種可大可小的意義，否則她不會脫口而出拿植物作比喻。在潛意識，甚至是無意識之中，她可能在對你說的是：「我比較想聊植物耶。」

技巧11 摘櫻桃

能在樹上不知凡幾的果實中挑出那顆漂亮的櫻桃，你就不怕跟陌生的異性講話會乾掉。你要學柯南，聽到的每句話或每個字都可能有意義，都可能是那顆櫻桃。你知道櫻桃吃完有籽吧？好的櫻桃籽種下去就能開花結果，長出的東西一定會令人驚喜。

在她留下線索後，你應該馬上說的是：「喔，妳有自己在種東西嗎？」她搞不好家裡前院有「開心農場」，屋頂有空中花園，或許她家其實小到種不了東西，但她就是對植物很有興趣。你當然不可能像福爾摩斯一樣看著她衣服上的一顆毛球就知道她祖父上禮拜跑馬拉松看到飛碟，但你應該不難判斷出植物是女孩生命中的一環，否則她不可能腦筋老是往這玩意上轉。

OK，假設她說的不是「老天爺想要澆花」，假設她說的是「這種下法感覺好像熱帶國家喔！」那這顆櫻桃的品種就又有點不同。

你可以借題發揮說：「喔，妳待過熱帶國家嗎？」，會像上面那樣有感而發，多半是她在熱帶國家住過，或至少因爲某種原因知道那裡的天氣。要說一個人會莫名其妙看到大雨就第一時間想到熱帶，我實在很難相信。熱帶對你來說或許只是個很中性的詞，但對會脫口用出來的人來說，這詞一定代表了更多的東西，你至少要有能看出這點的判斷力。

假設她說的是：「下雨天沒辦法帶狗狗出門。」或「是啊，下雨打掉好多樹葉，游泳池都清不完。」，那就換成狗狗跟泳池是你的櫻桃了。女生都洩題了，你怎麼能不拼拼看。

怎麼讓獵物有種你們是戀人的錯覺

有機會在派對上聽到身旁男女的對話，你會發現判斷兩人關係的遠近並不困難。大約花個一分鐘，你就知道他們是剛認識、普通朋友，或是一對戀人？

你甚至不需要聽到他們稱呼對方親愛的、達令或寶貝，你不用看到他們的肢體語言，不用知道他們在討論什麼，也不用注意他們說話的語調，你就是能知道。

爲什麼？很簡單，因爲人說話時的親疏遠近有幾個等級，所有關係沒有例外都要循序漸進，這點其實相當有趣。讓我們從第一級開始談起。

♡第一級：廢話

兩個陌生人在一起講話，丟過來丟過去的都是廢話。就以天氣這個舉世公認最無聊的話題來說，假設對話的是兩個陌生人，那他們說的可能會是：「最近天氣眞的很好喔！」或「天啊，這雨還眞不小喔。」這就是第一級，全都是廢話。

♡第二級：事實

兩個人可能認識，但也就只是認識而已，這時候他們就會聊些「事實」。「你知道，喬，去年好天氣有兩百四十二天耶！」或「對啊，嗯，我們終於決定花錢蓋游泳池了，天氣實在太熱了。」

第三級：感覺與私人問題

朋友之間會交流感情，包括透過前面說過超無聊的天氣話題為之：「天啊，山姆，我超喜歡這種天氣的。」或者他們會問彼此一些個人的問題：「你呢？你喜歡好天還是下雨？」

第四級：在句子裡用上「我們」

這一級的親密程度屬於非常麻吉的朋友或戀人。他們說的不是廢話，也不是一般的事實，甚至不是單純的感覺。愛人們如果討論起天氣，他們會說：「如果天氣這樣好下去，**我們**去哪裡走走吧？」

> **技巧12▼把「我們」提早搬出來用**
>
> 創造你跟獵物之間的親密感，即便你們才認識不到幾分鐘，你也可以耍點手段搞亂他的判斷，讓你們的互動跳過一、二級，直升三、四級。

這所謂的手段有一個對應的技巧，你可以善用之來讓新獵物莫名覺得你們已經在一起、已經很契合、已經戀愛了。這技巧就是提早把「我們」搬出來用。這技巧可以讓你搞亂獵物腦中的判斷訊號，讓你們的對話快速提升層級。**你可以問獵物對某件事情有什麼感覺，就好像你在問一個朋友一樣。你可以用「我們」造句，就好像你在跟情人或親人講話一樣**。

假設你跟潛在戀愛對象在派對上聊天，你可以像朋友一樣問問他的感受。「你覺得好玩嗎？」

然後再接上情人等級的「我們怎樣怎樣」。像是「是啊，我們眞的體力很不錯，才能撐過這些婚喪喜慶的場合，很累人喔？」

正常來說，在剛展開的關係當中，大部分人會覺得聽到「我們怎樣怎樣」有點怪怪的，但厲害的獵人不分男女，會提早搬出「我們」來用，在不知不覺中跟獵物拉近距離。

把「親密」當成禮物送出去，進一步拉近兩人的距離

要讓親密升溫，這邊還有另外一個說話技巧。通常在跟陌生人講話的時候，我們

會打開防護罩，我們不會輕易透露自己的個人資訊。

但慢慢地隨著我們跟某人有所交流，我們會慢慢把這些個人資訊當成禮物送出去。我們可能會跟朋友或戀人說我們改不掉咬指甲的壞習慣，或是自己頭髮好油不每天洗不行。

我們把這些小缺點跟好朋友講，他們很可能的反應是笑著說：「喔，你以爲自己這樣很嗆是不是？我跟你說我擠青春痘那才叫手賤。」或「你的頭髮那哪叫油啊？我的設計師都問我今天是要用哪一個牌子的機油？」」。這就是標準朋友間的對話。

這樣的互揭瘡疤並非惡意，反倒是可以培養出一種友誼，一種朋友間專屬的親密感。**透過分享祕密或自爆一些「噁心」的事情，你可以讓獵物知道你沒有把防護罩打開，你是赤裸裸地呈現在對方面前。**

不過在使用「先講先贏」這招之前，你要先確定自己跟獵物的關係有一定的基礎。如果你評估他對你還不夠尊敬之前，那你就要想好再出手，因爲搞不好你會搬石頭砸自己的腳。一份很有趣的研究顯示，公認優秀的人在社交場合出了點小糗，我們會更喜歡他；反之，如果是平庸的人出醜，我們喜歡他的程度只會降低。

自爆小料是很可愛的，但如果你爆的料是真的很嚴重的事情，那就會有反效果了。比方說，還不太熟就跟你的新朋友說你離過兩次婚、被吊照，或你申請名校的法學院被打槍，就都是不太OK的事情，這些「負面新聞」只會讓獵物心中浮現一種想法：這傢伙眞糟糕！

你丟出的事實可能本身並沒有什麼。如果是認識你的人，就知道你其實人際關係很好，離過兩次婚只是眞的個性不合，也都是和平分手，被吊照不是因爲你酒駕，而是因爲你好心借車給朋友被波及，而你雖然申請法學院沒上，但你後來索性改讀醫學院，讀到博士才出來工作。**所以說問題不在這些事情不能說，而是不能這麼早說**。畢竟獵物對你的出身背景完全沒有概念，所以如果一開始就聽到這些好像不好的事情，他只能假設這是冰山一角，誰知道你是不是有一堆前妻跟小孩，是不是有什麼更嚴重的前科，是不是學歷很差？

這些可能需要解釋一下前因後果的事情你應該先放在家裡，你跟獵物剛認識還是應該隱惡揚善。爆料你只能選些無害的東西，這樣獵物才會覺得你還蠻可愛的。

技巧13▼先講先贏

如果你發現跟獵物的對話慢慢穩了，那你可以賭一把丟出一點私人的訊息，藉此增添一些人工的親密感。選擇一些無害的小缺點來招認，但一定要確定自己有把「大攤」的丟臉記錄藏好。

自己的生活描述要符合獵物的性愛地圖

世界是否像莎士比亞所說是一個舞台，見人見智，但認識才五分鐘不到的帥哥或美女問你：「你是做什麼的？」，我可以拍胸脯保證他是在評估要不要跟你繼續發展成朋友。你的回答會決定你在獵物未來的人生中扮演什麼角色。你到底會是男一女一，還是跑龍套或扮屍體，有時候就看你這問題答得好不好？

你準備好了嗎？演員都會準備好試鏡用的獨腳戲，歌手都會準備好海選用的主題曲，但這些專業演員跟歌手都知道光一套東西是不夠的，因爲你每次試鏡跟海選不會是同一組裁判。同樣的道理，你要回答「你是做什麼的？」，答案也不應該只有一個，因爲你遇到的獵物也不會都是同一種。你必須臨場評估完陌生帥哥或美女的狀態再決定要交出哪一份「精簡版履歷表」。

如果你希望獵物可以愛上你，你必須在回答問題之前思考下面這三點：

1. 你要聽起來像是他可以愛上的那種人
2. 你要聽起來對自己的生活有信心跟熱情
3. 你要聽起來有梗到讓對方想一直聊下去

♡第一點：我是你可以愛上的那種人

當然，剛認識的人，你所知一定甚少，你能做的就是讓你的主業或副業聽起來盡量符合對方的性愛地圖。比方說，你如果判斷對方希望跟三師之類的專業人士交往，你就可以讓你的工作盡量聽起來重要一點。

如果你的潛在戀愛對象好像流露出某種自由業的氣質，那你就可以突顯你工作中比較無拘無束的那個部分。如果你判斷對方有工作狂的傾向，那你不妨強調自己對工作有多投入、工時有多長。

能準確判斷獵物的類型，你就能說出對方想聽的東西。

♡第二點：我熱愛我的工作

沒有人不喜歡有自信、有熱情的人。女性尤其希望自己的男人充滿自信。

有次我替男性雜誌撰稿，寫的是女性想在男性身上看到什麼樣的特質。爲了寫這篇文章，我沒有去問心理醫師，也沒有去看相關研究，我的作法是找女性朋友們來問：「妳們喜歡什麼樣的男人？」她們普遍的回答是：有自信。她們說信心絕對是大加分。「我覺得男生要有自信。」我有個女性朋友說，「我的男人可以是個魯蛇，但他不能是個沒自信的魯蛇。」

男生也一樣喜歡有自信的女性。很多次我朋友菲爾去約會完回來，我問他：「怎麼樣？喜歡嗎？」典型不善於言詞，更不是兩性專家的菲爾會含蓄地說：「嗯，還好。」

「你到底喜不喜歡她嘛？菲爾。」

「嗯，喜歡是喜歡，但我應該不會再約她了。」

「是喔，爲啥？」

「嗯，她的生活好像有點亂七八糟，漫無目標。」

換句話說，她沒有一個明確的方向，對自己的生活也沒啥自信。事實上，男性經常抱怨身邊的女人這一點。

下次有正妹轉過頭來問你：「你是做什麼的？」，**記得你回答的態度跟內容要流露出喜悅與自信，即便你只是個朝九晚五的薪水族。**

♡第三點：不要當句點王

假設你邂逅了可能的另一半，並且剛自我介紹完：「我是個祕書」、「我是律師」或「我在研究核子物理」。

嗯，幹得好，你這樣說要人家怎麼回答？你回答得這麼簡潔很可能讓對方無以爲繼。核子物理學家？這對方要怎麼接話，「你最近做了幾顆核彈頭嗎？」。

聊天的一個大忌是用一個詞交代完你工作的名稱，讓你的獵物不知道能怎麼評論。你要留下一些線索讓他能扮演偵探，或留下魚餌讓對方願者上鉤。

你是律師？那就不要只說「我是律師」。你可以講詳細一點。比方說「我是律師。我們事務所專門接聘僱合約方面的訴訟案。像我現在負責的案子就是有個小姐以懷孕爲由太常請假而遭到公司解僱。」這樣講，你就給了對方話頭。如果你不給點材料延續話題，對方就可能另覓對象聊天，好讓自己不要看起來像個大白癡。

遲早你會被陌生正妹或帥哥問到的一個問題是：「你是哪裡人？」同樣不要只用一個字回答。**你應該要準備好一段關於自己家鄉，有趣又有得接話的介紹內容。**

比方說，我老家是華盛頓特區。我如果被問到上面這個問題，我就會說我小時候那裡一個男生可以分到七個女生，因爲進駐的公務員大部分都是女生（難怪我會想出來闖闖，不是嗎？）。如果對方看起來有點藝術家的感覺，我就會告訴對方說華盛頓的設計是由設計巴黎市容的同一個人操刀。這樣說的話，我們的話題就有機會從華盛頓這一個城市擴大到所有的都市設計，也可以扯到巴黎。你丟愈多東西出來，你聊天時得到的回應率就會愈高。

技巧14 精簡版履歷表

不論你平日以啥為生，也不論你去到哪裡，都要為你潛在的重要面試做好準備。如果有人問你：「那你是做什麼的呢？」，你要把準備好的答案拿出用，讓對方能在性愛地圖找到你的位置。你要在回答的過程中流露出樂觀與自信，並且提供足夠的材料讓對方能夠接話下去。

第十一章

第一次約會

比賽正式開打

愛情的雙人舞正式開場，是在你考慮跟潛在戀愛對象出去約會的那個瞬間，但這也表示遊戲的危險性升高了。從第一次約會開始，他會開始用奧運體操裁判的標準來看你，你說的每件事情跟你做的每個動作，都意味著加分或減分，都牽涉了你最後是一無所有或金牌得主，這塊金牌就是愛人的眞心。愛情這場遊戲其實比奧運更可怕，因爲奧運是四年一次，愛情可沒有這麼規律。

奧運的花式溜冰選手爲了比賽可能受訓超過十年，一切都是設計過、準備過的，但他們的演出看來總是那麼自然、那麼輕鬆。你面對獵物的演出也應該做如是想。你明明早就沙盤推演過這一切，但開口一定要自然輕鬆。我接下來會告訴你有哪些研究掛保證的約會招式，你可以好好在家研究，但等獵物眞的出現在你面前，你還是得表現得自自然然，就好像呼吸喝水一樣；如果這是場表演，你會希望自己的演出可以入圍奧斯卡金像獎。

「我應該何時出手？」

說到演出，我有一個朋友就是個女演員，每次她跟我說她接下一個角色，我只要聽她聲音高不高興，就知道她這角色是怎麼拿到的。

在電影或戲劇裡有一種選角的方式叫作「類型選角」(typecasting)，意思是選擇看起來「最像」的演員來飾演某個角色。傳統的選角是透過數次試鏡，如果製作人或導演覺得你第一次表現不錯，他們就會邀請你來第二次試鏡。如果是重量級的作品或戲碼，試鏡的次數多達三到四次也是常有的事情。

演員不分男女都希望導演用他們是以演技跟才華爲考量，而不是他們天生的長相或模樣。**這樣的心態也存在於愛情裡，尤其是女性。**

問題：你跟獵物認識多久，才好開口問說「你願意跟我出去嗎？」

答案：**要先讓獵物覺得自己讓你產生興趣了，你才好問出這樣突破性的問題**。

各位男士，先讓曖昧中的正妹告訴你她的生意經，你才好開口約她吃午餐好好聊聊合作的可能（其實就是約會）；女士們，先讓歐巴分享他是如何在企業叢林裡披荊斬棘，妳才好約他中午要不要跟妳在開公司的叔叔三人一起吃個飯聊聊，搞不好叔叔能給他一個機會（其實就是約會）。

讓獵物感覺自己的才華、個性、能力、特色引起了你的興趣，然後你的關注才會讓他覺得受用。**這差別就在於他希望有人愛是因為自己有什麼過人之處，而不只是因為自己是自己**。所以說，我們應該盡量給獵物安排試鏡，讓獵物過個水，然後你才好在自己的生命中安插個角色給他。

各位男士，不好馬上約她出來還有一個理由。願意在你身上投資一個晚上的寶貴時間之前，她會希望自己有把握能玩得開心。女人需要更多資訊來判斷要不要做這項投資。她需要對你有更深入的了解，才好做出這樣的判斷。對她來說，衝或不衝的決定不只取決於你的長相，她同時還會考量你的個性好壞、聰明才智、風趣程度，與其他無以名狀的特質。所以你應該盡量多說點話，多展現一點自己的特色，讓她有材料可以評估要不要給你機會。

技巧15▼（主要給男士）：安排試鏡給獵物參加

獵人們，不要太快約女人出來，除非你想讓她覺得你只是喜歡她漂亮而已。女生如果覺得你懂得欣賞她的其他特質，那她就會格外看重你的青睞。

女獵人們，妳出手可以比男生快一點。男生或許比較沒有被色瞇瞇盯著看的經驗，但我相信很多男人一點都不會介意的。

「欲擒故縱？我到底要不要這樣搞？」

你有多少次坐在電話前等著他打來？只要他能打來，你什麼東西都可以給他。但就這一次，喔上帝，快讓他打來吧，拜託。然後難道老天爺真的聽到你的呼喚，電話響了。「喂？」

是他！是他！真的是他！讚美主！「你週六晚上有空嗎？要不要跟我出去走走？」他很紳士地問了。

你忍著雀躍的心情，沒有後空翻兩圈再說出「要不要跟你出去走走？當然要啊！我等多久了啊！」的心底話。你決定矜持一點，真心話被你硬吞了回去，你覺得自己好像應該欲擒故縱，所以你嗯嗯啊啊呑呑吐吐了好幾秒，好像在考慮什麼，最後才酷酷地擠出來一句：「嗯，好吧。」

你這樣做對嗎？欲擒故縱好嗎？答案可能會嚇你一跳。

我們還是來調閱一下相關研究。四位聲譽卓著而且執愛情研究牛耳的研究者深信，男人確實比較喜歡不好到手的女人，其他科學界的同僚與一般大眾也都持類似的看法，畢竟努力得來的果實總是比較甜美，是吧？不過爲了不讓人有話說，這四位科學家還是認眞做了一個研究叫作「欲擒故縱的現象大解密」(Playing Hard to Get: Understanding an Elusive Phenomenon)。研究者找了一群男大生來問他們會不會比較喜歡欲拒還迎、欲擒故縱的女性，如果喜歡的話又是爲什麼。科學家問到的答案一如預期：「嗯，喜歡啊，如果她不好把，就代表她很搶手」、「喜歡啊，能這麼挑表示她很多選擇、很受歡迎吧」、「嗯，難把的女朋友會讓朋友很羨慕，感覺很驕傲。」

問到這個份上，研究人員覺得田野實驗已經不用做了，因爲很顯然男大生的看法是「難搞就是好」。但身爲負責任的科學家，他們還是勉爲其難把理論拿去測試看看。他們的測試方法是找來一群報名參加電腦配對約會的年輕男女，其中男生得到的指示是要打電話給女生，然後約她們出去；女生則會按照科學家的要求分成兩種不同的回應，一半的時候她們會想三秒然後答應，也就是稍微有點欲擒故縱，另一半時候她們會二話不說答應出去，而且還興沖沖的。

事後研究者會問男生對女生的感覺，結果讓研究者跌破眼鏡。因爲之前訪問的男大生說他們喜歡女生難搞，但眞正互動起來他們並沒有特別偏好女生矜持。所以說理論跟實際還是有差距。

科學家又用五種方法反覆測試了欲擒故縱的理論，結果五種方法的結果都沒有翻盤。就像科學推翻了地球是平的跟重的石頭掉得比輕的石頭快一樣，**嚴謹的實驗再度打破了人類的迷思：欲擒故縱並不能讓男人更想要妳，至少在一開始不是很好的作法。**

但這裡有一個巧門。追加的實驗顯示如果男人有機會在五個女人中選一個約會，並且男主角以爲有其他的男人也想約其中一位，那這樣男主角是會上鉤的。**一個女人如果對別的男人冷若冰霜，卻對自己熱情如火，那這位「幸運」的男人對這位女人的好感確實會提升，而且是大幅提升。**

技巧16▼我不好搞，但寶貝你例外……

想玩欲擒故縱嗎？嗯，不要跟你真心喜歡的人玩。如果他找你出去，立刻大聲答有說好。「喔，好，你想帶我去哪？」不過話說回來，你倒是可以有意無意讓他知道你只對他一個人好聲好氣，你對其他蒼蠅來說確實是很不好相處的。不過要很有技巧，不要說大白話就是了。

第一次約會就上手，實驗室認證版本

很多獵人處心積慮，終於成功得到獵物的首肯，準備跟他來個約會的第一次體驗。但他這才想到一個很大的問題，那就是「我要帶他去哪裡啊？」很多獵物被問到想去哪裡，都會簡單回答說：「一起吃個晚飯？」像我一向就都是這麼回答的。晚餐可以讓你認識潛在戀愛對象，也可以讓對方有機會知道你的個性好在哪些地方。

但如果你的目標是讓獵物愛上你（畢竟你是被書的文案吸引進來的，不是嗎？），那晚餐就不是最好的選擇了。**因為有壓倒性的證據顯示要讓獵物受你吸引，你得把他放在一個情感容易波動、容易感覺脆弱的地方**。

情緒的波動跟異性間的吸引力存在明顯的關聯性，科學家已經證實了這點。研究人員讓女性的研究助理與男性的受試者同時待在風景區，做了一個實驗。這個風景區很受歡迎，遊客可以俯瞰欣賞令人腳軟的壯闊峽谷與深淵。峽谷裡僅有的兩座吊橋中有一座是觀光客的救星，既安全又穩定；至於另外一座就恐怖了，本身會搖就算了，側風又大，還稍稍有點傾斜，讓人不要說走，光用看的就頭皮發麻。敢走上去的勇者真的是沒幾個。

在這個實驗裡頭，男性的受試者要從兩條吊橋中選一條過，任一條的終點都有一位女性助理在等著他們。

過了橋之後，女性助理會拿一張照片給男性受試者看，然後要男生看圖寫個小故事。這之後女性助理會謝過男士，並且給他自己的電話。她會輕描淡寫地說如果他想「進一步討論這次的體驗」，歡迎打電話給她。

這個實驗是要測試什麼？科學家想看的是哪些人的故事更具性暗示，又是哪些男生會真的接受女助理的邀請回電給人家。

結果，走過危橋的男性寫出的故事最露骨，也最多人打電話給女助理討論這天的驚魂記。**這實驗告訴我們高張力的處境是強力春藥**。

何解？記得我們之前討論過的苯乙胺嗎？恐懼會激發出類似性質的激素進入人體的血液循環，讓我們有一種戀愛的錯覺。

第一次約會就讓人小鹿亂撞

一開始約會就帶人去高空彈跳或做極限運動，顯然不是很實際的建議，**但事實就是約會的經驗愈震撼，約會對象就愈可能把強烈的情緒反應轉移到你身上。**

男獵人，你可以帶她去騎馬或衝浪。如果你覺得這樣的體育課強度太高，那你的另外一種選擇是帶她去看小狗小貓的電影、泰國或日本的鬼片，或是俄羅斯的芭蕾舞，反正能擾動她情緒的東西都可以，這樣也能達到類似的效果。反正你就看對方是喜歡音樂、喜歡歌劇，還是喜歡賽狗或鬥雞，你就帶她去看什麼東西。

分享與討論共有的焦慮經驗，可以縮短人際距離，很多辦公室戀情都是從工作上的革命情感變質而來。電影、戲劇跟童話故事裡盡是男女主角一同乘風破浪，趕跑大野狼，並不是一種巧合。

爲了換個方式測試這樣的理論，同一批科學家讓男性受試者進入實驗室，然後告訴男性受試者他們要被連續電擊，差別在一部分的人以爲會很痛，另一部分的人則被科學家告知電力很弱，不會痛，所以不用擔心。在等待「被電」的時候，科學家會給每個男生介紹一位看來像是其他受試者的年輕女性（實爲研究助理）。在讓這對男女短暫聊天後，科學家會請男生塡個問卷，看他們對剛認識的女生印象如何。

果不其然，擔心被電會很痛的男生對女生的印象比較好，有內幕消息而不擔心會痛的男生就覺得遇到的女生還好而已。這再次證明了人處於壓力或有情緒的狀況之下，會比較容易受異性吸引，雖然他們並不知道這吸引力的源頭是啥。

技巧17▼第一次約會就讓小鹿去撞獵物

規畫第一次約會，你得弄清楚什麼東西可以撩撥對方的心弦，然後你便可以據此安排活動去煽風點火，讓獵物的心情整個熾熱起來。**不用玩命也不用斷手斷腳，你只需要一點點焦慮與緊張的感覺，那就會是最有效的催情特效藥。**

當然這之後你還是可以請人家共進晚餐，然後你們又可以好好聊一聊那天的體驗有多震撼。

把共同點當種子播下

之後我們會深入討論共通處對於讓獵物愛上你有多麼關鍵，但在眼下，在這第一次約會的階段，我們只要先播下種子就行。這項技巧雖然不分性別，但對女生的重要性大一點，**因為女性要熟是靠說話，男性要熟是靠一起做點什麼事情**。

但很多女性都會忘記這一個大差異。在第一次約會的時候，女性會建議去可以講話的地方，她們覺得這樣可以拉近彼此的距離，這是女方的想法；但如果妳眞的很喜歡這個男生，希望他愛上妳的話，我這裡有個更好的辦法。妳可以建議一起去做點什麼事情，這才符合男生的思維。身爲獵人的女生，妳只要判斷出他對什麼活動有興趣，就可以大膽提議一起去做，妳就會讓他覺得「這女人可以融入我的生活」。

妳可能對籃球興趣缺缺，也不喜歡拳擊，但問題不是妳喜不喜歡，既然妳喜歡他，那他喜歡的東西妳就得想辦法喜歡，等到他也喜歡上妳，妳便可以再去跟籃球或拳擊分個高低。

技巧18▼（給女士）：第一次約會要幹嘛才能拉近關係

為了撒下妳跟獵物有共通點的種子，妳可以提議一起去做他有興趣的事情，這會是第一次約會一個很好的點子。

記住，對男人來說，餐廳是吃飯的地方，不是四目相望、交流感情的地方。真的要跟男人拉近距離，就得找件事跟他一起做。

第一次約會的餐廳怎麼選

第一次約會不論你們決定做些什麼，晚餐都很可能是其中的一個節目，你們可能吃完晚餐去續攤，可能下午玩完晚上燭光晚餐，也可能晚餐本身就是重頭戲。很多男人都視選餐廳爲畏途，不知道自己到底是應該打腫臉充胖子，還是做自己就好，這眞的是很多男生都會遇到的難題。

這時候妳身爲女人如果表現得很隨和，那絕對是大加分，因爲妳不但讓他解套，還讓他知道妳喜歡的是人，而不是錢。如果他問妳的意見，妳就想一個他會喜歡的「小」地方，大享受但不用花大錢。

技巧19（給女士）：我知道有個地方好又不貴

要進到男人的心裡，胃是必經之路，皮夾也是。每個女人的本子裡都應該要準備好一些CP值高的約會餐廳以備不時之需。

男人當然也可以選擇高貴不貴的小館，但要注意豪華的餐廳確實可以討好不少女性。主張第一次約會帶女生到高檔餐廳有一種蠻有力的說法是男人不只是能展現他的財力，還可以在華麗的布景中出落得更加風度翩翩。

這話不是空穴來風。科學家拿出男女在不同環境下照的照片給受試者看，**結果受試者普遍覺得地方漂亮，人看起來也比較帥或比較美**。不論是牆上有幅畫或窗簾有挑過，這都意味著人會把對環境的看法投射到男伴身上。

技巧20（給男士）：該花的錢要花，餐廳去好一點無妨

第一次約會要上館子，帶她去家平常搞不好你自己也捨不得去的餐廳，為什麼？**因為餐廳的形象會反映在你身上**。優雅？明亮？時尚？前衛？氣氛不可謂不重要，因為她會把給餐廳的分數記在你的頭上。

男士們，有一種說法是帶女生到像樣點的地方，不要爲了省錢或任何理由去跟一堆人擠。有份叫作「又熱又擠：人口密度與環境溫度對人際間情感與行爲的影響」(Hot and Crowded: Influence of Population Density and Temperature on Interpersonal Affective Behavior) 的研究裡有你想知道的一切解答。

獵人，戀愛有數，禮貌要顧

男生，我知道你們的疑問是「萊拉，妳眞的要把戀愛跟禮貌混爲一談嗎？」沒錯，各位男士，而且我還是特地爲了你們蹚這渾水。這對女生的重要性眞的不在話下。

女生進到室內時你若能起身迎接，那跟給她輕輕一吻是一樣的意思，同樣地，你還應該紳士地幫她脫下大衣掛好，幫她握住門把，在她下計程車時幫忙給門房小費。這些貼心而成熟的小動作對女生的好感度來說有著難以言喻的加分作用。我這麼說好了，如果換成你是女生，你聽到男伴用流利的法文對服務生說：「小姐，今天想用點你們招牌的橙汁鴨胸。」跟聽到他用台語說：「那個，挖七仔今仔日邁甲鴨啦，鴨啦，呱呱呱知道吧？」你覺得有沒有差？

女生們，男人一般來說是比較粗線條，沒那麼注重小地方。除非妳有一整條義大利麵吊在妳的門牙上，或者紅酒一整杯倒在妳的白上衣上，不然他多半都不會太在意妳的一點小缺失。

技巧21▼（給男士）：勿以善小而不為

男士們，有空去買本艾美．凡德比爾 (Amy Vanderbilt) 的禮儀書好好讀讀，我說好好讀讀的意思就是把這書當成 A 書來讀，或至少當成「女性高潮指南」來讀，因為只要你照著裡頭的說明去展現禮貌，女生真的可能會非常爽。

男生，我的建議是去圖書館借本艾美的《禮儀全集》(*Complete Book of Etiquette*) 或禮貌小姐 (Miss Manners) 的《禮貌小姐之千囍年特集》(*Miss Manners' Guide for the Turn-of-the-Millennium*)。有人可能不好意思拿著這些書在路上走，但就算用牛皮紙包著你也要把這些「聖經」帶回家。

等到讓她小鳥依人地靠著你過街，每當她下車時你都會本能地攙著她，路上有什麼障礙物你也會酷酷地領著她閃過之後，她內心自然會出現這樣的 OS：「這男人有兩下子。」

身為女性，不要雞蛋裡挑骨頭

女士們，輪到妳們了。如果男伴不是那麼面面俱到，也不要當場給他難看。讓他開心地以爲自己的叉子全都擺在對的地方，打嗝也都忍下來了。如果妳的男伴不小心放了個聽得到的響屁，而妳翻了個白眼或笑出來，或做了任何鄙夷的表示的話，那他表面上可能會附和妳乾笑兩聲，但內心暗暗把妳劃掉了。

如果晚餐吃著吃著，獵物做了不該做的事情，妳可以玩小時候有個現在想起來其實取名有點狠的遊戲「海倫凱勒」，也就是把自己當瞎子，不論他是弄倒了杯子、還是咳嗽、打噴嚏、打嗝，妳都要當作什麼都沒看到。若是妳做了任何表示，即便是一句發自內心的「你還好嗎？」或自以爲是「會心」的微笑，他都會覺得萬分尷尬，沒有人希望妳提醒他的行爲很瞎。

我有一個朋友吉爾是個撰稿新貴，出身平常，事實上可能比平常還差一點，因爲他是在紐約的布朗區長大，爸媽是俄羅斯的移民，小時候家裡日子沒好過，所以說今天能夠混得非常不錯，想吃什麼、買什麼都不需要想太多，他還蠻以自己爲榮的。

吉爾喜歡約會的女生是優雅的那一型。我認識他的時候，他剛好對史蒂芬妮蠻有好感。史蒂芬妮容我介紹一下，是個正妹，而且是很優雅的那種正妹，吉爾會注意到她，是因爲她算是富二代，所有他曾經覺得遙不可及的東西，她都從來不需要爭取。

技巧22 桂花奶油手，不要說出口

聰明的女生對於男伴口誤、湯灑、腳滑或出小糗，會知道要睜一隻眼閉一隻眼。她們知道獵物笑時不小心發出小豬聲音，是任何人都有機會發生的狀況，沒什麼好大驚小怪，所以說遇到男伴失手把什麼東西灑了，也就是俗稱的奶油桂花手，聰明的女性絕不會把這幾個字說出口，這點性別反過來也同樣適用。

一晚吉爾帶史蒂芬妮去到紐約一間非常高檔的餐廳用餐，服務生的領班引他們入了座。吉爾立刻點了雞尾酒，然後跟史蒂芬妮坐定開始了無話不談加上有佳餚作伴的美麗夜晚。

吉爾把有著花俏褶痕的餐巾打開，放在腿上，然後在燭光下對著史蒂芬妮說她眞美，身體也不自覺地向前。但他得到的回應，卻顯得有點冷冰冰，直到服務生來過一趟才稍微好些，原來服務生來就是爲了把餐巾打開，幫客人鋪在大腿上。

吉爾說他對餐桌禮儀跟社交規矩沒有異議，事實上他還蠻喜歡學這些東西，史蒂芬妮眞的用不著爲了這點小事大作文章，就算吉爾不知道要等服務生來弄餐巾又怎樣？可以確定的是原本興致勃勃的他被潑了一大盆冰水。順便一提，其實餐巾你要讓服務生弄當然行，但你要自己來也完全可以。

吉爾努力想把尷尬的處境圓回來，所以他微嗆了史蒂芬妮一下。他說的是：「嘿，妮妮，這邊的服務還眞好耶，要不要請服務生來幫妳擦嘴啊，每一口都說一次：『再來一口喔，乖，聽服務生叔叔喬治的喔』？」史蒂芬妮覺得被酸也不太高興，結果這個晚上就這樣虎頭蛇尾地畫下了不完美的句點，就跟兩人的關係一樣。

身爲獵人的女性朋友，不論男伴多麼少根筋，都不要批評，除非妳對他沒興趣。帥氣的笨瓜愛怎麼耍笨，就讓他耍個夠，大家開心就好，他開心就好。人不就是笨才活得快樂嗎？因爲不論妳這位大小姐多麼不缺錢，我都想跟妳打賭，**男人不管多在乎社交禮儀，都不會勝過他們在乎自己身為男人的面子**。

第一次約會的忌諱

眞的是只有懶女／男人，沒有醜女／男人嗎？當然還是有，不過就算你天生不是林志玲或金城武，也不代表你可以自暴自棄都不挑衣服，行頭絕對會左右潛在戀愛對象怎麼評價你。記住，**不論你再有內涵，在第一次見面那都是空談，你能讓對方看到的就只有外表而已**，他們能拿來判斷要不要繼續的，也只有外表而已。

一開始研究約會打扮，我的想法（或許也是你現在的想法）是這主要是女生的問題，其實不然。男人對於喜歡的女人，都有用眼睛替對方脫衣服的能力，很多女生也知道這點，所以她們會想說既然男生在乎的是自己脫掉衣服以後的樣子，那穿什麼還有那麼重要嗎？我真的有必要砸錢爆額度去逛街買名牌嗎？

話說回來，女生約會前還是會在鏡子前一待好幾個小時，而男生幾乎是抓了衣服就穿，衣服穿了就走，這一點真的是男女大不同。但除非科學家的副業是賣地溝油，都在說謊，不然其實約會服對男女的重要性跟普世認知恰恰相反，**男生穿什麼比起女生穿什麼，對約會勝率的影響要來的大。**

「我沒有衣服穿」

女人，別擔心；男人，別太放心。

我們還是讓科學來說明這一切吧。雪城大學（University of Syracuse）有一份研究讓男女受試者看異性照片，照片裡的人有穿的很講究，有很貴氣、很流行的；也有穿的很便宜、很俗氣的。結果？

看完照片後，女性受訪者回答了六個假設性的問題，包括「妳會跟照片裡的哪一位結婚？」跟純粹學術性的「妳會跟哪一位一夜情？」。結果顯示男生的打扮非常重要。很多女性都有「特異功能」可以在一、兩公里以外看到男生腳上穿的皮鞋是古馳，中間還隔著占領中環的群眾。**男生穿得愈講究，或至少愈得體，他在問卷裡六個問題的得分就愈高，包括一夜情**。

演化學者的看法是即便女生只是想要玩玩，她們都會無意識地被基因制約。男人會打扮，傳遞的訊息是他有能力養育下一代。即便女生真正在思考的是「今晚到底要不要跟他怎樣」，她們也沒辦法關掉潛意識的開關，她們一樣會隱隱地想到你跟她應該不會出現的孩子，能不能得到妥善的照顧。別怪女人，這是她們的生物本能。

技巧23▼（給男士）：約會穿的貴氣些

歷經了數百萬年的性別演化，男女對於戀愛這檔事的風格始終不同。就算只是玩玩一夜情，你也不應該「素顏」出去，這就像床晚上還得弄亂，但你早上還是得把床鋪好再走，亂七八糟的床沒人想睡。即便你要的是露水姻緣，也請你穿得像要去相親一樣。

你知道自己穿緊身牛仔褲的屁股很挺，但我建議多數男士若想在夜店裡成功搭訕，那造型還是以三件式的西裝爲宜。當然不是說男生就都不能穿的休閒一點，但休閒跟隨便是不一樣的，千萬不要「青青菜菜」跑到外面，出了門重點就不是便宜好穿了，好不好看才是關鍵。至少穿件有牌子的襯衫，G2000、Uniqlo 都算是大家負擔得起的平價時尚，千萬不要爲了省錢而穿地攤貨去見她，你會把你一生的幸福給省掉。

男生眞的不要抱怨了，因爲女生打扮起來比你複雜一萬倍。女生休閒時幾乎都喜歡逛街，一邊休閒，一邊挑件可以讓他一見面就想扯破的衣服，應該輕鬆愉快吧？嗯，也不見得，因爲女性獵人，妳以爲妳成套的設計師款式可以讓他瘋掉嗎？除非他很有錢又識貨吧！

妳可能不相信，但妳新添購的奧斯卡・德拉倫卡（Oscar de la Renta）套裝並不會讓他很想對妳怎樣。相信吧，雪城大學那批科學家已經證明了女生服裝相對不重要。研究人員拿公認的大正妹、正妹、普妹跟恐龍妹的照片給男生看，**結果不論前面兩種女生穿的多離譜，男生都還是「可以」的；反之，普妹跟恐龍妹無論再怎麼用心打扮，大多男人都還是說「不行」**。所以說，女性同胞們還是把治裝費用花在跟姊妹出去的場合跟職場上吧，同爲女人或妳的老闆可能會比較懂得欣賞。至於男人，**妳還是從身形、指甲、彩妝、整潔、溫柔等方面讓他覺得妳正，才能真的得分。**

技巧24（女生必看）：穿騷包一點

女生，不用再為「我沒衣服穿」傷腦筋了，至少約會前不用。任何衣服只要能稍微露一點，男生都會喜歡，妳不喜歡沒關係。反正不論妳穿什麼，他看的都是看不到的地方。**迷人的微笑、剛好的化妝、友善的肢體語言才是妳真的應該要去花心思的部分**，反正只要他覺得妳正，妳穿什麼都沒關係。

男、女獵人們，關於許多重要的第一：第一個眼神、第一次接觸、第一波攻擊、第一次說話、第一次約會，我已經把各位的腳給打溼了，你們已經踏進愛情的水域了。

現在讓我們往深水區，更需要良好水性的地方前進。但在我們整裝出發之前，我有一件事情，就一件事情要求大家，那就是在跟異性相處時，在一段關係裡什麼可以做、什麼不能做，請你把所有過往的成見拋棄，請你把自己歸零。你以前聽過的很多事情或許都是對的，但那些觀念適用於老夫老妻，適用於維持長年相處的溫度，那不是我寫這本書要處理的事情。我們在這裡要一起努力的，是難度更高的東西，是要讓人愛上你。為了達到這個目的，我們必須要稍微不擇手段、稍微更有心機一點。懂了吧，懂了就讓我們一起看下去。

【第二部】

個性相近，各取所需

我的情人要像以前的我（只有一點點不一樣！）

第十二章

「你跟我，寶貝，我們一起對抗這個瘋狂的世界！」

「異性相吸」你聽過吧，但你老爸、老媽一定教過你「物以類聚」，是吧。這兩種說法是不是有點矛盾啊？其實在愛情這個沒有不可能，既瘋狂又理性的世界裡，這兩句話其實可以並立。

所有的研究都說人會受跟自己態度、價值、興趣與人生觀相近的人吸引。在現在這個外在刺激以分秒計、節奏與步調超級快的花花世界裡，我們會覺得頭很暈，會不停地問自己好些個問題：我應該覺得怎樣？我應該相信什麼？被眞眞假假、假假眞眞包圍的我們會常常這麼想：這一切到底有沒有道理？到底說不說的過去？

就這樣想著想著，我們終於遇到跟我們想法一致的異性，然後我們就會大大地鬆了一口氣。我們會覺得跟這人好契合、好貼近，然後愛情會把這樣的氣味相投美化成「你跟我，寶貝，我們一起亡命天涯，對抗這個瘋狂的世界！」

這樣的兩個人會吐絲作繭，美其名建立一個愛的小窩或兩人世界，兩個人會產生革命情感，會覺得世界就是這樣無情，活著只有跟對方一起才有意義。日復一日，他們可以一整晚窩在溫暖如子宮的家裡躲避未知的死敵和淫靡的邪說，如此可以互相取暖的革命情感，會讓雙方感到無比地安全。

不過我們追求跟自己一樣的想法，並不只是爲了安全感。很多人是希望感情能夠長長久久，所以他們知道跟另一半的想法貼近點好，這是對的。研究顯示，觀念接近的伴侶或夫妻比較能走得下去，相對不易仳離。同樣的價值是黏著劑也是助燃劑，可以讓愛情的柴火延續下去，火不大，但可以燒的下去。

很多的一樣……跟一點點的不一樣（一點點而已）

一樣代表著安全，但太一樣時間久了會有點無聊，這就是爲什麼人會尋求變化、尋求刺激。但這裡有一個問題是：我們找變化跟刺激不是亂找，我們向外看也是有方向性的。

我們找對象不能跟我們百分百一樣，那一點點的不同可以讓關係新鮮又有趣，讓兩人相處得下去，但這不同又不能太多，否則就會打亂自己原本的「正常」生活。我們挑另一半會看他們誰可以提供我們不一樣的新經驗與新觀念，教導我們新的能力，提升或擴大我們的生活境界，填充我們所缺。

我們還會看對方跟我們互補的程度。互補意味著讓彼此更完全、更完整、更完美。比方說，羞澀的男生會被陽光外向的女孩吸引，純樸的鄉下女孩會愛上喝紅酒的成熟男人，都是類似的概念。**我們找對象看的不只是跟自己不一樣的東西，還得是不一樣而且是自己缺少而想要、可以讓我們臻於完美的東西**。

有時候你會聽說有男生或女生想要找跟自己完全不一樣的太太或老公，這種案例是有的。比方說，自幼家教甚嚴的名門之後就可能會邂逅從小浪跡街頭，什麼環境都活得下去的「超殺女」。這兩人可能會天雷勾動地火，可能會有一段時間玩到不能自己。男生可能會在心裡唱著《你是我的眼》，他需要女孩帶著他領略四季的變幻跟浩瀚的人海，讓他看見不同的世界就在他眼前，而女生則想要坐坐看長禮車，想要讓貴公子家裡的管家跟女傭對她畢恭畢敬。一開始這兩人可能會覺得自己找到了想要的東西，但這樣的兩人不可能長久，更不可能走入婚姻。

知道會有這樣的狀況，我們應該怎麼做才能趨吉避凶，才能找到那個有點不一樣又不會太不一樣的人，並且讓他愛上你呢？一個很大的問題是剛認識一個人，你不可能知道他太多事情，你不可能有足夠的資訊判斷對方跟你像與不像的比例是否剛剛好。你只能就你看得到的、聽得到的部分著手。你可以仔細觀察對方，先把對方跟你相似的地方盡量列出來，如果這部分進行順利而且你行有餘力，再去評估你們兩人的相異之處能不能互補。

所有的研究談到初始的吸引力，都同意下面這點爲眞：受陌生人吸引的程度取決於你能察覺到的兩人相似性高低。關鍵字是「察覺」。除非動手術開腦，不然人不可能改變自己的態度、價值、情緒或人生規畫，更不可能去迎合你喜歡的人。但同時你對新獵物的了解不深，所以你也無法順著對方的人生觀、信仰或審美標準去開啓什麼話題。不過這不代表你手無寸鐵，事實上你可以準備好一些招來讓獵物「覺得」你跟他有很多共通處。

接下來的一些篇幅，我們就來了解這些語言或非語言、內斂或外顯的招數有哪些，先想好你要怎麼謝我吧！

第十三章

如何從虛無中生出契合的感覺

如何一秒讓獵物讚嘆：「天啊，我們好像喔！」

你有沒有過這樣的經驗就是跟某人才剛剛見面，就立刻覺得「這人跟我好像喔」。一股魅力、好感、親切感與喜歡，突然間湧了出來。

另一個極端是你一見到一個人，就覺得「這人是火星來的吧！」這時你心坎裡冒出來的是無感、無所謂、冷淡與厭煩。

當然大部分的新朋友都落在這兩個極端中間，你也說不出爲什麼喜歡或討厭，這純粹是一種感覺。

你可能沒有意識到，但新朋友說話的措詞是你喜歡或討厭他們一個很大的原因。反過來你是怎麼說話的也會影響到你獵物的感受。我們說話時的用語會把我們「歸類」到特定的社經階層，也會透露出我們的職業走向、我們的觀念想法、我們的興趣，乃至於我們對於人生的展望。表面上看來隨機的遣詞用字，其實上面布滿了我們的指紋，也透露了我們看世界的角度。

這種狀況在某些歐洲國家尤爲明顯，因爲常常在使用同一個母語的人口之中，還會有五到十種方言或口音。

如果是兩個說同一種方言的人在外地認識，他們很容易熱情地接納對方，畢竟彼此有著共同的背景。

其實美國也有方言，只是我們常常視而不見。事實上，美國的面積比整個歐洲還大，我們也有數千種我們姑且可以稱之爲「方言」的東西，主要是按照區域、職業、興趣與成長背景的不同，美國人說話的方式也有所不同。或許是因爲美國實在有夠大，所以美式英文也跟著豐富了起來，同樣的一個東西用美式英文來描述，字彙的選擇會比其他任何一種語言都來得多。

爲了建立共通性，你可以巧妙地善用語言來愚公移山乃至於四兩撥千金。你可以單憑一張嘴、幾個字，就讓獵物覺得你們是一家人。

用字讓獵物覺得「We Are Family」

同一個小圈圈的人，說話習慣也會重疊。家人跟朋友溝通會有共同的語彙；公司同事或社團成員講話也會同一個調調。任何人都有自己特殊的說話方式，都代表著背後特定的家庭、交友與人脈，這說話方式會在他熟識與不熟識的人之間畫一條線。表面上大家說的都是中文，但你如何使用這個「中文」其實跟你所屬的地區、產業、甚至家庭，都存在著一定的關係。

你平常或許不會注意，但你的獵物一定有特殊的說話模式將他連結到特定的家庭、朋友、工作圈與人生觀。為了悄悄讓獵物覺得你跟他一樣，你可以「呼應」他，至於要有辦法做到這樣，你必須先把耳朵豎起。

不同的字詞聽在不同人的耳裡，就會有不同的涵義。你應該學過字有表面的意義跟潛在的意義吧，用專有名詞來講，那就是所謂的「外延意義」(denotation) 跟「內涵意義」(connotation)，前者就是字面上的意義，也就是字典裡查得到的意義；後者則是字典上沒有列出來，你查不到的其他所有意義，包括這字用出來會產生的氣場與感受。**為了讓獵物在心理上靠近你，你可以像鸚鵡一樣學他講話。**

男士們，假如有人介紹一位剛離婚的美麗少婦給你，剛認識的你們可能會聊到她的孩子，而她可能使用的字詞包括我的小孩、孩子、寶寶、心肝寶貝、北鼻、王子、少爺、小霸王等。我們可以假設他們家的人都跟她用類似的字眼叫這年輕人，所以當你跟她聊天時，不妨就有樣學樣，她怎麼說你就怎麼說，這樣你們就比較能講到一塊兒去，她也會有一種你是一家人的錯覺。

我的醫生是一位年輕媽媽。我們認識的早年聊過一次天，當時她提到她的「新生兒」。我知道「新生兒」是什麼意思，但這不是我平常會用的字眼。事實上我想不太起來自己上次用這個詞是何時。但我問她問題時還是說：「妳的新生兒誰在顧？」聽我這麼問她笑了笑，笑容裡感受得到暖意與她感謝我配合她用語的善意。

女生們，假設妳在派對上跟某個男生聊天。他提到他的工作、職業、案件或任務，你就跟著說工作、職業、案件或任務。比方說他要是律師，他會用執業這個動詞，如果你說上班，那他多少會覺得有點冷感。但要是你眼前的這位陌生帥哥是建築工人，那你就不好用執業這兩個字了，否則他可能會覺得妳在諷刺他或瞧不起他。

獵物的用語因人而異，畢竟每個人的工作都不一樣。律師早上進的是事務所，主播打卡的地方是電視台，設計師待在工作室，編輯案牘勞形之處則為出版社或某某文化。**順著人家習慣的用法聊工作還蠻重要的，因為你用錯說法，就會讓他覺得你是個局外人，是來亂的**。既然你對他的生活完全沒概念，他又何必注意聽你有什麼意見。你怎麼說話會顯示你對他的世界有沒有一個基本的判斷或了解，所以話說出口一定要先思而後語。

走秀跟做秀都是自由業的工作。但你若想跟難得認識的名模打好關係，請說走秀；如果妳想跟長得像王力宏的歌手拍拖，請說做秀。用反的話名模跟力宏都會覺得怪怪的，而感覺怪對你們的關係絕對沒有好處。

記得菲爾嗎？那位不是我的菜的男生朋友？有一次我們同在一個派對上，他站在我不遠處，所以我聽得到他在跟一個演員正妹聊天，這位正妹正很興奮地在介紹她最近接到的一檔舞台劇。我聽到她跟菲爾說她排戲排得很開心，我感覺這兩人本來聊得也很開心。

「是喔，」菲爾得意忘形了起來，「妳們多常練習啊？」

哇咧，我本身有朋友是舞台劇圈的，所以我知道他們是怎麼說話的。菲爾口出「練習」二字聽來就不太妙，結果正妹回答完也確實就走掉了。排戲是排戲，練習是練習，請不要混在一起。

技巧25 當隻鸚鵡

新朋友你所知不多，你沒辦法從他的價值、態度或興趣下手去迎合對方，但你可以巧妙地讓對方感受到你願意配合他的心意。而且這做起來很簡單，你只要注意聽對方都用些什麼字眼，你跟著用就對了。

世界上沒有什麼東西是非怎麼講不可的。像舞台劇的演員會排戲、陸戰隊的士兵要操演、《美國好聲音》的參賽者要綵排，其實都是練習的意思，習慣的說法不同罷了。菲爾連「排戲」的用法都不知道，正妹演員要怎麼跟他多說點演戲的事情？

過沒十分鐘，菲爾又來了，這次是一群人聚在一起聊天，當中有位跟前滑雪選手蘇西．查菲(Suzie Chaffee)年輕時超像的大正妹，她正炫耀著自己在山裡買了一戶木造別墅。「哇，我最喜歡小木屋了，在哪裡啊？」

這位「賽蘇西」一聽到小木屋三個字，臉色立刻垮了下來，那一秒菲爾上了她的黑名單。

一整個無言的我實在看不下去，後來我問了我那位白目朋友說：「菲爾，你幹嘛把人家的木造豪宅說成是小木屋啊？這樣很不給人家面子耶！」

「嗯?什麼意思?」菲爾看來是眞的不懂。「小木屋有不好嗎?我家在麻州的鱈魚角(Cape Cod)也有一間啊?美的呢!而且我覺得小木屋聽起來就很可愛啊!」嗯,菲爾這樣講也不能說是沒道理,但是好惡分明的賽蘇西顯然不喜歡小木屋的講法,就像她現在很討厭菲爾一樣!

新的關係就像含苞待放的花草,說錯一句話,甚至不用一句話,就可以把沒來得及茁壯的幼苗給摧毀掉。

「我們連肢體語言都一樣」

美國之所以「美」,是因爲我們的文化多采多姿。我想美國人是很受上天眷顧的,因爲我們知道階級或社經地位並不是什麼好拿來說嘴的東西,我們眞正値得驕傲的,是令人稱羨的文化背景與多樣性。

如我所說,美國人不會把自己的頭銜或擁有的金錢寫在臉上,不像世襲的印度貴婦去哪都要在額頭上貼著昂貴的寶石。不過話說回來,這並不表示美國人的背景我們看不出來,事實上只要稍微聊個幾分鐘,對方是什麼來頭就一清二楚了。每個人都有不一樣的成長背景,所以當然說起話來跟穿起衣服來,也都會有不同的風格。甚至你注意到了嗎？每個人就連走動的感覺都不會一樣喔。

周遊列國演講，我偶爾遇到了一位女士叫吉妮．波羅．賽爾斯（Genie Polo Sayles），一頭棕髮的她非常有活力，更厲害的是她主持的研討活動主題是「嫁入豪門一〇一」，內容有趣極了。有點驚世駭俗喔，還好美國的言論自由是說眞的。

吉妮說過一個故事。有次一家電視台的工作人員跟著她到拉斯維加斯的賭場，準備要訪問她，然後在「拷問」的過程中，記者問了這樣一個問題：「對方有沒有錢要怎麼看？」吉妮絲毫沒有遲疑就回答：「你就是可以知道！」

「是喔，」記者沒有認輸。「那現場最有錢的人是誰？」

專注而迅速，吉妮銳利的眼神掃視了賭桌一圈，然後目光如獵鷹般倏地落在一個牛仔褲加格紋襯衫打扮的年輕人身上。直覺如獵犬般精準的她擦了大紅色的指甲油，蓮花指一伸便說：「他，有錢。」

記者不可置信地倒抽一口冷氣，跳出來質疑她：「妳怎麼知道？」

「他的動作看起來是有錢很久了。」吉妮若無其事地說。

沒錯，獵人先生小姐們，一向有錢、暴發戶，跟沒錢的人，行爲舉止都是有區別的。**要抓住獵物的心，你得在行為舉止上跟他所屬的族群一樣。**

我眞正體會到不同人有不同舉動，是在大學的時候，當時我的室友是個電視兒童，而一直開著的電視嘰哩呱啦讓我心神不寧，很容易分心。受不了的我只好去買了副耳機，這樣不論我想讀書或想靜一靜的時候總還有個武器。但說來說去電視眞的還是有股魔力，我時不時眼神會飄過去看著聽不見聲音的畫面，而正因爲沒有聲音的干擾，我發現畫面裡人物的動作跟腳步都不一樣，包括他們坐下來的時候都各有千秋。

比方說，我看到電視劇裡有個角色是位出身名門的貴婦，她想坐的時候會先屈膝，優雅地降低身體重心，慢慢接近座椅的邊緣，然後才順順地朝椅背滑過去坐定。如果是加州比佛利山莊的小屁孩，那可能眞的就是一屁股朝沙發的正中央坐下去，然後再彈起來。

對有些人來說，階級是性愛地圖上的地標，重要的不得了。我不會在這裡批評誰對誰錯，也不會笑這些人現在都民國幾年了。聖經說「愛你的鄰居」，很多人也沒有異議，但他們只愛來自「高級住宅區」、出身正確的鄰居就是了。

但出身正確是很主觀的，對某些人來說，出身高尚不是加分而是扣分，這些人並不想「高攀」誰，他們覺得跟自己出身相仿的另一半相處比較自在。這些人是對的，因爲**研究顯示婚姻的兩方若來自類似的背景，絕對會比跨階級的結合來得順利、長久、幸福**。

大學畢業後，我決定讓自己去度個假，看看世界，但我又想順便賺錢，於是我找到了一份工作是空服員，飛的是國際線。當年性別平等還沒有那麼講究，我們還不叫空服員，基本上乘客都叫我們空中小姐。但這沒什麼，比較糟的是有些男性乘客可能沒坐過飛機搞不清楚狀況，會直接叫我們小姐，這時候我們報仇的辦法就是私底下叫他們「老爺」。我最好的朋友也是我泛美航空的同事，她叫珊德拉，是個活力十足而且外型亮麗的美女空姐。在一起工作，我們慢慢發現這些「老爺」有很多還眞的是現實世界中的「大老爺」。

我們很喜歡在頭等艙服務客人，因爲飛長途的話，頭等艙感覺會放鬆很多。很多次我們坐在頭等艙座位的扶手上，或站在飛機上的備餐小廚房裡，都跟頭等艙的乘客聊得非常開心。有次飛巴黎，頭等艙有兩位看起來來頭不小的男士問我們有沒有空，要不要到了巴黎後跟他們一起去高檔餐廳吃飯。

「好啊，沒問題！」

但珊德拉遲疑了一下。她向後跑到洗手間，還揮手叫我過去一下。

「怎麼了？怎麼回事？」我一面把洗手間的門關上一面問她。「他們看起來都很好啊。」

「嗯，」她開始解釋。「我就是不喜歡跟這類人相處，我會不自在。」

「哪種人？男人嗎？」我問。

「不是啦，妳知道的。」她說。「我不愛上流社會的有錢人。」珊德拉解釋說她在飛機上接待他們沒有問題，因爲是工作，她知道自己應該用什麼身分面對他們，但下了飛機要跟這些人上高級餐廳社交，那可又是另外一回事了。她想自己應該會嚇得「皮皮挫」吧。

我昏了，怎麼會有人這樣想！我雖然也不是吃魚子醬、喝香檳長大的小孩，覺得每個人都要喜歡這些東西，但我總想說一般人至少會想要嚐鮮吧。我錯了！**很多人其實比較喜歡他們習慣的滷肉飯，也比較喜歡跟他們同背景的人相處。**

說巧不巧，珊德拉故事的結局跟餐廳也有關係。拒絕巴黎的邀約後幾個月，珊德拉從泛美離職，嫁給了紐約皇后區的快餐廚師。

但從上次跟她見面的狀況看起來，她是個很幸福的新娘。

技巧26▼入境隨俗，用動作融入獵物的生活

獵人先生小姐們，如果你們的獵物是血統純正、有證明書的俄羅斯貓，你們的行為舉止就要像衣食無缺的俄國皇族；反之，如果你要追求的是有一餐沒一餐的街頭米克斯，那你的動作就要隨興、狂野一些。高爾夫配紅酒跟保齡球配啤酒，是兩種不一樣的生活，過的人自然會有不一樣的動作。

身爲獵人，你得觀察獵物的一舉一動，看他們怎麼走、怎麼坐、怎麼揮手、怎麼喝酒。然後你要照著做，你要讓他們覺得你可以融入他們的生活。

第十四章

把兩人的共通處攤在陽光下

三種具體的共通點

在讓獵物的潛意識覺得你們氣味相投之後，接下來的目標就是要讓你跟獵物的共通處能攤在陽光下，這非常重要，因爲這三類共通點的有無會隨著你們關係的發展而一翻兩瞪眼，你們能不能走下去也跟你在這方面的表現有絕對的關連。

首先，**第一類的共通點很明顯、很容易看，也不難產生。這一點就是你們共同的興趣**。什麼樣的嗜好、運動、活動讓你們雙方都覺得好玩？你們都喜歡的音樂、電影跟書籍有哪些？

第二類的共通點需要一點時間浮現。那就是你們的基本價值、信仰、遇到事情的反應跟看世界的角度。這個層面的共通點很深，沒錯，但也因此非常重要。

第三類的共通點比較微妙，所以也比較不容易看到。有時候需要多年的相處，你才能慢慢察覺到，問題是一般人往往都察覺得太晚。再者就是這方面的想法不協調，往往會在不知不覺中掏空伴侶關係，這對兩人長期相處而言是最大的問題。這最後一類共通點往往埋得很深，往往隱藏在背景中而不容易突顯出來，當事人更鮮少主動或願意坦承。爲了要挖掘出這方面的同或不同，你必須要帶一把磨利的十字鎬朝下挖啊挖。只有在這方面存在相當高的默契，雙方都知道彼此想要什麼、不想要什麼，兩人的關係才有可能長久下去。

現在讓我們一項一項共通點來討論。然後我會分享技巧，讓各位能讓潛在戀愛對象覺得跟你在各方面都契合的不得了。

♡第一類共通點：我們有喜歡一起做的事情嗎？

獵人小姐，請注意：這點對男生之重要，遠超過妳的想像。

我們之後會深入性別的差異來討論這點，但現在容我們先來看看一個老掉牙但真實的不得了的事實，那就是相對於女性靠說話深化關係，男生拉近距離是靠一起做某件事情。女人希望男生了解自己，可以跟自己說話，她會希望覺得遇到低潮，自己能有一個可以傾訴的肩膀跟強大的臂膀，希望自己的男人可以安慰她，可以用同理心傾聽她的心情。**好的溝通對男人不是不重要，但顯然沒有對女人那般重要**。

男人希望能跟自己的女人喜歡同一類活動，他會希望兩人可以玩在一起、一起開心。他會希望可以跟另一半去打網球、聽演唱會、幫喜歡的球隊加油或去看動作片，又或者可以一起宅在家裡隨便幹什麼。**能一起做點什麼對女人也很重要，但顯然沒有對男人那般重要**。還好對女性獵人來說，要在這點上搞定男生並不困難，**妳可以在兩人剛認識，甚至是第一次聊天的時候，就讓對方知道妳喜歡他喜歡的事情**。

菲爾吾友跟我說他在派對上認識了一個還蠻喜歡的女生。她好像也喜歡他，甚至還暗示他可以約她出去。於是天還沒聊完，菲爾就已經在腦子裡盤算著要約她了。這時候爲了讓她願意離開派對到夜店聽爵士樂，菲爾提到他是個爵士樂迷。

「喔，是喔。我以前也會去酒吧聽爵士樂耶，不過大學時聽太多了，膩了。」

好一個無疾而終。

菲爾只好另起爐灶，這次他搬出《北非諜影》(*Casablanca*) 這部經典電影，他說現在好像有午夜場。「喔，」這位自然呆的美女說：「喔，我知道，我看過。」

經典的意思就是可以一看再看，好嗎？

我相信這位小姐對爵士樂跟老電影都不陌生，但關於男人她還有學分得補修。喜歡男人就不要潑他們冷水。事實上知道他們喜歡什麼，就順著話講，就說妳也喜歡他們喜歡的東西，很多時候光這樣，男生就願意約妳出去了。

我另外有個男性麻吉叫德瑞克，是個住在佛羅里達州奧蘭多市的大帥哥。不過可憐的德瑞克有件事很困擾，那就是他一方面喜歡騎水上摩托車，一方面又想跟女生去約會，休閒時間有限的他不知道該如何取捨。

德瑞克抱怨說他就是找不到也喜歡水上摩托車的女生。你可以想像只要有女生願意撒點小謊說：「水上摩托車喔，我老早就想試試了。」，德瑞克鐵定會給她先加個二十分。

如果妳的獵物喜歡集郵、放風箏，喜歡俄羅斯式的桑博摔角，那妳就說妳喜歡集郵、放風箏，俄羅斯式的桑博摔角。德瑞克是典型的男人，很多男人都喜歡玩又要女生陪，妳能陪他去玩那他肯定會超開心。

技巧27（女性特別適用）：順著話說，順著毛摸

妳的獵物喜歡什麼，妳就說妳喜歡什麼。他牽重機來，妳上；牽號稱紅鬃烈

馬的法拉利來，妳上：牽真的會呼吸的馬來，妳也得硬著頭皮上。告訴他妳家裡有水上活動用的防寒衣，有整套的滑雪行頭，有空手道的道服，有爬大山用的排汗外套。又或者妳可以跟他說妳家裡有比人高的熊熊可以抱著看比賽或老電影，就說他想來妳很歡迎。

女人會希望翻雲覆雨之後，跟自己身邊的男人還可以有話講。男人則會希望在高潮迭起之後，跟自己身邊的女人可以有事一起去忙。

♡第二類共通點：我們有共同的基本信念嗎？

獵人先生們，注意：這點對女人而言很重要，超乎你想像。

有所大學做過一項研究，研究者讓年輕男女互相認識，然請他們一起「喝杯可樂」。在他們認識之前，有部分的組合經由科學家之口「私下得知」，他們的約會對象跟他們的人生觀相近；其餘組合得到的消息則是約會對象跟他們想法迥異。當然他們全都被誆了，但當事後被問到他們喜不喜歡約會對象時，以爲彼此想法近似的男女即便其實想法一點也不一樣，彼此還是有明顯高出另外一半受試者許多的好感。這研究說明了，**我們只要先以為對方喜歡我們，那我們喜歡對方的機率也會大增**。

透過鸚鵡學語跟入境隨俗的技巧，我們已經讓獵物在潛意識裡覺得彼此相像，順著毛摸則可以讓獵物覺得你跟他們喜歡相同的活動，接下來我們要攻擊的目標是佛洛伊德理論中的「本我」(id)，也就是一個人活著的深層信念。如果關係中的兩人的政治傾向、宗教信仰、理財觀念跟資產身價都相同或相當，那他們將來的交往之路一定會走得比較平順。讓獵物覺得你跟他的價値、信念、態度跟情緒有一定的共通程度，是很重要的，對方需要知道你跟他看世界的角度雷同。所以說爲了讓對方愛上你的偉大事業能夠成功，愈早開始研究這點絕對愈好。

女人對這點格外敏感。事實上，各位男士，就算你只跟對方共享一種態度，一種根深蒂固的態度，女人就會考慮給你機會，像我的朋友露西亞說過她認定現任老公的瞬間。露西亞說跟大衛第三次約出去是個星期天，那天玩完大衛開車載她要回到市區。因爲他們那天出發比較晚加上大衛隔天一早就要開會，所以回程他們開得比較快。

在邂逅大衛之前，露西亞的最愛是動物。她除了在動物收容中心上班，業餘也很熱中參加活動爲動物爭取權利。露西亞跟我說她跟前任男友分手，是因爲他說：「我喜歡動物啊，一定要選的話我喜歡豬排或牛肋排。」

大衛握著方向盤，車在蜿蜒的路上前進，身旁的露西亞這時突然注意到路旁躺著一隻小狗。可憐的小狗的頭部在流血，應該是剛剛被車撞了。但因爲知道時間晚了加上大衛的會議至關重要，露西亞只能轉過頭去假裝沒看到，不好說啥。但就在這時她突然發覺車變慢了，最後竟然停了下來。等她睜開眼睛，大衛已經在車外一臉嚴肅地觀察狗狗的傷勢了。就在這個瞬間，露西亞愛上了這個男人。最終當大衛說要帶狗狗去看獸醫，露西亞就正式買單了。

研究顯示共通點應該重質不重量，一樣的想法不用多，只消一、兩個切中內心的點，就可以把兩顆心的距離確實拉近。露西亞並不在乎大衛不懂她很多其他的想法，她只知道大衛跟她一樣愛護動物，光這樣她就願意把心交出去了。

男士們，這麼重要的事情你一定要自己親自上陣，不可以隨緣。喜歡的女生在意什麼，你要親自去調查出來，然後要找機會提起這件事情，聽聽她的意見，然後全心表示你的認同。甚至你可以暗示對於這樣的議題，自己比她更能感同身受。男人可以對自己在乎的事情高談闊論，慷慨激昂，對女性來說絕對是催情的祕方。

要讓獵物知道你認同她的看法，並不一定都得搬出一大堆深奧的理論。**你也可以用微妙的肢體動作，在閒話家常之中讓她與你產生一體感。**

有些感受會讓我們的身體產生反應。悲傷，背會駝；緊張，手會搓；思考會讓我們不自覺去摸下巴或摸眼鏡。單身酒吧博士提摩西・波頗確認過男女要從陌生人成爲情侶，乃至於同床共枕，最後一站就是前面提過的「同步」。就算不可能知道獵物腦子裡在想些什麼，我們還是應該在遇到事情的時候設法跟獵物同步，讓她感覺到你跟她很契合。

男女都希望跟另一半有相同的價值，但實務上男女剛認識，男生還是比較短視，他們想的大抵是：她好把嗎、好約嗎？我有機會跟她上床嗎？而女生天生就是會想的比較遠。「照著做」作爲一種技巧，對男女一樣有效，但男性獵人更應該多加揣摩。不論你的出發點是一次約會還是一生無悔，你都應該對外來的刺激，想辦法跟獵物出現相同的反應。

技巧28▼（男生看過來）：遇到事情，追求與獵物的反應能夠「同步」

為了抓住獵物的心，想辦法讓她知道你的想法跟她一樣，什麼事情她在乎，你就要比她更在乎。觀察獵物面對外來刺激的反應，震驚、噁心、莞爾、同情，她怎麼處理你就怎麼處理。

假設在夜店看到吧檯邊一個傻蛋喝醉了從高腳蹬上跌下來，你可以先觀察獵物的反應，她是狂笑？嚇到？無視？還是趕緊過去看看這白癡有沒有事？

照做就是。

♡第三類共通點：什麼是愛？

情侶會討論到第三類共通點，往往為時已晚。這類共通點往往最難捉摸，總在問題已經很大條了才抬起醜惡的頭說：誰叫我？

這隻會吞噬愛情的惡龍，真面目到底是什麼？**說到底，這隻怪獸的本體就是男女各自對愛情的想像：彼此要多接近？要保持多少距離？要彼此依賴還是各自獨立？付出跟犧牲是要拿出壓箱寶？還是意思意思就可以？**

有些人覺得既然要在一起，就是不能留下任何餘地，所有的事情都要綁在一起，也有人覺得在一起只不過是跟喜歡的人住在一起罷了。有些戀人認同法國作家尚・阿諾伊（Jean Anouilh）說的：「愛，說到底，就是獻出自己。」有些人認同同樣來自法國，寫出《小王子》(*The Little Prince*) 的安托萬・德・聖埃克絮佩里 (Antoine de Saint-Exupery) 所說：「愛情不是凝視著對方，而是兩人一起眺望著遠方。」

關於愛是什麼，愛人該扮演什麼樣的角色，為什麼會有這麼多不同的意見？人對愛情的期望值源自你的經驗值，包括你父母之間有沒有愛，你跟前任之間有沒有愛，乃至於愛的品質，都會影響到你此刻對於愛情有什麼要求。

科學界把人對關係的期望值稱爲「比較水準」(comparison level)，研究證實比較水準的高低會強烈影響你對愛情的滿意程度。**如果你認定愛情是生命的大部，應該全心投入，那麼自由成性、喜歡海闊天空的伴侶就會讓你難以忍受**。你愈是想要把人拉近，對方恐怕反而會更想遠離。

相反地，如果你理想中的關係是相愛同居就好，那對方太黏反而會讓你窒息。在你想要把對方推開的同時，你們的關係也會遭到削弱。

所有的愛情都處在微妙的平衡之上，一端是親密，一端是獨立。一旦（任何一方主觀認爲你們）失去了平衡，這段關係就會翻過去。多數人都沒辦法具體地說明這平衡崩解的危險性，但第六感卻又告訴他們這平衡很重要。總之，我們通常會選擇跟我們的愛情觀相近的人在一起。

所以說，要讓對方愛上你，**下一步就是要調查出對方對愛情的期望與想像，然後對症下藥，用對方希望的方式去愛對方，而不是用你想愛對方的方式去愛對方，強迫對方接納**。

單一最精準的關係滿意度指標，就是「你認為對方對你的感覺」跟「你希望理想情人對你要是什麼感受」，這當中差距的大或小。

——勞勃．J．史騰柏格（Robert J. Sternberg），《愛情裡的三角關係》（*The Triangle of Love*）

從一開始認識或交往，你就應該開始留意潛在戀愛對象對愛情的需求程度到哪裡。獵人先生，這對你來說應該比較容易，因為女人生來比較樂意討論關係中的問題。如果你們已經有一定的感情基礎，那你甚至可以開門見山地問她：「對妳來說，理想的愛情長怎樣？妳希望男生怎麼愛妳（不要想歪喔）？」

她是希望彼此間毫無保留、互相依賴，還是喜歡在一起時相愛，平時各自精采（不要想歪）？她希望你對她無微不至、噓寒問暖，還是希望你給她空間自己喘喘？這答案多半會落在兩個極端之間，你的工作就是要在理想關係的各個面向上求得精確。

如果萬一你們還沒有正式在一起，或者你不確定她願不願意被問到這類問題，那你可以不著痕跡地問她一些哲學性的問題，比方說：「妳覺得愛的定義是什麼？」或「妳覺得愛情裡理想的關係應該具備哪些東西？」總之，不要讓她覺得你是在問你們兩個的事情。

技巧29（男士們多看一眼）：愛是什麼？

男生，你可以直接了當，也可以拐彎抹角，總之你應該去問問女生喜歡怎樣的關係。

問得答案以後還沒完，你還得放下自我，照著她所說的方法去執行。不要用你自以為的方式去愛她，要用她希望的方式去愛她。

各位男士，如果她連你拐彎抹角問些普遍性的問題都不能接受，那你就應該偃兵息鼓一、兩個星期。目前獨立的女性，或者說是思想「像男生」的女性可以說愈來愈多，如果你的目標就是這樣的女人，那你可以參考下面我要介紹，主要是給女生用在男生身上的技巧。

關係到底談好，還是不談好？

現代有些諮商師會鼓勵雙方開誠布公，經常性把雙方的關係攤開來談。這些專家認為透過問答、演練跟對質，雙方可以更了解彼此的關係屬性。這樣的方式有它的好處，但前提是雙方都有意願談，也對愛情的本質有類似的想像。**萬一兩人對關係的基本要求就不一樣，那說愈多只會愈糟**。

我一個朋友琳達就覺得兩人在一起，是無比神聖的事情，是至高無上的承諾。她的雙親結縭多年依然恩愛而相互依賴，對琳達的爸媽來說，生命除了彼此跟孩子以外，可以說就沒有別的東西了。琳達爸就連出去買瓶啤酒，都會昭告全家自己要去哪裡、什麼時候回來。

話說幾年前，琳達在滑雪勝地邂逅了她的未婚夫喬治。喬治跟她遇過的男人都不一樣。他有自信又獨立，靠自己念完法學院，現在是知名事務所的新進合夥人。有這樣的努力與資歷，喬治以自己爲榮只能說剛好而已。他從來沒有靠過別人，求過別人，但這也表示他從來不需要爲了誰委屈自己。

琳達愛上喬治沒花多少時間，而這對金童玉女也眞的是非常登對。他們有相同的嗜好，都是滑雪高手，基本的人生觀也都相同，另外就是兩人都想要小孩。

他們的宗教信仰一樣，理財觀念一樣，就連出國度假想去哪兒都一樣。他們在婚前有討論過彼此各方面的想法，但就是漏了一條，沒想到漏了的這一條就犯了天條。主要是喬治的原生家庭並不完整，所以對於什麼叫作理想的婚姻關係，他跟琳達的想法並不一致。

婚禮前兩個月，我接到吾友的電話，電話那頭的琳達哭哭啼啼，原本的神仙眷屬已經分道揚鑣。我一整個不敢置信，只能急忙問：「怎麼了，發生了什麼事？」

「嗯，」她邊哭邊說，「喬治工作很投入，只有週末願意陪我。」她強烈要求喬治要多陪她，他嘴上也答應了，但結果是平日晚上的約會他感覺很勉強，幾乎是一句話都不講。

「還有，」琳達哀怨地說。「喬治出門在外從來不會打電話給我。」她說喬治經常出差，她的要求是去到哪要報平安，但喬治給她的感覺是這對他造成很大的負擔。

擔心兩人感情會出問題，琳達把自己的感受告訴喬治，但喬治的反應卻是：「喔，沒有啦，沒事，真的沒事。」他是真的愛琳達，也很期待兩人的婚禮。但還是擔心喬治會漸行漸遠的琳達提議他們去諮商，這讓喬治有點跳腳。「諮商？不要不要。」喬治拉高嗓門說，「門都沒有！」

琳達有點嚇到。這之前他從來沒有對她大小聲過。不能去諮詢，她決定自力救濟，於是她網購了談感情世界裡兩人相處的有聲書。她把這些保證有效的錄音帶從頭聽到尾，得到的訊息是人應該要傾聽他們內心的赤子之心。她把聽完有聲書的心得跟喬治分享，也建議喬治跟她一起聽聽看。

「蝦密？」喬治用吼的。「妳現在是要我放下工作，大老遠跑到妳家，點好蠟燭，盤腿坐在地上，然後跟妳一起聽我內心的『赤子之心』在講什麼碗糕，我跟未婚妻相處還需要上課嗎？我們之間有問題嗎？就算有，這問題有大到妳得花這麼多工夫去操心嗎？坦白說，琳達，妳這次真的太過分了！」

隔週喬治就說要延後婚期。我覺得這實在很慘，很可惜，因爲琳達跟喬治照講真的很登對。只要在愛情的想像上存在共識，他們真的可以是幸福的一對。如果對於婚姻，喬治可以跟琳達有類似的基本想法，可以聽一下有聲書，配合未婚妻做一些裡面介紹的練習，這兩人的關係絕對可以更爲拉近。或者如果琳達能夠體貼喬治的感受，她或許就知道自己應該給他一點空間，讓男生的脾氣可以得到緩衝，畢竟事緩則圓。

一般來說，跟女人比起來男人比較不喜歡把感情當成一個問題來談，所以說獵人小姐們，妳們在有溝通的想法時要格外小心，妳的獵物可能一聽到風吹草動就想要離開。如果妳的伴侶是喬治這型的，那妳單刀直入真的只會把他推得更遠。

比較安全的作法是套話。讓他在不覺得受到威脅的心態下開口說話，提供妳想得到的訊息，**而套話的技巧就是不要讓他發現妳是在談他**。

技巧30▼（女士請多注意）：愛要怎麼說？

獵人小姐，獵物放在心裡，不曾說出口的愛情風景，妳一定要將之調查出來。

但是調查要有技巧，不能讓對方感覺被騷擾。**妳可以說是替妳遇到感情問題的學弟妹或晚輩（侄子或外甥女之類）問**，就說他們年幼無知，想聽大人說說理想的感情應該是什麼樣子。妳就說因為妳不知道該怎麼回答好，所以想聽聽看他的意見。「所以成熟的男人你是怎麼想的呢？」妳大可以順便給他灌點迷湯，反正不用錢。

問完就沒妳太多事了，耳朵好好打開就好。

獵人小姐們，聽完假裝替晚輩謝謝他，然後把他說的東西刻在腦子裡。

關於時機：不要太早開口，一定要確定你們兩個認識有了相當的基礎，才好丟出這樣的問題，否則他很容易會起疑。反之，若是你們之間已經有了感情，那就算男人猜到妳的動機，他也不會眞的生氣或不開心，甚至反而會相當感激妳的用心。

當然在開口發問之前，妳也不是都無事可做。妳應該隨時把雷達打開，看看有沒有什麼關於他對愛情認知的線索。平常聊天時就可以注意他的一些話語有沒有弦外之音，包括他提到前女友、父母親、好朋友跟任何人際關係，妳都不該掉以輕心。

最後的大魔王，是隨著你們的關係演進，妳必須竭盡所能讓獵物覺得妳愛他，而且不是用妳想的方式，而是用他希望的方式愛他。當然這裡男女互調道理也完全一樣。

妳覺得這方面還是很難拿捏，甚至還想知道問題的措詞有哪些建議的話，別急，我們在本書的最後兩部分還會再繞回來到這個話題。

第十五章

各取所需要如何成立

「我有你要的東西，北鼻！」

我記得有一次，那時我還很小，我問了母親一個問題。我問的是老媽爲什麼會想跟老爸結婚，結果她的回答不是一般的回答，而是一首童謠：

傑克不能吃肥肉，
老婆不喜吃瘦肉。

兩人買塊三層肉，

絕對不剩一滴油。

這些年來，我總覺得人會愛上跟自己不一樣的人，而表面上看來也確實是這樣。研究顯示基本上不分男女，成年人追求的都是跟自己相似的對象，就像我們前面說過興趣、價值、人生觀與感情觀，這些深層的想法都是我們希望在另一半身上能找到的東西。

但是話說回來，在這些深層的相似處之上，覆蓋了一層「不一樣」。情人會尋求在另一半的身上看到自己欠缺的特質，讓成爲一對的兩人都能更完整，「另一半」的說法我想就是這樣來的。不會煎蛋的男人會欣賞廚娘身上的圍裙；不會換輪胎的女人會愛上引擎蓋下的男人背影；持家苦手的男性會喜歡用剩下的菜錢買基金的賢內助，運動白癡的妻子會凝望著沒有多餘贅肉的外子上籃拍手。很多人是這樣想的。

也許吧。

但你知道柯南吧，**你就算要用互補的特質去吸引對方，也得先像偵探般查出對方想要的是什麼東西，要知道人不是缺什麼就要什麼，**弄不好有些東西會讓對方冷感、反感，打翻醋罈甚至跟你戰起來。

至於這調查工作要怎麼進行呢？你可以不經意問起獵物之前的對象：「妳喜歡吉姆什麼啊？」、「你跟蘇珊是怎麼在一起的？」、「丹最吸引妳的是什麼東西？」、「貝蒂跟別的女生有什麼不同？」

我相信答案之多樣會讓你大呼意外：「吉姆很厲害啊，什麼都會，他會修東西，而且是什麼都能修，不是只有電腦而已。」、「蘇珊會讀報給我聽，讓我知道今天有什麼大事發生。」、「丹的人緣眞的很好，去哪裡我們都被朋友包圍。」、「貝蒂會精打細算，跟她在一起我沒花過冤枉錢。」

眼觀四面、耳聽八方，是你了解對方的不二良方。只要不斷去觀察與蒐集線索，你一定可以慢慢把「對方要什麼」的拼圖給拼出來。只要你會對方不會的東西，或對方很爛的東西你很強，那你就中大獎了。**你有另一半很想要，但在自己身上找不到的東西，那就對了！**這樣的互補就可以讓你們的關係長長久久，欲罷不能。

技巧31▼北鼻你要的東西，在我這裡

時不時在閒聊時，套套獵物的話，了解他們為什麼喜歡前任。

過段時間等對方早忘了你問過什麼，再把他們說過的東西搬出來獻寶，讓他知道你在這些方面的「配備」是多麼地豪華。

情人們，注意。**不要太早強調你們互補，研究顯示這方面的需求落在關係比較後面的階段，畢竟我們會先希望跟對方在基本的信念上相同，然後才會想要在一些特質或專長上相異來增添情趣**。所以我們要先用稍早的六項技巧來確立跟獵物的共通點，作爲根基，最後這個技巧才能畫龍點睛，把兩人是天作之合的想法在獵物的腦中給釘下去。

接下來讓我們來看看是什麼保證好吃的食譜，只要照著出菜，絕對可以滿足對方的自尊心，不論他心底那隻怪獸的胃口有多大，你都不用害怕。對方甚至會因爲害怕再吃不到這麼美味的東西，自動把心交給你。這是怎麼回事？讓我們看下去。

【第三部】

自 我

你是如何愛我？讓我細數一番

第十六章

你是宇宙的中心，我的寶貝

如果這個世界上有一個顛撲不破的眞理，那就是「我跟誰都不一樣，我最好，我最重要，太陽繞著地球跑，地球繞著我跑」。你路上隨便抓一個人，他都覺得自己表面上看起來普通，但其實是個道道地地的奇葩。

少數孩子很幸運地出身在慈愛的家庭，但不是每個孩子都這麼幸運，大多數的孩子是「自以爲父母無條件愛他們」，但其實慢慢他們會發現眞相是殘酷的，天下不懂有不是的父母，更有偏心或愛孩子並非無條件的父母。

發現父母愛他們並非無條件之後，這些孩子會終其一生尋找人來幫他們重拾對愛的無盡幻想。這類人會告訴自己：「有一天，在某個地方，我會遇見那個人，那個人會看出我很特別，然後他會因爲我是我而愛我，我不用特別帥、特別美，也不用特別有錢，我只要做我自己就夠了。」

讓獵物認定你就是那個人，他就會愛上你。

讓獵物覺得你就是那個人，你可以給他無盡的愛，這是目標，但作法上你必須要拿捏得宜，太早出手或不會看場合出招，都會讓你的獵物覺得錯愕而喪失興趣。

拍馬屁沒想像中容易，精通需要練習

拍馬屁不光只是說好話就行，你得先對馬屁股的主人有所了解，你要知道他心中的自己長得是什麼模樣，然後打蛇隨棍上。你的獵物對自身的想像，是你順著毛摸，讓他有一天只讓你摸的關鍵。

不是每個人都想著要變聰明或變美，也有人第一志願是當個很乾淨的人，當個玩咖，還有人想當公主，當美少女，當不修邊幅的天才科學家。各式各樣的人都有人想當，這你剛開始可能難以想像。**所以說拍馬屁的祕訣是不要只會無止境地誇獎對方，而要掌握並符合對方對於自我的想像。**

從第一次說話開始，你就必須要注意話中是否有話，從各種線索去探究獵物怎麼看他自己。人都會希望在自己所愛的人眼中看到臻於理想的自己。

把他們理想中的自己餵給他們吃，那會是兩人關係的大力丸跟營養品。不過這樣的餵食過程也可以比擬成拿生肉給獅子吃，大意不得，大忌是言不由衷或馬屁拍到馬腿上。一個不小心或手伸出去的時間不對，事情都有可能是悲劇結尾。

做得好、做得對的話，拍馬屁也可以非常優雅，也可以有起承轉合。起，是讓獵物覺得你被他的磁力吸引，你是條瞬間上鉤的魚；承，是當你跟獵物在聊天時，你必須讓他感覺你是顆溫暖的太陽，不斷用同理心照拂著他。

轉，是開始用附和點綴你的發言。一旦獵物開始對你掏心掏肺，你可以有意無意（實際上當然是有意）丟出恭維，過程中還可以順便製造笑點，或者用一下我們之後會介紹的技巧，來讓對方覺得自己很特別。合，是當獵物察覺到你看出他特別，你可以順勢出大絕招。

經過專業訓練，誇讚可以是戀愛的利器。人類對於好話會自然產生反應，尤其如果這好話出自剛認識的人之口。離異的夫妻或分手的戀人經過研究，證實了一件事情，**那就是新面孔的誇讚，影響力明顯大於現任的情人誇你**。如果你現在有對象，那你可得小心了，因爲那表示你得跟所有不認識的人競爭嘴甜。老夫老妻久了，彼此很多好話都已經無感，一個不小心對方太敏感，還可能以爲是諷刺而導致反感。單挑的話，同樣的力道跟準度，外人的好話飛鏢就是比你的殺傷力強。

對象是怨偶的同一份研究還顯示，**傷人的話如果出自現任情人、配偶或親友之口，痛感也會大於陌生人亂咬**。所以說，現任的情人說好話，對方不一定能消受，但罵人肯定讓對方很難過，這處境可以說是內外夾攻。但對今天如果想趁虛而入或見縫插針的你來說，這可就是個天大的好消息了，這樣的優勢眞的是不用白不用。假設你鎖定的獵物目前有個戀人很白目，那你就可以發動總攻勢，做好調查之後便把庫存的迷藥，「嗯啊，是啊」彈藥通通拿出來用，搞不好獵物就會轉投你的懷抱。

接下來讓我們一步一步分析你要怎麼執行，才能確實讓獵物感覺到他歷經了多年的艱辛，終於覓得了可以無條件愛自己的你。

第十七章

起：讚美不用說出口

讓動作說話

有位智者說過：「愛，就是渴望被渴望。」第一眼看上獵物，你的肢體語言大喊著的是：「我要你。雖然理智還沒有意識到，但我的身體很誠實，你的模樣讓我很有反應。」

你的第一聲讚美通常沒有聲音，因爲你的肢體動作會本能地給獵物特殊待遇。第一眼看到他，你會不好意思但又忍不住多看一眼，再一眼，接下來你的眼睛就不歸你管了。

說話的時候，你可以像前面介紹過的用眼睛展開攻勢，用寢室限定的迷濛眼神讓瞳孔擴張釋放愛意，用太妃糖般的目光讓獵物感覺到自己被鎖定，期間你都可以保持絕對安靜。**重點是你要讓身體對到獵物的身體，要微笑，要微微前傾，要微微點頭保持軟調。**

簡單講，你要把我們前面講過的肢體語言跟各種技巧都搬出來用。在這個關鍵的初期階段，你得在對談中透過姿勢流露出自信。

「我的表現還行吧？」，像這樣患得患失的心情必須嚴禁，獵物必須得到你百分百的注意力，你的引擎動力必須全部用於傳達傾慕之意。你透過肢體應該傳遞出「我很好，我沒事，我只是覺得人生沒有你不行！」

技巧32 ▼ 動手不動口

剛跟獵物相遇，你的任務是以不出聲為前提，用盡各種辦法讓對方知道你受到他吸引，肢體語言是你最好的武器。

從我們到目前為止教過的技巧中去「抄傢伙」，選你覺得順手的用，重點是要清楚表明你感受到了對方的電力。

第十八章

承：同理心

「我懂！」

邊聽著獵物講話，你的下一步該是向獵物「輸誠」。讓獵物知道你知道他在說什麼，**主要是你可以邊聽邊用一些聲音或語言來傳達理解與同情，外加穿插獵物的姓名，這樣雙方的互動就會更加具有意義。**

你可以「嗯哼」，也可以「嗯嗯」，或者你可以說「我知道」、「我懂」、「是啊」、「沒錯」、「辛苦你了」、「可以想像」、「我也這樣過」等等的話語來表達支持。適時可以穿插獵物的大名，這樣可以增添變化，讓原本單調的對談昇華。

我這裡舉一段對話當範例，可能誇張了一點，但裡頭確實用上了各種輸誠的語言並點綴以獵物的姓名。假設你跟派對上剛認識的潛在戀愛對象聊的是網球，下面是逐字稿：

獵物：「沒耶，我好多年沒打網球了。網球我是愛啦，但是我出過車禍，手指斷了兩根，之後就不太能碰了。」

妳：「是喔，怎麼會這樣（輸誠語），你應該很懷念網球吧（輸誠語）。」

獵物：「是啊，這倒是。我以前可是每星期至少打一次的啊。」

妳：「我懂（輸誠語）。有事想做不能做真的是很苦。你有想到什麼別的運動可以做嗎？」

獵物：「有喔，我現在常去溜直排輪，我喜歡那種速度感。」

妳：「那就好，約翰（獵物的名字），直排輪真的好玩，我也喜歡可以享受速度感的運動。」

輸誠的語言顯然不能一直用個不停，那是很多緊張過度的獵人會犯的毛病。**用量**

要拿捏得宜，拍馬屁只要拍到讓對方想跟你聊下去就行。

一點警語，你不會想把自己弄成像是個可憐兮兮的馬屁精，重點是要展現出正確的肢體語言。**輸誠之餘不要讓該有的姿勢跑掉，不要讓該有的自信軟掉。**

技巧33▼邊聊天邊輸誠

在跟獵物的對談中丟些輸誠的麵包屑，「我知道」、「沒錯」跟萬年不敗的「我懂」都行。

彼此剛認識時，很多男人的想法是急著要讓女生記住自己，所以他們會卯起來說一些自己的豐功偉業或賣弄自己的幽默風趣。他們會把自己知道的趣事跟經歷拿來出清。雖然已經進入二十一世紀，但很多人的觀念還是男生應該要比女生懂的多，才能在兩性關係中占得上風。

對此我只能跟各位男士說，你們想太多了。關係開始時要有所進展，要讓愛苗滋生，**第一重要的絕對不是上知天文、下知地理，而是你能不能體會別人的心情。**一般來說，女生對於新朋友把自己當成聊天的主線，都不會太習慣，所以你如果能反其道而行，女孩子多半會感到驚喜。同時別擔心，男士們，你們會有機會表現，禮尚往來是女性的本能。

對剛認識的異性朋友來說，人類收到外星人的回電也不會比自己昨天吃了什麼早餐更有趣。等你們慢慢熟了，對方可能就不會那麼在意聊自己，但那是之後的事情了。**剛開始你還是應該把焦點放在對方身上。**

技巧34 以退為進，從配角做起

跟獵物聊天，你可以想像自己是在舞台前方打光。每次你把光線打在獵物身上，對方都會顯得容光煥發。反之，如果光線都打在別人身上或別的地方，你的獵物就會覺得自己是配角，而跟你講話有點無聊。

戀人愈是親密，聊天愈是雞毛蒜皮

每段人生都是一本小說，每個人都是那本小說的主人翁。人性永遠覺得自己很特別，永遠覺得自己不可或缺。從這樣的心態出發，任誰都抗拒不了跟自己想法一樣的對象。

我從小就讀神探南茜 (Nancy Drew) 的小說。南茜是個生活多采多姿的少女偵探，書裡的她過得五彩繽紛、羅曼蒂克，跟現實中的我剛好是一個完全相反的概念。每一集神探南茜的開頭都是極盡誇張之能事，「南茜，她的長髮飄逸在風中，三步併兩步衝過沼澤，因爲她嗅到祖母的房子裡有事不對勁。」是不是！有沒有！

我在做白日夢的時候，也會想像自己的生活是本小說，「萊拉，她的牙套閃耀在陽光下，三步併兩步跳進屋內，因爲她聞到了老媽煮湯忘了關火。」嗯，關火好像算不上什麼了不起的事蹟，至少跟破案沒得比，但只因爲關火的是萊拉，所以我本人還是覺得很刺激。

我會有這樣的想法並不奇怪，因爲這也是一般人的想法。你的獵物早上一邊刷牙，一邊想著的是早餐要吃啥，鞋子穿哪雙，鬍子刮不刮，這些對他來說都是一等一的大事。

身為老公、老婆、情人，我們每個人都得學著把對方的小事當成大事。「親愛的，早餐想吃什麼？」、「你不會要穿那雙鞋出門吧？」、「你是不是忘了刮鬍子？」

這三個問題顯然都是「進修級」的東西，不適用於剛認識的兩人。但你有另外一個辦法可以創造出「速食親密感」，那就是抓住他生命裡一、兩個點來窮追猛打。

聰明的獵人會謹記獵物想當自己生活裡的主角，使出我稱之爲「追蹤」的技巧。就像機場塔台會監控雷達上飛機的起降，聰明的獵人會追蹤獵物說出來的話，就像獵犬會追蹤氣味一樣。如果獵物在僅有的對談中提到過他早餐吃穀片，那你就要牢牢記住這一點，下次見面拿出來讓他驚鴻一瞥。如果他在聊天的時候說過自己上班穿錯過鞋，你也要記住，下次聊天必定把這冷飯取出來再炒一遍。**在茫茫人海中記得這些小事，他會覺得你是他的忠實粉絲，覺得自己在你心中彷彿天王級的巨星**。假以時日，親密感一樣可以積少成多。

隨著感情日深，聰明的情人會在大腦裡開一個檔案記錄獵物近期的憂慮、興趣與話語。獵物去過什麼地方，發表過什麼評論，體驗過什麼樣的刺激，這個檔案裡都會整理得鉅細靡遺。這樣等到下次有機會講話，不論是當面聊還是透過電話，獵人都會有一堆材料可以拿出來耍。「是喬嗎？哈囉，你上次說的會議開得怎麼樣？」、「嗨，琳達，妳姊姊生了嗎？」、「那個，吉姆，你上次說要去吃川菜，有辣到嗎？」、「黛安，妳牙痛好點了嗎？」。

技巧35 追蹤

如同航管控制班機起降，你也應該掌握獵物生活的一些小細節。看過記者訪問人吧，你可以把獵物當成採訪對象，每次見面說話就問問他上次的「那件事情」怎麼樣了。

當生活中的大小事從你的口中說出，獵物認爲自己是宇宙中心理論便能得到確認。「我的人生果然是本精采絕倫的小說，而我正是主角啊！」至於你，你這麼有眼光，獵物怎麼能不把你留在身邊。

總之，獵物的小事就是你的大事。

戀人限定的私房笑話

獵物的自我是你的寶庫，要入寶山不空手而歸，我們還有另外一招法寶。你可以用這招去把潛藏的好感通通榨出來，某日水到渠成便可順勢告白。

幸福的情人間都會有私密的梗。他們之間的對話聽來毫無意義，但那只是因爲你沒有身處在兩人的小小世界裡。

劇作家的一項本事，就是不用大張旗鼓，就可以讓滿場的觀眾知道台上兩個角色的關係是夫妻或一對戀人。就拿尼爾．賽門（Neil Simon）來說吧，他的作法是讓兩位演員交談幾句沒人懂的東西然後咧嘴大笑，這樣觀眾就會懂了：這兩個人的關係匪淺。同樣的手法我們可以嘗試用在獵物身上，讓你跟獵物間產生莫名的親密感，**而重點就在於你要設計出專屬於你們的梗**。

這做起來其實不難。下次你聽到獵物在說笑話，對你或對一群人講都沒關係，請你把他看起來特別得意的地方記起來，然後以此爲題發揮創意，想個你們可以一起笑的「客製」笑點。

我偶爾會跟一個英國朋友查爾斯出去。我認識查爾斯是在一個派對上，當時他正對著一群朋友聊他跟幾位麻吉去爬山的事情。他說他們爬了幾個小時後來到一處陡峭的碎石坡，大家面面相覷，沒有人想冒險走這條路，但大男人卻又都不好意思說。

查爾斯的背包裡剛好有個保溫瓶裝了熱茶，於是就在大家瞪著陡坡心裡皮皮挫的這個時候，查爾斯開口了。他用他極重的英國口音說：「來喝茶吧。」在這樣的時候，這樣的提案在現場一呼百應，大家立刻席地而坐，在山林間喝起克難的英式下午茶，順便討論出另外一條安全的走法。

查爾斯的原版其實說的蠻精簡的，但他沒有說出來的重點是他，查爾斯，是那天的英雄人物，是他「杯茶化尷尬」，用一句英國腔的「來喝茶吧」解決了男人之間的面子問題。

那天稍晚在派對上，查爾斯提議主人開電視看英式橄欖球轉播的結果，現場噓聲不斷。這時我對查爾斯眨了眨眼說：「來喝茶吧！」他立刻笑了，也第一次注意到我的存在。

技巧36▼客製笑話

要人工培育親密感，你只消傾聽獵物說故事，從中精選出他特別得意的部分，然後將之包裝重製成可以還治其人之身，讓他覺得自己被注意到的「客製」笑點。目的是讓獵物產生你們很熟的錯覺。

就跟所有帶有侵入性的溝通技巧一樣，你必須謹慎爲之，注意幾個重點。首先，你要選擇獵物是主角而非丑角的故事，故事裡獵物要大放異彩而不能大庭廣眾被當成笑話。有些人會在朋友打翻飲料、搞丟鑰匙，或撞凹鈑金或踩到香蕉皮的時候出言不遜，這叫騷擾，會造成對方的困擾。

再者，在聽完獵物故事之後，你要給氣氛一點時間熟成。不要急著把想好的東西丟出來，而應該讓它靜置一段時間發酵，**事實上間隔的時間愈長，「客製笑話」的後座力也會愈強**。

「客製笑話」除了在建立新關係上有揮灑的空間，還可以在日後發揮緩衝的效果。直到今天，每次查爾斯提出什麼我不中意的建議，我都會丟下一句：「喔，我們先喝茶吧。」查爾斯也都會笑，笑到他都忘了我是在跟他唱反調，最終還被我牽著鼻子跑。

第十九章

轉：把人捧上天

「喔，寶貝，你的香菇切得真好。」

第三步，是要一開始聊天就把獵物捧上天，讓對方相信你崇拜他崇拜得不得了。

進入第三步，你要在肯定之外補充自白來宣誓你的愛戴，這些補充的東西我們叫作「致敬」(kudos)。假設你們現在的話題是工作：

獵物：對啊，當時的工作我眞的膩了，所以決定離職。

妳　：嗯嗯，你很勇敢（致敬）。

獵物：嗯（笑），然後我開始晚上上課，找回自己忘光了的會計知識。

妳　：這樣做很對（致敬）。

獵物：嗯，我也這麼覺得。

妳　：這些知識後來有派上用場嗎？

獵物：有喔，我後來靠會計找到新工作，就是現在的公司。

妳　：眞好，約翰你眞棒！（直呼其名）。能勇敢離職，自我充實，最後換到自己喜歡的工作，感覺一定很棒（展現同理心）。

隨著你們兩人的對談延續，妳可以繼續在互動中穿插致敬與表達同理心的語言。記住，致敬不等於「全套」的恭維，致敬只是輕輕誇一下，點到為止。「看得出來你眞的很努力」、「眞好」、「看來你已經進入狀況了，恭喜喔」、「你眞的說了？超勇的啦」、「你眞的跳了，厲害！」。

獵人先生們，向女人致敬或許不如你想的簡單，至少比女生誇男生要難。男生天生就愛比，所以要他們開口誇人，他們就會疑神疑鬼，就會覺得好像自己莫名被貶低了。但這是對自己沒信心的男人，**有自信的男人絕對不吝於讚美，讚美別人表示他們自**

己更好。

女人不會把讚美跟位階想到一塊。對女性而言，讚美別人可以拉近彼此的距離。對女性致敬，可以讓你衝出領先群，成爲正妹眼中的一塊瑰寶，變成她眼裡男人中的男人。確實，要男生肯定一位剛認識的女人，有難度，但物以稀爲貴，難才有價值。

獵人小姐們就幸運多了，你們對著男人想怎麼誇就怎麼誇，妳覺得太膩的東西，他們都吃得下，妳覺得聽不下去的東西，他們都能譜成歌曲。

我有一位手足叫賴瑞，或者應該說半個手足，因爲我們只有一位雙親相同。總之，賴瑞最近結婚了，對象是一位「姊姊」叫芮吉娜。婚後幾星期，我請他們晚上一起吃飯。賴瑞是位名廚，而芮吉娜跟我決定當他的二廚幫忙，於是我們三個人在廚房裡忙了好一會兒。芮吉娜剝洋蔥，賴瑞切香菇，我燒開水。就在我看著水怎麼也燒不開時，耳邊聽到芮吉娜在嗲聲嗲氣地說：「老公，你香菇也切得太好了吧！每一片都切得整齊又漂亮。」

我轉頭對芮吉娜笑得燦爛，我以爲她在說笑，但她可認眞了，她低頭在欣賞著香菇片呢！賴瑞也笑了，笑容中帶著無以言喻的自豪。

這時我才靈光一閃，芮吉娜是個角色啊。這聰明的女人知道賴瑞以自己的廚師身分爲榮。我相信芮吉娜能把到我們家的男人，善用讚美一定是個主要的原因，我相信賴瑞是真的愛上了她。

技巧37 向獵物致敬，讓人更靠近

隨著兩人的關係拉近，你可以在同理心以外加上肯定的話語，算是「營養補充劑」。「幹得好」、「不錯嘛」、「嘿，你好聰明喔，我都沒想到」聽起來簡簡單單，但都可以加到互動中畫龍點睛。

獵人小姐們，別害羞。男生胃口很好的；獵人先生們，讚美人是要學的，而且是必修，你得學會了才能拿起弓。

第二十章

合：置入性行銷

「你太年輕可能不記得，但是……」

在你跟獵物的關係還沒有茁壯，還承受不起太強大、太直接的讚美之前，你有另外一個辦法可以哄對方，你可以不經意在言談中置入對獵物的讚美，聲東擊西。「你太年輕應該不知道，但……」、「長得像你這麼好看的人不應該會……」都是範例。**你明明就是在讚美獵物，但就是不投直球**。

像這種「故弄玄虛」的句型，你還有得選擇，就當是愛情的文法課吧。首先你可以把你要誇對方的點嵌入英文複合句中的從屬子句裡，「聰明如你大概不會上當，但我就眞的被釣到了」、「要是像你一樣會說話就好了，我眞的需要在電話上跟他把話講清楚」。

另外一種指桑「誇」槐的技巧是影射獵物屬於某群菁英。你可以說：「你數學好，當然不覺得難啊。」、「你體脂肪才多少啊，當然跑得完啊。」

像這種拐彎抹角「誇」人，你可以盡量自由發揮，不用想太多，也不用擔心自己做得太過分，因爲你並不是直接拍對方馬屁，所以也沒有噁不噁心的問題，一切都是那麼自然而然。

技巧38▼聲東擊西，顧左右而誇他

要打動獵物的心，一個辦法是在跟對方講話時埋下伏筆，讓他被誇得措手不及也沒有辦法客氣，因為技術上來說你只是根據事實在講話，並不是在誇他。

你可以脫口而出他是屬於某群強者，所以怎樣怎樣。表面上重點是後半部的怎樣怎樣，但當然你根本就是在給獵物灌迷湯。

英雄所見略同：你喜歡自己什麼，我就喜歡你什麼。

很多人誇獵物的點，就是他們喜歡獵物的點。但這其實不是最佳的策略，**你「應該要」喜歡的，是獵物喜歡自己的點**。

從對話一開始，你就要開始蒐集線索，了解對方喜歡自己什麼，有什麼自豪、自傲的地方。掌握情報之後，你就可以直搗黃龍，讓他知道你跟他「英雄所見略同」，這樣獵物的內心就會被你悄悄打動。不過要做到這點，「聽力」一定要好。你要扮演業餘心理醫師去注意獵物說話時的內容與表情，**臉紅、眼睛為之一亮、笑得很詭異等等，都是你應該去留心的線索**。這些表情是老天爺給你的禮物，因爲這些東西就是在告訴你對方的好惡，就是老天爺作弊在幫你。對方的表情如果活潑起來，就表示他很樂於他現在告訴你的東西。如果提到某項事蹟他臉上沒什麼表情，那就表示這方面你也不用努力了。

最近因爲工作的關係，我有機會跟一位魅力十足但有點大男人的傢伙吃午餐，他叫拉爾夫。那天早上，拉爾夫才對著一群商場上的女強人演講。演講前他擔心聽眾裡的女性主義者會把他生吞活剝。這故事他說著說著，眼神開始發出光芒，他很生動地描述著自己怎麼用開場的笑話自嘲自己是個大男人，成功地收服了在場的女中豪傑。

午餐吃到後半段，拉爾夫跟我說了另外一個故事。這第二個故事眞的很厲害，內容是他怎麼從一個小小的倉庫小弟變成今天的大老闆，但這個故事說起來他臉上毫無表情，眞可謂紋風不動。

你覺得拉爾夫會希望我爲了哪一個故事誇他？沒錯，你也看出來了吧。雖然以世俗的標準看來，白手起家的故事比較了不起，但眞正讓拉爾夫驕傲的卻是贏得全場女強人的讚聲。如果妳看上了拉爾夫，想贏得他大男人的心，妳就可以說：「喔，拉爾夫，你用那個笑話開場眞是神來之筆，怎麼想到的？」

在你第一次直來直往、大大地讚美對方之前，你應該先思考一下獵物欣賞自己什麼。他虛榮的是什麼？他最希望得到人肯定的是什麼？他覺得自己絕頂聰明嗎？她覺得自己超正、超空靈？他覺得自己有女人緣？覺得自己很會看人？覺得自己是個狂野、風趣、不羈的火爆浪子嗎？或許他以自己的搞笑功力、絕對誠實或無邊創意爲榮？或者像拉爾夫一樣，他覺得自己能用機智讓女性主義者放下敵意，很了不起。總之獵物喜歡什麼你得去分析，然後再按圖索驥出擊。

正妹往往會希望你誇她聰明有見地，不會希望你說她正；事業有成的男人聽多了人家誇他優秀，他反而會希望你說他帥。

你的好話愈能對應到獵物的需求，就愈能震撼到對方的內心。

獵人先生小姐們在恭維獵物時，請記得還要考慮到時效性。**最近的好事即便不是那麼了不起，被誇的爽度也會遠高於古時的豐功偉業**。要誇獎獵物的打扮，最好是在對方買新衣服的當天。若以拉爾夫爲例，你之所以應該誇獎他身爲大男人成功自我解嘲，在一群大女人面前逆轉成功，就是因爲時效性的考量，事業成功或許更值得大書特書，但那畢竟是多年以前的過眼雲煙了。

技巧39 誇獎人也講究對症下藥

在你開誇獎第一槍之前，請先問問自己：這人最自豪的是什麼？想清楚目標後再扣板機。還有就是時效性，愈新鮮的題材愈好，打鐵趁熱，好事的世界裡一樣是青春無敵。

第二十一章

殺手鐧：大砲搬出來

「我沒見過像你這麼有趣的人！」

你一旦大刺刺地誇了人，接下來不論再說什麼都會相形見絀，都會顯得弱。就像南北戰爭時南方戰事節節敗退，邦聯發行的鈔票天天貶值，你一旦出了大絕招，接下來的好話只會一天一天更不值錢。在一個時間之前你可以盡量發揮同理心，可以肯定對方，可以拐彎抹角讓對方開心，**但最後的殺手鐧一定要隱忍不發**。

誇獎界的殺手鐧是什麼？首先這東西絕對不是「天啊，我喜歡你的領帶！」。殺手鐧必須能一槍斃命，一發中的，一針見血，讓獵物一聽到就翻白眼。

在溝通的研討會上，我會安排活動讓組員們互相使出殺手鐧。活動剛開始，我會請學員找人聊個幾分鐘，認識一下對方。然後我會再請他們閉上眼睛回想剛剛聊天的對象有什麼優點。我會說：「不用想著一定要告訴對方，就是你私人對他的觀察或感想。」結果學員有的覺得聊天對象的微笑很溫暖，有人覺得對方的氣質很好。「外表的優點也可以想，」我說，「或者你可以欣賞他們的個性或內心。」不會有人一無是處。

再來我會說：「好，現在張開眼睛，把你想到的優點告訴對方。」

「蝦密？要說出來？」他們發現被騙一整個超驚訝。「真的要告訴對方我真實的想法喔？」

「是的！說實話。」我提醒學員要把他們「原本不想告訴對方」的讚美告訴對方。他們彼此用殺手鐧互誇，結果令人賞心悅目，看了就舒服。緊張的僵笑走完一輪後，接著登場的就是臉紅心跳外加甜甜的微笑，友誼油然而生。是人都喜歡聽好話，何況是被殺手鐧擊中。於是乎被誇的人，幾乎都會對誇他們的人產生好感。

那他們到底聽到了什麼殺手鐧呢？「你很好笑，反應超快的」、「你眼睛好漂亮，好像會說話」、「你是舞者吧，動作好優雅喔」、「你的手好特別，感覺很會彈鋼琴」、「我喜歡你的品味」、「你牙齒真整齊」都是我聽過的真實案例。

殺手鐧可以為我們帶來什麼收穫？

我想你應該已經了解我們用殺手鐧誇人並不是毫無所圖，往往當你箭射出去，拉回來的會是一份大禮。

最近在一場派對上，我跟一位會計師朋友聊了起來。話說我得先跟所有的會計師們道個歉，因爲這位會計師朋友有點無聊，但我的意思絕不是所有會計師都無聊，請大家不要誤會，更不要對號入座！一板一眼、拿著鉛筆戴著粗框玳瑁眼鏡、算著小數點的形象絕對是一種刻板印象，我個人也很反對，勿戰！總之回到正題，當我試著爲跟這位屬於個案的會計師的閒談做個收尾時，他突然用深邃的眼神看著我說：「萊拉，」他直呼我的名字，「妳是我長這麼大，見過的女人裡最有趣的一個！」

哇嗚！等等！暫停！我的膝蓋一軟，身體感覺，嗯，是那股苯乙胺衝上來了嗎？「這人是什麼來頭？」我起了個念頭。突然間這位會計師不再無聊了。事實上，我隔週還單獨跟他來了一個兩人的午餐約會。

最終證實他還是蠻無聊的，我們也沒有任何後續的發展，但他的殺手鐧確實幫他爭取到了一次機會。

技巧40▼殺手鐧

首先，看準獵物身上的某種特質，某種一般人看不到、不會去誇獎的特質。然後正眼看著獵物的眼睛，直呼他的名字，用突如其來的恭維讓他不知所措，瞬間被你打動。

空手道黑帶的雙手就能致命，情場高手的舌頭也可以重創獵物的心防。說起來殺手鐧級的讚美是殺傷力極其強大的武器，不好輕易拿出來揮舞，眞要拿出來用也得先詳閱說明書，弄清楚什麼樣的措詞稱得上銳利而具衝擊性，深邃的眼神又可以形成何種助力。見好就收，切勿戀棧，持續糾纏只會讓獵物覺得尷尬困擾，最好留到離開前的那一剎那再出招，不給獵物時間理性思考，讓知書達禮的他只能結結巴巴蹦出一句：「天啊，謝謝，你人眞好。」不用爲了怕沒有續集而感到傷悲，對方聽不夠一定會回來續杯。

很顯然，**殺手鐧用起來不能太頻繁，一個月基本上就以一次為限，多了徒增風險而且效果遞減**。這裡的風險是你會被當成是馬屁精，不誠懇。一個原則是對方自豪什麼，你才誇什麼。

有次我在小型的戲劇表演中一人分飾八角，「我眞的很能演喔！」是我一廂情願的想法。我個人認爲最沒得發揮的一個角色，是百貨公司櫥窗裡的假人。在那場戲裡，一位男演員幾乎包辦了所有有動作的表演，我則是毫無生氣地讓他搬來搬去而已。結果謝幕後有些腦充血的觀眾會跑來抓住我的手，不知道在爽什麼地跟我說：「妳把百貨公司的假人揣摩得好好喔！我超喜歡那段的。」雖然說禮多人不怪，但這種讚美我聽來一點都不開心，我只想朝這位粉絲的大頭給巴下去，或者是戳瞎他的眼睛，反正顯然他眼睛也沒有任何功能。你可能覺得我不知好歹，但我眞的不知道這位觀眾的戲是看到哪裡去。

我想說的是，你的讚聲千萬不能跟對方的自我形象有明顯的衝突，否則倒楣的是你自己，不信你可以試試看對演員說：「你台詞記得好熟喔。」或對舞者說：「你的衣服好漂亮喔。」，我保證你是在找罵挨，雖然對方不一定會罵出聲來。你或許用心是好的，但對方恐怕不會領情，更不可能對你動情。

上面一共介紹了九種技巧，九種武器，你可以用來朝著獵物的自尊心射擊，我保證只要使用得當，這些武器都具有一定的殺傷力，但在射擊前你必須問自己一個問題，對方對好話的接受度是高是低？

第二十二章

射擊前的微調

「別急！每個人都對好話來者不拒？」

一千塊錢對某些人來說是一千塊錢，對其他人來說可能感覺像是一塊錢，甚至於對少數人來說根本不是錢。我們也可以把錢換成好話，好話聽多就無所謂好壞了。對人生勝利組來說，包括女的正妹與男的新貴，聽好話就像是喝開水，一點味道都嚐不出。對這些在恭維界天天大魚大肉的貴族來說，一般的鮑魚、龍蝦是不管用的。你得更努力在食材與料理上發揮創意，才能讓被慣壞的味蕾甦醒過來，畢竟這類對象對多半的誇獎都已經免疫。

研究顯示，帥哥美女不太會把泛泛之交所說的好話當眞；反之，長相還好的人對讚美的有無就比較計較。物以稀爲貴，得不到的總是最好，世俗眼光底下的普妹宅男對讚賞總是比較渴求。話說電影演得不對，現實中每個費歐娜都盼望著晚上會變成公主啊！史瑞克又何嘗不希望自己是白馬王子。

技巧41 不想花錢？善用讚美

正妹或新貴聽多了好話，因此在「公開市場」中流通的讚美他們往往不太買帳，對這類人你得多花點心思想新梗才有市場。

反之，如果你的獵物沒有那麼常被誇獎，他對讚美就會比較渴望，對創意也會比較不挑。

因材施教，對方心裡就會萌生愛苗。

膝反射：「你剛剛那樣好酷喔！」

膝反射型的誇讚也許不起眼但很管用，你一定要試試，不論是正妹或普妹，新貴或「新跪」，都抗拒不了這把快如閃電的掌心雷。

有些場合你是沒得選擇的，你一定要誇，而且要第一時間誇，否則你就準備得罪人了。如果他剛幹了什麼好事（眞的好事，不是反話），比方說像是簽下一筆可以吃一年的大訂單，完成了一場精采的表演，在談判桌上爲己方爭取到了理想的條件，或是煮出了一頓色香味俱全的大餐，那你第一時間的第一個反應就得歌功頌德一番。**在大功告成的當下，當事人腦子裡只會有一個想法，那就是「我表現得怎麼樣？還好嗎？」如果你不想失分，想得分，那你就要膝反射給獵物比一個大大的一百分。**

我有個朋友受邀在他所屬行業的一個大會上發表演講，很露臉的事情，所以他對女朋友的反應覺得很失望，至少他是這麼跟我分享的。他說演講一結束，得到了滿堂彩的他在掌聲中慢慢走向座位，回到女朋友身邊。沒想到她對他說的第一句話是：「快跟比爾和蘇打招呼，沒想到他們今天會來。」青天霹靂，太令人失望了，說好的互相欣賞、互相扶持呢？

隔了一拍，女朋友確實有補了一句：「你剛剛很棒喔，在台上，帥。」但爲時已晚，正解是要先說：「你好棒，親一下，呃，比爾有帶蘇來喔……。」

技巧42 ▼ 恭維界的膝反射

獵物達成某種成就之後，立刻誇獎，正面的肯定不能等。你出口的第一句就必須正面回答對方沒有說出口的問題：「我表現得如何？」，你要直來直往。

關於膝反射恭維我有最後一點想要提醒。**記得你的誇獎要寧多勿少，寧可流於誇張不要失之保守**。不確定的話，就衝了，寧可讓對方吃撐了，不要讓他餓到。萬一他超級自豪，而你只說了句「還不錯」，那獵物搞不好會覺得受辱。如果他以為自己會得第一名，那「佳作」的名次就一點也不佳了。

最先笑，才是笑

對登台跟走廚房一樣頻繁的專業喜劇演員來說，你只是眾多沉浮在觀眾席中的一張臉龐。聽著笑點流轉跌宕，你實在很懷疑台上的笑匠會有空管誰第一個捧場微笑、傻笑、猛笑。

但眞的是這樣嗎？身爲一位專業講者，我可以很負責任地說我完全知道每輪笑聲的帶頭大哥或大姐是誰，甚至連笑點跟笑聲的時間差，乃至於笑聲的投入程度我都一清二楚。

所以說各位獵人小姐要知道的一點是說起笑話，男人一個一個都是專業的笑匠，他們完全知道妳什麼時候笑，笑多久，是真笑還是假笑，就算在一群朋友之中也沒有妳打混的空間。

技巧43（女士請注意）：笑也要搶時效

獵人小姐們，女生照講都希望矜持一點，所以要跟各位分享這項技巧，我不能不說這有點尷尬，但基於職業道德我只能硬著頭皮說。

這項技巧就是聽到喜歡的男人說笑，妳不僅要捧場，要笑，要搶第一個笑，還要比誰笑得都久。這聽起來有點不好意思，但很多勇敢給它笑下去的女人，現在都已經是心愛男人的女神了。

進展到這個階段，我評估各位獵人應該已在心理上準備好學習另外一種陷阱了。這陷阱的目的一樣是要讓獵物覺得自己是宇宙的中心，可以呼風喚雨。

我們很多人小時候都有綽號或暱稱。很多現在人前一表人才的總裁羅伯都曾經是小羅，很多現在端莊典雅的伊莉莎白都當過朋友口中的白白，約翰曾經是冒冷「翰」，蘇曾經是排骨「酥」，以此類推。你一定也有過綽號吧？我的話，小時候我媽跟兄弟姊妹都叫我「拉拉」，我一直也都沒意見，直到慢慢成年我開始想當個受尊重的大人，才叫家人不要在大庭廣眾這樣叫我。名字的轉換象徵著我內心自我形象的變化，我對這一點很堅持。

但我有堅持，我從小一起長大的朋友瑞克也有，他堅持叫我拉拉。每次我聽到電話另一端傳來他的聲音，說要找拉拉，我內心就會揪一下，兒時記憶也會瞬間湧上來。拉拉這個小名所連結的回憶，現在又連結到瑞克身上。我想自己跟瑞克（其實我都叫他瑞）能當這麼久的朋友，跟他堅持叫我小名多少有關係。

童年記憶與綽號或小名都有很強烈的暗示能力，但這種能力也是兩面刃，用起來絕對要小心謹慎。主要是，不是每個人的童年都很快樂，萬一獵物的兒時過得很灰暗，那綽號就可能會帶他回到不堪回首的過往。華特的雙親從小都是打罵教育，那你叫他小華就會讓他抓狂；伊莉莎白若是受虐長大，那你光叫她聲白白都能讓她魂飛魄散。

我的意思是，要用小名這一招，市調很重要，事前功課一定要做好。

當然最好的狀況是獵物快樂成長，那他被你點到小名就會開心無比。

技巧44▼用小名要小心，但用對雙方都能開心

視場合許可，你可以問獵物小時候在家中怎麼稱呼。如果你察覺到獵物喜歡這個小名，那你就可以拼拼看說：「好可愛喔，我可以也這樣叫你嗎？」

被誇了，怎麼辦？

有天我在逛書店，我想找看看有沒有教人誇人的書，結果連個影都沒有。倒是有一本超厚的書在講怎麼給人難看，還洋洋灑灑分門別類，按場合不同詳列了好幾千種羞辱人的方法，還自以爲幽默。「嘿！你醜到連拍 X 光都要修片！」、「我不戴眼鏡，你看起來帥多了。」這類惡毒的話語都出自這本書，我不能裝清高說這些東西一點都沒有戳到我的笑點，但這樣欺負人的話對戀愛沒有任何幫助。

我想正常人不會故意去這樣羞辱人，但既然關鍵字是「故意」，那就會有所謂的

不小心，而且這有時候會發生在獵物誇獎我們的時候，神奇吧。很多人超級不會誇人的，並且連被誇的回應都很爛，這幾乎已經可以說是國民病了，我們好像就是沒辦法對誇獎我們的人好好說句「謝謝」，那也就算了，更糟糕的是有人會說：「沒啦，我只是狗屎運而已！」

如果今天誇你的是你希望交往的對象，那像這樣半調子的回應只會讓對方覺得自己是白痴才誇獎你。**回答說「還好啦，這沒什麼」或「是我運氣好」，你等於是間接在羞辱對方的判斷力，這樣以後誰要誇你。**

正解不是「沒啦」，甚至不是艾美．凡德比爾建議的「謝謝」。**你應該更進一步把正面的能量迴向給對方**。**你可以快快地、柔柔地說：「你人真好」或「謝謝你注意到」**。像這點我們應該要多跟法國人學學，他們不會光說「*merci*」（謝謝），而會優雅地說「*C'est gentil*」，基本上意思就是「你人眞好！」。

迴力鏢丟出去，是會飛回來的，於是我就給這技巧取了這個名字，因爲它的重點就在於讓對方丟出來的好意與好話可以再飛回去。人家問：「你家裡人都好嗎？」，你可以回：「喔，他們都很好啊，謝謝你的問候，你好貼心喔。」；人家問：「日本好玩嗎？」，你可以回：「好玩啊，你知道我去日本喔！（讓對方知道你很感激他記得你的事情。）我已經等不及要再去了。」；人家說：「你換新髮型喔？好看喔，很適合你。」你可以回：「終於有人發現了！是啊，想了好久才下定決心，而且這個設計師我很熟，比較放心。」

技巧45▼迴力鏢

被獵物誇，或被問到你有興趣的事情，你要把好的感覺反射回去，讓對方誇獎你的話語像迴力鏢一樣再飛回去。

作法上你可以感謝他問起你、記得你。別像個羞澀的青少年，別不好意思，用你燦爛的笑容讓獵物知道，你有多麼感激他的眼裡有你！

收到你丟回去的迴力鏢，獵物會覺得誇你眞的是誇對了。食色性也，好的感覺一樣是人永恆的慾望，這慾望一旦得到滿足，對你在戀人的心中絕對是加分。想到你會開心，他就會更常想到你，常常開心地想到你，就是在兩人的愛苗上添加柴火。

第二十三章

愛的保溫杯

「我喜歡你笑，喜歡你笑的時候噘鼻子」

讓對方的自我得到滿足，現在要介紹的最後一招跟愛情長跑有關。學會這項技巧，你跟獵物就更有可能長長久久，因爲獵物會因此在行爲上更符合你的需求，畢竟愛情即便不想成是交易，也不可能是單行道，你對對方的熱情若不能延續，那對方也不可能一直迷著你。

一九五〇年代有位知名的小兒科醫師兼嬰幼兒專家，班傑明．史帕克博士（Dr.

Benjamin Spock)，當年美國很多父母親都是看他的書在養小孩。時間拉到今天，史帕克博士的放任主義圍繞著許多爭議，但用心良善的博士至少留給這世界一項遺澤。他說過的話裡有這樣一項主張，大意是：再皮的小孩你誇獎他，都能強化他好的一面。

這個我稱之爲「史帕克流」的理念或技法用在成人身上，就是在行爲上附和對方。**清楚告訴獵物你喜歡對方的什麼跟什麼，讓他繼續做這個什麼跟什麼。**

人有多少，愛上人的理由就有多少。雖然有性愛地圖存在，但戀愛依舊與理性無關，或許是一噘嘴、一扭鼻、一蹙眉，或許是你撫摸她臉頰時討得的一抹微笑；妳愛上他，可能是那天在他家共進晚餐後，他搶著洗碗的瞬間，可能是他把車停下來救人，可能是他沒有隱瞞前女友又回來公司上班的事。

要在愛裡停泊，讓獵物爲你停下腳步，你不妨把自己喜歡對方的點，大大方方地說出來。你可以說：「我喜歡你笑的時候眼睛彎成一彎。」你可以說：「你摸我臉好害羞耶。」你可以說：「你相信嗎？我喜歡上你是因爲你在我媽面前把碗給洗了，洗得好乾淨。」你可以說：「有你在身邊，什麼困難我都不怕，愛你。」你可以說：「我喜歡你坦蕩蕩，不怕以世俗認定的缺點示人。」

我記得看過《紐約客》(*New Yorker*) 雜誌上一個溫馨的卡通，戳到過我的哭點。我記得上頭畫著的是乍看又窮又胖又累的一對夫妻，兩人在廚房的餐桌前比肩而坐。其中丈夫穿著T恤，鬍子沒刮乾淨，太太頭上戴著燙頭髮的捲子，油膩的碗盤四散，用過的尿布掛在從抽油煙機拉到冰箱的簡陋曬衣繩上，夫妻倆喝著咖啡，但馬克杯也是破的。

丈夫對著太太笑著，搭配的文字是：「我喜歡妳笑，喜歡妳笑的時候噘鼻子。」雖然亂、雖然窮、雖然累，但沒人能否認他們幸福。史帕克流的幸福。

技巧46 史帕克博士教我們的事情

想想那些微不足道，甚至亂七八糟的事情，那些你因而愛上對方的事情。然後三不五時，出其不意地講給對方聽，讓對方明白你的心意。

你的伴侶不會讀心，所以不要光說「愛你」，你要把因果也交代分明。

很多人不會細心到跟伴侶分享自己喜歡對方什麼，床上床下都是這個樣。**結果就是在不知情的狀況下，關係中的其中一方會把對方喜歡的東西從「菜單」上取下**。扭鼻子、摸臉頰，洗碗筷，可能原本是你眼中對方的「招牌菜」，但被蒙在鼓裡的另一半可能會自作聰明更換菜單，結果是兩人間的吸引力可能立刻「減一味」，甚至從根本上「走味」。

如果好吃的菜被一樣一樣拿掉，最終愛可能就會在不知不覺中流失掉，最終變得平淡而沒有任何味道。獵物對你的吸引力不見了，對雙方都不好，所以說，聽史帕克博士的沒錯，愛要說出來，就跟上館子想吃什麼就點一樣，客氣只會讓廚師不知道怎麼討好你。

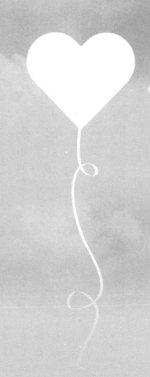

【第四部】

愛的對價

愛情裡找得到公平？我有什麼好處要跟你「逗陣」？

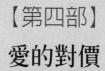

第二十四章

誰都有個價，寶貝

有次在激烈爭吵中，一個我愛過的男人對我怒吼說：「愛情就是買賣，誰都有個價。」我嚇壞了。這話能聽嗎？他怎麼能這樣說，怎麼可以把人比做東西，尤其他不是說愛我嗎？愛我還說我值某個錢，還有比這更令人氣憤的事情嗎？

在我心中，愛情等於美好，等於純粹，等於人間的至樂；我認爲愛是分享，是信賴、是毫無保留地獻出自我。勞勃．布朗寧(Robert Browning)的詩句自幼在我心中迴盪：噢，如歌的愛情，一半天使一半飛禽，滿是神奇，那慾求多麼不羈。(O lyric Love, half angel and half bird. And all a wonder and a wild desire.) 聽到情人說自己也可以列在價目表上，跟滷肉飯一樣，實在是氣煞人了。當時我氣呼呼地離開房間，不久也離開了他的身邊。

事隔多年，老了些也（希望）多了點智慧，我現在想的是：「到底是我對還是他對？」他那樣的措詞當然是很難聽，但不因措詞廢言的話，他說的內容有錯嗎？聽到有人說：「每個人都有權利追求屬於自己最大的幸福。」我們會點頭稱是；經濟學教授教我們「供需法則」，教我們「那隻看不見的手」，我們勤抄筆記；甚至企管大師在台上「布道」，說人做任何事情都會先想「我有什麼好處？」，我們聽到了眼皮不眨一下，冷汗也不冒一滴。

既然這樣，愛情有價又有什麼好稀奇？

近期科學界開始不滿足於佛洛伊德說愛是潛意識中的性慾，也不開心佛老的弟子狄奧多．芮克(Theodore Reik)說愛是爲了塡補內心的空虛，於是新一代的研究者開始「近距離」研究愛情。他們做了爲數不少的調查，也在實驗室裡忙呼了許久，都是希望能剝開人心的外皮，一探當中的究竟。結果呢？科學界有發現愛情眞實的黑暗面嗎？有跟名爲愛情的怪物面對面嗎？結論依舊是眾說紛紜，有人正襟危坐稱是，有人啞然失笑說否。

不論你看著科學家對於愛的描述，覺得那是聖誕節的雪人，是憑空想像的四不像，還是覺得科學家來報佳音了，他們說的可以相信，我都必須陳述一項客觀的事實，**那就是實證研究支持的理論是：人皆有價，正如商品，人生與愛情都是公開的市場，每一名參與者都希望以自身的籌碼交換到最好的東西**。在研究人員的口中，這樣是一個「對價」(equity) 或「交易」的概念，只不過此處交易的商品是愛情，那如果我們用買賣馬匹來理解呢？

馬子跟馬的關係？

把愛情裡的對價放到商業的概念裡，那就脫離不了以物易物跟市場價值。在商言商，什麼東西都有個價，無價只是種修辭。當然就跟東西一樣，人的價值也存在主觀的成分。但總的來說，世俗中的商品都有個行情，這一點也適用於「愛情市場」裡的男男女女，這也就是我們平常說的條件好壞與身價高低。

在馬匹交易的世界裡，有所謂的上駟與下駟，上駟可以育成冠軍名駒，下駟只能用作馱獸。在拍賣場合中，買家看的是馬兒是否「動作順暢」、「個性馴服」，有無「重大缺陷」或會不會「暴衝」？想想這些標準，好像也可以用來挑人喔，不是嗎？

馬兒的這些特質表現都會影響到拍賣的價錢。另外血統證明的有無也有差別，如果出身不夠純正，那這匹馬最好有其他的過「馬」之處，否則買家的目光就會比較難被吸引過來。

研究呼應了一件顯而易見的事情，**那就是你帶到談判桌前的籌碼愈多，你在愛情裡就容易混得愈好**。對價關係骨子裡是在追求平等或所謂的公平。雖說愛情裡沒有真正的公平，但專家說談戀愛的兩人條件愈接近、愈平衡，最終能修成正果走入婚姻的機率也愈高。

在愛情的商場裡，什麼是通用的貨幣？

愛情市場裡的貨幣有六種，不論你要是「買」老公或老婆，這六種貨幣通常對方都收。

1. 身材外貌
2. 金錢財富
3. 身分地位
4. 智識才華

5. 社交手腕

6. 內在秉性

科學家說在幸福的關係裡，雙方在上述六個單項上，表現大致都是平等的，要不至少總分加起來也得差不多。

首先說到外貌。美加德日等國的研究都顯示不論男女，他們的終生伴侶往往都跟自己在外貌上可以匹敵。一組心理學家觀察社交場合中的年輕情侶，並從一到十分給他們的外表評分，就像一九七九年的經典電影《十全十美》(*10*)裡把完美的女人說成是滿分十分一樣。這組心理學家發現六成的情侶得分只差一分，八成五只差兩分以內。

我決定把這些心得拿去測試一下。連續好幾週，我不管去看電影、買東西、跑活動或上餐廳，我都會特別留意夫妻或情侶檔，看他們長得什麼模樣，結果他們得分相差都在兩分以內。不信你可以自己試試看！

科學家說一對男女要嘛各單項都表現相當，要嘛截長補短後總分相當。看到路上有美女挽著其貌不揚的年長男人，你第一個想法是什麼？別騙了，你心裡的OS常常是：他一定很有錢！反之，看到帥哥配上普妹，你多半會想：她個性一定很好。這就是愛情裡的對價，我們都可以不要再自欺欺人了。好看、有錢、有地位，這些東西無疑都是愛情交易裡的強勢貨幣。

一九三〇年代在美國加州的奧克蘭，教育工作者觀察了在操場上嬉戲的五、六年級女生，然後也給她們的外表打分數。事隔二十年，一位社會學家翻出了當年的資料，追蹤這些女童長大後嫁給了什麼樣的老公，結果漂亮女生都嫁得不錯，老公非富即貴，至於長得較普通的就沒這麼好的運氣了。

所以說長相是我們的宿命嗎？嗯，基本上是，畢竟修養與手術能改變的也有限。但還好，**我們可以用其他方面的努力來彌補，個性好、禮數周到，乃至於才華洋溢，都可以讓你把需要的分數補齊**。

這本書裡的技巧都可以強化你的賣點，讓你成為賣相更好的產品。但如果是像外表、存款或家世這種沒辦法說變就變的條件，我這兒還是有些辦法可以讓他眼中的你看起來順眼一點。但在介紹這些辦法之前，我們先來面對一下現實，我們一起來研究一下想眞正幸福的話，另一半到底應該多正多帥多有錢，才算剛剛好。

不要不相信，客觀研究一面倒顯示，帥美跟錢錢絕對不是多多益善，人生絕不是長得好看、錢花不完，就可以跟另一半白頭偕老，然後有假就可以兩個人一直玩個不停。爲什麼？**因為長期的伴侶必須要均衡，兩人關係才可能持之以恆。都覺得不吃虧，雙方才會比較開心**。接下來我們進一步來掀開「愛情對價」的面紗，看看現實如何，我們的期待又該是如何。如果最終你還是想要把最正的妹，還是想跟鑲金的老公在家裡數錢，我再跟你說有什麼祕訣。

第二十五章

對價關係的實際運用

白馬王子或白雪公主並非你的最佳伴侶

我這一代的美國女孩在年輕時，幾乎都在被窩裡幻想過白馬王子來迎娶自己。帥氣的王子會一把將自己抱起，把自己捧在手掌心上，然後兩人就無憂無慮幸福一輩子。

我本身對王子沒什麼意見，但其實沒人規定王子一定要帥。王子可以有其他選擇，我們可以有很有錢、很會投資理財的基金王子；可以有心地很善良，總是替人著想，哪裡需要人就去哪裡的志工王子；可以有文筆很好，動不動就文思泉湧的文青王子。我們當中有人的王子是詩人，有人的王子是藝術家，有的是名演員。隨著我們慢慢慢長大，我們對王子的期待基本上不會改變，反倒是心會變大，我們會把王子擴大解釋，長大後的王子可以是享譽國際的名醫，可以是聰明絕頂的企業高層，可以是呼風喚雨的矽谷金童，可以是形象清新的政壇新星。不論他在世人眼中是誰，他都是我們心目中的王子。

獵人小姐們，妳們可能到現在都還沒辦法忘情於王子會來的夢想。嗯，我想說的是，王子會來喔。但是，如果妳先讀過關於愛情的研究，妳可能會希望他不要來！各位未婚的小姐，如果妳追求的是幸福，那良心建議是妳眞的不要嫁給王子，同樣地，各位男士最好也離公主遠一點。

我這可不是酸葡萄，見不得人家好。而是除非你是皇室成員，出生就含著金湯匙，除非你跟你的對象一樣美貌、富有、功成名就，否則跟王子或公主在一起你會伺候得很痛苦，你會一輩子被踩在腳底下。

「不會啦，」你可能會抗議。「如果我的另一半比我好看、有錢、成就比我高，或簡單講是個比我優秀的人，這樣應該就等於我嫁／娶得好，我應該會很爽吧。」嗯，研究倒也承認這一點，跟比我們好的人在一起，一開始確實有點爽，問題是這爽是有期限的，很快你就會覺得很不爽。**伴侶的條件超越你愈多，你們兩個之間的摩擦就會愈快出現**。關係中一旦出現不平衡，雙方都會有感覺，然後雙方都會想辦法恢復平衡，講白話一點，就是沒人想要吃虧，吃虧的一方就會想辦法把分數扳平。

「我們為什麼不該嫁入豪門？」

這個問題其實不難理解。因爲在不平衡的關係中，條件優越的一方必然心生不滿。熱戀時也許可以包容，但一旦蜜月期過了，王子或公主就會覺得自己吃虧了，自己應該要找更好的才對。那條件比較差的那方呢？他應該會覺得自己賺到了，很爽吧？理論上是，但實際上條件差的那方會擔心、會猜疑，會活在自卑中惴惴不安。

這樣的道理不僅適用在婚姻裡。科學家跑到威斯康辛大學面談了五百對情侶，他們問的是戀人覺得自己的伴侶對這段關係的貢獻是多是少，還是跟自己一樣。結果科學家發現雙方的付出與所得愈接近，這對情侶的相處就愈開心。而萬一有其中一方覺得自己資產更雄厚或外貌更出眾，不平衡的心理就會油然而生，事情就會難以善了。

戀人的心理不平衡是毒藥，是會啃食愛的怪物。在雙方關係不對等的婚姻中，伴侶會開始互相計較誰得到的多，誰得到的少。條件占上風的一方會開始要求一些說大不大、說小不小的事情，或覺得自己有資格想說話就說話、想安靜就安靜，對方都應該要配合，甚至於自認吃虧的一方會開始吝於甜言蜜語，親密的行爲也會變成一種籌碼。**如果這樣想的是女方，她沒說出來的想法會是自己平常都在給，「晚上還要給他睡？」；如果這樣想的是男方，他沒說出口的話會是：「我已經讓她錦衣玉食了，外遇一下是會怎麼樣。」**這是一種「我要對自己好一點」的心理。

至於在關係裡弱勢的那一方，則注定會欠缺安全感，注定會難過也得吞下去，這樣的他不論另一半決定怎麼做，都沒有置喙的空間。嫁入豪門或少奮鬥二十年的興奮感，很快會被日復一日被伴侶忽視的現實所取代。**婚嫁是一輩子的事，自己不是另一半最重要的人，絕非一般人承受得起的悲劇**。

要說到這樣的悲劇，我想最有名的案例莫過於香消玉殞的黛安娜王妃跟頭髮早已灰白的查爾斯王子。至於在好萊塢，明星的身價一秒鐘幾十萬上下，結婚離婚也跟在ATM提錢存錢一樣正常。

假設妳是個漂亮又有錢的美國公主，妳愛上了來幫老爸修遊艇，英俊又多情的水電工。相信真愛存在的妳嫁給了他，然後妳成了婚姻裡的老大，大大小小的事情包括去哪裡度假跟買賓士或寶馬，都是妳說的話才算話。剛開始他也沒意見，畢竟這一些開銷都是妳老爸他岳丈在付錢。

但水電工不僅英俊多情，自尊心也很強，時間久了他開始受不了。能跟妳結成連理他固然覺得自己很幸運，但最後他還是痛苦地選擇離開。這不是妳做錯了什麼事情，也不是他做錯了什麼事情，他是好人，妳也沒故意要欺負他，這只能說是兩人背景間巨大的差異磨光了你們的感情。他再婚的對象是咖啡店的女侍，這次他快樂多了。

「要是不平等出現在婚後呢？」

有些夫妻婚前是平等的，但婚後的意外讓其中一方在條件上掉了幾級，這時候兩人的相處就可能出現問題。

我一個朋友蘿拉是電視台的記者。蘿拉認識自己老公的時候非常興奮，因爲鮑伯完全符合她的條件。這位老公很溫柔、很聰明，而且在跨國商場上呼風喚雨。婚後蘿拉幸福地辭掉了紐約電視台的工作，隨著老公移居加州。大約一年後，蘿拉到紐約來找我玩，那段時間鮑伯每晚都會打電話來，電話這端的蘿拉聽來充滿愛意又溫順無比，一副就是夫唱婦隨，以夫爲尊的語氣。

就這樣又過了兩年，歷經生意上一連串的挫敗，鮑伯基本上虧光了所有的積蓄。蘿拉還是會來找我（當時她還負擔得起機票），鮑伯也還是會打電話來，但很令人傷心的是蘿拉變心了，一個變了心的女人什麼都說得出口。這時候電話這端的蘿拉聽起來冷酷而高傲，也會開始抱怨起鮑伯讓她放棄了紐約那麼好的工作。事實上現在她到紐約，也會順便看電視台有沒有缺，她說調回來應該不成問題，我實在不看好她跟鮑伯的婚姻可以再撐一年。

我有另外一個朋友莎莉從大學就認識。大家都喜歡莎莉，因爲金髮的她是很多人口中典型的傻大姐。她倒不是特別聰明，但她非常漂亮。她後來嫁給事業有成的花花公子吉姆，一直都很幸福，但最近她開始胖了很多，然後就聽她開始抱怨：「我不懂，吉姆對我的態度變好多。他沒有到處鬼混找不到人，但看起來悶悶不樂是眞的。他家事做得沒有以前多，找我講話的次數更是少得可憐。我們的性生活變調很多，感覺他好像不太管我的感受了。」

如果你相信愛情裡的對價關係，你就不會覺得莎莉的狀況值得大驚小怪。這只能說吉姆潛意識開始覺得吃虧，開始想對自己「好一點」。

以莎莉跟吉姆的關係變化來說，專家的意見估計會是：「這兩人結婚時，莎莉這邊提供的是美麗的外表，而吉姆付出的是好個性，這兩種都是無形的資產，而色弛愛衰，一旦莎莉不美了，吉姆的個性也就不好了，這是相對的。」吉姆不至於希望莎莉走，他還愛她，但潛意識裡吉姆會停止獻殷勤，好讓自己心理感覺平衡些。

不平衡還會出現在其中一方搞砸了的時候。**如果婚姻中其中一人外遇被逮，另外一方即便不選擇離婚，也可能進入長期冷戰狀態，直到理虧的那人彌補到夠為止，而這一**

彌補可能就是好幾年的時間。

哪些事情會破壞關係中的平衡，科學研究曾舉出一些比較戲劇化的案例來說明，當中包括其中一方繼承了龐大的遺產，或其中一方突然失業，甚至於原本明星臉的先生或太太在意外中毀容等。

這些個案並不是壞人，更不是因爲冷血才離開自己的伴侶。他們只是本能地想要在各個小事情上讓自己覺得公平一點。這樣的他們在另一半面前會少了些笑容，少了些甜言蜜語，少了些打扮的熱忱，少了些犧牲的動力。具體來說，他們會開始少負擔點家務，會開始堅持回娘家的次數，甚至會安排跟朋友而不跟另一半出國。關係一旦失衡，就會出現小摩擦，而小摩擦的火花很容易引起大爆炸。

所以說獵人先生小姐們，如果經過我這一番苦口婆心的警告與勸誡，你還是滿腦子「稍微嫁／娶好一點應該沒關係吧」，那請這邊走，聽我說。很少人能在短時間內改變自己的長相、身價，出身更是不用想，早就定了，但面對條件優於你的目標，你可以改變他們對你各項客觀條件的主觀評價。就讓我們從最難克服的一關，也是愛情裡最重要的資產開始談起：外貌。

第二十六章

外貌有多重要？

外表有多重要？我這麼說吧，在徹底做過功課，準備好要來寫這一章之後，我內心的結論只有兩條路，要嘛去韓國整形到讓你爸媽都認不出來，要嘛去戰地冒險看能不能提早投胎。對於我們大部分談不是上小龍女或花無缺的凡夫俗子來說，我先把醜話講在前頭，當然這也是實話，那就是外貌很重要，超重要，重要的不得了！

高中的時候，你應該有過同學要幫你介紹男女朋友，然後你可能會先問對方的長相。如果你的朋友答道：「嗯，她個性很好。」或「喔，他人很老實。」那你心裡就有底應該沒辦法期待太多。確實，對素昧平生的兩個人來說，外表真的很重要，這方面男生尤其膚淺。但重要歸重要，外表的優劣倒也部分取決於主觀的好惡，而既然有主觀的成分，那就有人爲操作的空間。在外貌上，老天爺虧欠我們的，我們可以用一些技巧補回來，但這關鍵不在於化妝，**而在於獵物對你的第一印象，包括你的肢體語言、自我形象與溝通技巧**，都是你可以著墨的地方。

好看？怎樣叫作好看？這牽涉到審美，而審美的標準跟文化有關。當代的美國文化喜歡瘦，玻利維亞的西羅諾族 (Sirono) 的女子會吃個不停，好讓自己胖胖的，她們覺得肥肉多，男人抱起來手感才會好。親起女生，美國男人喜歡嘴唇像丘比特的弓一樣彎彎的那種，而非洲烏班吉族 (Ubangis) 則喜歡用碟子把嘴唇撐到跟鬆餅一樣大，才符合族裡頭男人的喜好。

世界上不同的地方有不同的「美」，但有件事情不會變，那就是美不美跟帥不帥的判斷背後都存在著自然界的力量，演化與生存的本能會告訴我們什麼女人美，什麼男人順眼。即便是在二十一世紀的美國，女人受吸引也代表著她認爲特定的男人濃眉大眼，所以會是張稱職的「長期飯票」；而男人喜歡女人，也代表他認定性感是生兒育女的先決條件。結論是你如果想知道在愛情的世界裡什麼長相吃香，科學的研究都可以告訴你。

以外表而言，女生喜歡什麼樣的男生？

關於標題的這個問題，某群科學家的發現如下：

女人希望男人的外表給她們安全感，而安全感來自於性成熟與霸氣，她們會希望自己的男人有社交能力，可親而且在群體中地位崇高而穩固……。男性的個體若能兼具理想的年輕氣息，大眼睛、顴骨高聳、下巴渾厚，外加燦爛笑容與合宜的服裝，讓人覺得活潑好溝通，都可以讓女性覺得想要靠近。

女性喜歡什麼樣的男體？美國女性一般喜歡中等身材、腰部以上較以下肌肉發達的男性。研究顯示，美國女人喜歡身形爲倒V，勝過她們喜歡身材屬於梨形的異性。當然，女性對男人的品味跟她們所屬的社經階級有關，比方說社經地位相對較低的女性就會偏愛肌肉男，而高所得的白領職業婦女則會覺得肌肉太大塊有點噁心，她們會喜歡黝黑、精瘦、對外界刺激敏感的體型。

身高呢？很多人可能會直覺地想說身高一定是多多益善，愈高愈好，畢竟主流的文化都以高爲尊。確實，美國自一九〇〇年以來的總統大選對決，勝出的幾乎都是兩位候選人裡比較高的那一位。《華爾街日報》(*Wall Street Journal*) 曾經報導，大學新鮮人裡個頭高的，薪水也比較高。如果拿六呎二吋（約一八八公分）以上的大學畢業生跟不到六呎（約一八三公分）的兩組畢業生來比較，前者的平均起薪就要比後者高出十二・四%。不過這是在職場上，如果是在情場上，高就不一定永遠吃香了。**女生不分大中小隻，都可以很公平地看待男生的各項特色，惟獨身高這一項她們有固定的偏好，而勝出的並不是高，而是剛剛好的「M號」**。

說到大小，流行文化第一個想到的可能就是男生「那話兒」的大小。而關於這點我只能找到近期在女性雜誌上的文章參考，裡頭就有問到「大眞的比較好？」不過作者並沒有斬釘截鐵地做出判決，大抵是怕總編的老公看到崩潰吧。但這篇文章的插圖倒是很誠實，兩位美女在地板上打滾狂笑，其中一人把小指舉高高。

男生喜歡什麼樣的女性外表？

被專家問到喜歡什麼樣的異性外表，男生比較沒辦法說得那麼清楚。典型的回答是：「嗯，天啊，嗯，那個，你知道，咳咳，嗯，我喜歡漂亮的。」問題是什麼叫漂亮？漂亮應該長得什麼樣？所幸科學家不是白叫的，他們打破砂鍋問到底，從正常男人口中問出了一些東西。

首先，瘦確實好，尤其對女生來說。**分析過徵友的廣告之後，研究人員發現在合計二十八項白紙黑字印出來的條件當中，瘦最受男生看重**。當然老話一句，凡事都有例外，瘦等於好也還是要看個案男性的背景與個性。外向或中下階層的男生喜歡胸臀大點的女人，內斂而高階層的男人則偏好小骨架的女生。

一群背景各異的男性分別看了一組三級片風格的大胸裸女照片，又看了衣服穿好好的美女照片。事後被問到他們想跟哪一種女生嘿咻，結果我想不用說，大家也知道是前者。但被問到想把哪一種女人娶回家當老婆，所有男人不分社會階級，都異口同聲回答選了扣子都有扣的女人。高社經地位的男性甚至多半連要車震，都選老婆型、惜肉如金的女性，順道一提這類男性的愛車即使不是雙B，也至少是奧迪。

比較可惜的是這些研究沒針對女性的五官多所著墨，畢竟男生不像女生，會對生活中的大小細節那麼注重。

有段時間，對稱等於美，但這已經是過去式了。曾經，男性希望異性的膚色以偏淡爲宜，女生則希望男生黝黑平均。但美國這個大熔爐或沙拉碗可不是叫假的，金髮碧眼、天使小臉早已不是唯一的美，今日很多公認的帥哥美女，都應該很慶幸自己沒有早生個一、二十年或更久以前。說到美，現在有現在的玩法，我們現在講究的是整體的「觀感」，而這個觀感最棒的一點是可以與生俱來，也可以後天調製而成，你需要的材料包括一點點大腦、一點點想像力，跟一個化妝包。

這所謂的觀感說來抽象，我們能歸納出的是男女都希望心儀的異性能膚色均勻健康、身材緊實纖瘦、髮絲滑順有光澤、眼睛明亮有精神，一言以蔽之，我們都希望自己的另一半看來健健康康。

「我要怎樣讓獵物覺得自己比其他人好看？」

美麗很難客觀存在。森林裡的一棵樹倒了如果沒人聽見，那就跟沒倒一樣；高爾夫球一桿進洞如果沒人看到，那就跟沒進一樣。我想說的是，沒人看見的東西就無所謂美醜，美麗必須有人看見，看見才能產生感知，感知才能促成判斷。你給人的整體感受取決於髮型、服裝造型與內涵，其中內涵本書不談，各位讀者可以另外去找專書，我們現在就講外型的部分，你可以如何去改變獵物對你的「看」法。

我之前在研究哪種外型討喜的時候，剛好一個朋友寄了捲錄影帶給我，內容是美國廣播公司（ABC）新聞性節目《明察秋毫》（*20/20*）的某集，那集的主題正是外貌的吸引力。在某個片段裡，一位正翻的金髮美女（ABC花錢請來的演員）假裝車子拋錨，往公路邊一站，來來往往的車流紛紛緊急煞車，一堆房車車主跟卡車司機寧冒生命危險橫跨對向數個車道，也要過來英雄救美，就連去幫美女買幾公升散裝的汽油，都一堆男人搶著要跑這趟腿。

接下來的對照組也是女演員上陣，劇本也都完全一樣是車拋錨困在路邊，這第二位女演員的很多條件也都一樣，包括開的車與穿的衣服都跟前一位同事並無二致，唯一的差別就是這第二位女演員沒有剛剛那個漂亮，至少根據製作人的眼光是如此。那麼，節目的進行是不是有繼續出現緊急煞車聲？男人有沒有繼續不遠千里違反交通規則來伸出援手呢？答案是否定的。車流繼續呼嘯而過，一、兩輛車稍停但駕駛一看到受困女性的長相，就又踩下油門加速離開。眞正停下來的車子只有一輛，但駕駛也只跟她說明哪裡有加油站就閃。

實驗做完，節目主持人訪問了比肩而坐的兩位女演員，這時我按下了暫停鈕，想好好看一下兩位女演員的長相。我仔細端詳了第二個演員，然後是第一個，看著看著我覺得這兩人沒有差很多嘛！當然我不能排除因爲我是女人，所以不準，我想說那不然找個男生來問問。我把定格的畫面讓一位男性朋友看，他也呼應我覺得兩人差不多的看法。

所以問題出在哪？我把整段節目放給這個朋友看。「喔，是了！」他頗具權威地說，「我看出來了，第一個女演員好像是比較漂亮！」

爲了解開這個謎團，我前後看了三遍這錄影帶。我發現第一個女演員會對著經過的車輛笑，會抬頭挺胸，會把頭髮向後甩，把雙峰挺出來。這樣的她看起來就是開心、風趣、有自信，也更加美麗。第二個女演員只是乾乾地靠著拋錨的車，臉上的表情寫滿了沮喪。她不瞄過往的車輛，也不太笑，兩手橫在胸前剛好把還蠻有料的上圍給擋住。她看起來就是不開心、不滿意、沒自信，不美麗。**美麗的女性不僅靜態不一樣，動態也不一樣**。

從這樣的觀察出發，我就想到了一個技巧可以改變獵物對妳外表的觀感。**妳應該要使用肢體語言來詔告天下妳是個有自信的美麗女人，動態中的優雅與熱情是妳最好的化妝品**。只要動起來，普妹會變正妹，正妹會變大正妹。

技巧47▼（女士專用）：美是一個動詞

整型一定要去韓國？還是自己來就行。我認為自己來更好，而且這種整型還不容易讓男人看出破綻。

相對於去韓國做物理整型，妳可以在家給自己心理整型。對自己說妳是最美的，是佐佐木希、金泰熙、堀北真希合體，然後帶著這種心情去做每件事情。

這種辦法男生也可以用嗎？當然！你的內心影響你的動作，動作又會影響到你的外型，這一切女生都會看在眼裡。

最近在一次研討會之後，有位男士向我討教搭訕的技巧。這位男士稱得上是帥哥，但不知爲何有點駝背，垂著的兩手好像是多餘的，不知道該往哪裡放。應該是出於害羞，他的眼睛不時看完我又飄走，期間他問了我要用什麼話跟女生開口。我實在很想把他搖醒，想對他說：「嘿，說什麼沒那麼重要，你先把腰桿挺起來好不好！」女人想要的是既強壯又有自信、有男子氣概的你！

技巧48▼（男士專用）：看起來帥，做起來會更帥

是個男人，動作就要強壯、果決、順暢。走起路來要展現力量，就好像你永遠知道自己要去到哪，到了那兒要幹嘛。

過街可以攙一下女士的手，幫她開車門，擋個頭，隨時讓她覺得有你保護真好。

數不清的科學研究把外表跟愛情當成主題，於是我們得出了下面這則獨特的必殺技。這招絕對可以大大提高你在愛情中的勝率。

一擊必殺的準確率如何提高

如果我說你只要好好去研究一下先前提過的那些研究論文，你就可以增加自己脫離單身的機率，你相信嗎？相信吧！

每晚在許許多多單身酒吧裡，男人一開口就出師不利，女人卻只能聽著青春流逝而回家獨自傷心，生理時鐘的滴答聲聽來就像定時炸彈一樣令人膽顫心驚。話說各地想婚的男女都受夠了參加婚禮，他們希望的是辦自己的婚禮。爲什麼事情不能有完美的結局？太多單身男女光有結婚的心，卻不懂找愛情的道理，找錯對象又用錯方法，想得到眞愛自然是緣木求魚。

如何提高自身的勝率？是很多人的問題。首先，照照鏡子，找外貌跟你同等級的男士或女士，切勿越級打怪，免得輸太難看。對男生來說，放棄正妹不看確實是很難接受的事情，是男人都希望自己的女朋友愈漂亮愈好，但老是被打槍也不是辦法，畢竟人的尊嚴也經不起一而再、再而三的打擊，是吧？對女生來說，只要稍有幾分姿色，男生的條件又沒有好到天上去，那倒追可以說是相對容易，而且女生比較少看外表而多看內涵，不容易好高鶩遠，所以成功的機率又更高了。

對了，剛剛說到照照鏡子。你可以先看看鏡子裡的自己長得什麼樣子，當然你可以作弊，可以先把自己的狀況加以打理，這都沒有問題。但一旦站在鏡子面前，就麻煩你一定要客觀一點，給自己在一到十分之間打個分數。如果你自己打不下去，那就找個貼心的好友幫你扣扳機。你到底是個四分、六分、還是八分的男／女生呢？總之，自己的分數有了，下一步就是看看你「肖想」的對象又是幾分。**如果獵物跟你的差距只有一、兩分，那就衝吧！要是差太多分，我的建議是就算了，硬上太不科學了。**

你喜歡接吻，喜歡抱抱嗎？心理學家的看法是，雙方等級差不多的情侶相處起來會比較熱情。科學家觀察派對上的情侶或單身者聚集的場合，結果應該不難猜。沒錯，如果某對情侶長得一樣美或一樣普通，那麼他們的相處模式就會比較親密，比起差距大些的情侶，他們更可能會兩小無猜，更可能可以觀察到兩人專屬的小動作。科學家統計「同燈同分」的伴侶中有六成會磨鼻子，四十六％會「起腳動手」，但「美女與野獸」或「王子鬥惡龍」的搭配就只有二十二％的情侶會時不時互相觸碰。

什麼人玩什麼鳥，沒那個屁股就不要吃那麼強的瀉藥，這樣比喻或許粗了些，但也不會有殘酷的現實粗。

技巧49▼魔鏡魔鏡，我知道我不是林志玲（也不是金城武）

想大幅提升你獵殺的成功率，那就不要越太多級打怪；簽約金太低就不要出國了，你升不上大聯盟的。這樣的道理也適用於愛情。

下一章我們要討論愛情對價裡的其他兩項商品：財產（錢）跟地位（身分）。

第二十七章

有錢人或名人怎麼追

這本書還在寫，我就已經忍不住到處跟人說我在研究戀愛的科學解釋。如果被我抓來「開示」的人剛好單身又想戀愛，我就會問他理想中的情人模樣。對此大多數人的回答都非常制式，反正不外個性好、有愛心、孝順、聰明，但偶爾也會有人甘冒大不韙，大談自己希望找一個有錢有勢，學歷高外加家世背景好的另一半。其實要我選的話，我是不太願意寫這樣的一個章節，硬要寫我其實有點彆扭，但現實就是現實，愛情也有所謂的市場機制。如果你就是一定要藉婚姻「向上流動」，一定要替自己找到好買家，那你必然得把自己的賣相弄好一點。關於怎麼樣看起來更美、更帥、更聰明、更優雅、更貼心，本書自有其他部分交代，我們現在就專門來談談怎樣看起來更有錢、更屬於上流社會，好讓同屬權貴的獵物看見。

有錢人長得什麼樣？

怎麼穿，看起來才會血統不凡？嗯，顯然你首先得收起夏威夷衫，夜市三件五百的東西也不能看。有錢人從來就只穿好東西，所以他們一看就知道你衣服的祕密。要眞正從頭到腳有錢，你眞的得從髮型顧到腳底按摩，不能有任何一丁點破綻。找個貴一點的設計師、買支入門的勞力士，外加一些首飾，這些都是必要的投資。

大賣場牌的任何東西都得嚴格禁止，否則你其他的打扮都會被拖下水，搞不好幾萬塊的投資就功虧一簣。舊襪子也得是名牌，新襪子夜市買的也不穿，就這麼簡單。

技巧50▼讓GU看起來像LV

男生襯衫不妨量身訂做，沒你想像中貴但效果奇佳，西裝也找老師傅處理好翻領、袖釦開口、口袋上蓋、縫線等細節。

小姐們，妳可以買成衣，但還是不可以買雜牌，名牌依舊是必需品。

投資必須投入本金，這是亙古不變的道理，所以說要釣大魚，你身上的行頭都至少要價值百元美金以上，頂多男生的內衣跟襪子例外。

有沒有錢可以聽出來？

語言其實也是一種階級的裝飾品。不過，有錢人說話其實不會是炫耀文，比方說他們不會說：「司機早上開賓利帶我到 LV 載昨天的戰利品……」，但你確實要小心自己的遣詞用字，主要是不要在說話當中露出你拮据度日的蛛絲馬跡。**說話委婉或繞來繞去，除了表示沒信心，也是你窮的證據**。在英國，階級是個可以很敏感的話題，而就在這樣的背景下，作家南西．密特佛 (Nancy Mitford) 在雜誌上發表了一篇文章談到階級與語言的關係，當中她按照語言的使用習慣把英國同胞區分成天龍人與非天龍人兩類。

那期雜誌一上市，就讓英國舉國掀起了一番熱烈的討論。倫敦的《觀察家報》(*London Observer*) 的記者菲利浦．托穎畢 (Phillip Toynbee) 評論說：「這篇文章可以拿來當成交友圈的試金石，你的朋友是不是天龍人，一試便知。」密特佛舉了好些例子說明天龍人跟非天龍人的差別。正港的英國天龍人跟新面孔打招呼會說「幸會」。如果這個新面孔也是天龍人，那他的回覆便會是句看似漫不經心卻帶有殺氣的「幸會」。沒錯，天龍人之間就是會這樣高來高去，看似有答又像沒答。反之，如果這菜鳥是非天龍人，那他就會當眞，然後他說出的回答就會是「幸會幸會，眞的是很榮幸能認識您啊！」，甚至更沒見過世面的還會說出像「幸會幸會，能見您一面好幸運啊！」

另外一個會讓我們身分曝光的語言習慣，是爲求客氣而說話繞來繞去的，要知道眞正的大咖講話都是很直接，有啥說啥。社會裡的中產階級甚至中下階層會說「某某某身價很高」或「誰誰誰混得很好」，但大咖會照實說「廉盛文很有錢，差不多跟我一樣有錢」；非天龍人會說「你有沒有紙巾？」，天龍人會直接說「我要衛生紙」。

有人會說那是英國人龜毛，那美國呢？我們在美國會用語言標記階級嗎？很不幸，我們也會。而且從某個角度來看美國更糟，因爲我們還不敢承認。

要追天龍人，就直接一點，有啥說啥，東西有名字就叫，不要拐彎抹角。這完全是心態問題，馬桶就是馬桶，不用說馬桶座；廁所就是廁所，不用特意說洗手間；陰莖跟陰道都是很正常的名詞，不用說「那話兒」或「妹妹」或「私處」甚至「那裡」；美國的有錢人如果提到「家族的珠寶」，指的不是家中兒子的「睪丸」，而是保險箱裡的鑽石。如果有些字你實在說不出口，那就用法文代替，現在在美國說法文的「尾椎」(*Derriere*)，要比用英文說「屁屁」(backside) 夯得多。

技巧51 讓人聽著感覺你有錢

要嫁進天龍國或娶到小龍女，不表示你得一口標準的國語或聊天時要翻字典，事實上剛好相反，你應該少用些讓人愈聽愈迷糊的「委婉語」。前面提過你可以當鸚鵡，照著別人的話講，這樣出糗的機率就可以降低。

社交場合遇到天龍人，講話的方式可以稍微注意一下，聲音放低、放軟、咬字清晰是三個原則。我曾經下定決心要把說話聲音搞定，於是找上了一個演員朋友芭芭拉，我要她教我話要怎麼說，要知道聲音超甜美的她可是靠嗓子吃飯，好多跑車跟精品手飾的廣告都是她在幕後配音。

我知道芭芭拉自費花了好幾千美元（六位數台幣）去上發音課，於是我跑去問她都學到了些什麼。我想知道她這錢花得值不值得。

「超值！」她說，「但歸根究柢就一個祕密。」她用她幾乎可以止飢治病的天籟之音說：「咬字！每個音節都要照顧到。」

技巧52 階級高低可以聽出來

有錢人說起話來最大的特點，就是每個音節都不會落掉，都會清楚咬字。「這樣子」就是「這樣子」，不會變成「醬子」；「好了」就是「好了」，不會變成「好惹」。

天龍人都聊什麼？

想去天龍國晃蕩找機會，你至少得會說天龍國的話。而要融入天龍國的話題，你可以豎起耳朵聽他們都在聊些什麼。聽得夠多，你就會知道哪些話題就是行，就是會讓天龍人一聽就醉，一聽就沉迷，哪些話題就是顧人怨，天龍人一聽就醒。具體一點說，天龍人喜歡談論藝術，多少錢不是重點，提了俗氣，聽了煩心。畢竟能夠不看標價，想到就買，不用貨比三家，才稱得上有錢人；天龍人喜歡聊時事，但不喜歡聊太多政治；歌功頌德打O，尖酸刻薄畫X；副業過來，正職退散。

很偶爾很偶爾，我會受邀（以勞方代表的身分）到一些大老闆富二代出沒的場合，他們來我這躲躲要錢、要贊助的邀約，讓耳根清靜清靜，我則大談自己的工作。但談歸談，我會記住不要在這種場合裡笑得太開心、太飢渴，更不會問人：「你在哪裡高就？」或「您是做哪行的？」因為生在對的家庭，這些人可能從來不知道什麼叫作上班，他們就算有工作，也多半不是為了錢。

至於更多有頭有臉的天龍人，你知道他們的工作是應該的，那是常識，你還要問那就不對了，那是在汙辱人。

技巧53 「你是做什麼的？」很恐怖，不要問

要會讀空氣，要會動腦筋。聽著別人聊天就能抓住重點，是種很實用的能力。血統純正或地位尊貴的天龍級獵物都很難伺候，一個不小心就會踩到他們的痛腳，所以走路要長眼，不要丟自己的臉。

很重要的一點是平常很多人愛問的「那你是做什麼的？」，千萬不要問，問了你就臭掉了。你會問郭台銘先生是做什麼的嗎？會這麼問就表示你跟在場的不是同一種人。

見人說人話，見神說神話

天龍人儼然是現代社會裡的神，神衣、神宅、神車，他們連說話都很神。他們的愛車不見得最大台，但他們會刻意不買廉價的小車。談吐也是一樣，他們不會刻意用很艱澀的字眼來突顯自己，也很肯定不會用很幼稚的口氣來貶抑自己。

要不被踩著名牌的名人一併給踩在腳底下，不被他們的功成名就壓得喘不過氣來，請使用雙節棍，嗯，不對，是要用「某氏大辭典」，某氏就是你的姓氏，比如說你姓韋，名小寶，那就是「韋氏大辭典」。這本辭典裡收錄了你常用的語言，包括最基本的「好棒！」跟「漂亮！」你常在內心說「金城武好棒！」、「林志玲眞漂亮！」，是吧！

這還沒完，這之後請你去書架上找別本辭典，查一下「好棒」跟「漂亮」有什麼其他說法，然後把你找到的一大堆說法帶進「試衣間」，套套看哪些跟你的個性合拍，可以的就將之收錄到你的個人辭典裡。那麼獵人先生們，下次你需要誇讚心儀女生很漂亮的時候，不妨試試新學到的字眼說「妳這打扮太犯規了吧」、「太閃了，我瞎了」之類的；如果稍微不熟，你想客氣一點點，也可以說「妳今天眞的是太吸睛了」或「我的視線完全被妳吸住了」。

獵人小姐們，如果妳要誇獎知書達禮的帥哥很優秀，不一定只能說他「聰明」，妳可以試著說「哇嗚，我怎麼沒想到？你怎麼想到的！」，妳還可以說「你腦筋動得真快」、「你很有創意」、「你眞是百年難得一見的練武奇材」。

用於天龍國裡的人中龍鳳，誇獎的語言自然不能俗不可耐。編纂一本你專用的、有你簽名的社交辭典，用這些話語來突顯你的存在，久了你絕對會賺。一開始覺得生疏的話，可以先在親朋好友身上試試看，熟了之後再正式上場比賽，新鞋穿久了就會合腳，你只需要一點點勇氣，一點點等待。

技巧54▼「某」氏大辭典

為了讓人覺得你氣宇不凡，多用些不一樣的語言來展現你的內涵。氣質再好也不妨來條項鍊烘托，而精采的話語正可以是從你口中流瀉而出的那串珍珠，相信你的天龍國帥哥一定會識貨。

第二十八章

用其他籌碼來抬舉自己

書讀的多、應對進退的能力強、內涵與個性好，都是可以善用的資產

到目前爲止，我們討論到的都是怎麼樣抬高你的身價，美化你的賣相，手段則不外乎讓獵物感覺你比本人更帥、更美、更有錢，更值得他高攀。但在前面提到過的愛情對價關係裡，外表、身價與社會地位高低只不過是當中的三種「通用貨幣」。當然，這三樣東西絕對重要，科學家已經這麼說過了，但它們絕對不是至高無上的三種愛情貨幣。在眞實的世界裡，很多人對於年輕貌美、名利雙收只是還好而已，他們更重視的是我們接下來要介紹的三寶：智識、人緣、內涵。

首先談到智識，或知識。知識的追求與學習是一輩子的事情，活到老學到老，人才能開心到老，所以說年長者也得學電腦。而學習除了增加知識，也可以提升我們的「智能」，而智能在愛情裡，也是非常有價値的「不動產」。

包括我在內，不少女性都喜歡男人帶點頹廢但又專業，叼著煙斗、身穿毛衣而手肘那兒有塊麂皮，我們覺得這樣非常性感。我曾經愛上過一個在別人眼中又窮又不起眼又宅的男人，只因爲他對電腦無所不知。他對於資訊科技所知之多、之廣，讓我另眼相看，也讓我油然而生見賢思齊之心。獵人先生們，**工商社會裡一個趨勢是女性會希望自己的另一半能在工作上助她們一臂之力，所以說，對於聰明的、有抱負的女性來說，你的才華會讓她們垂涎欲滴。**

人緣與相應的外顯個性，是可以在愛情市場中流通的第五種貨幣，本書中的技巧若與人緣、與個性有關係，你都要特別留意。

最後一種愛情貨幣，重要性絕對不墊底，這玩意就是你的內涵，或者是我們說的內在秉性。事實上，內涵搞不好是你愛情裡最重要的東西，因爲這是你之所以爲你的根基，埋在你心底。要讓人愛上你，正確的作法是時時抱持著善念，不求回報地對你喜歡或不喜歡，或無所謂喜不喜歡的人好，施比受更有福，但不用想著會有什麼福，只無私地付出。對伴侶要忠實，用錢要節制，日常生活要隨和有彈性，小事不堅持。

這些都只是舉例，重點是你的內心。你或許沒有這樣想過，但一顆善良的心也可以催生出愛情。總結一下，我們每天醒來都要努力學習，讓各種社交經驗累積，然後也要讓自己內心保持純淨，這些能力或特質或許無色無味無形，但都有助於我們得到夢寐以求的戀情。

技巧55 ▼ 無形資產也是你身價的一環

要讓自己的身價提升，就要不斷學習，不斷充實自己，發展自己的個性與社交能力，當然也不要失去自己的善念與本心。這三種東西合體，對異性有著超強的震懾力！

第二十九章

推一把，讓獵物往愛河裡滑

讓獵物為你服務

愛與被愛，是苦甜參半，是痛苦與幸福交纏的循環。喜歡的人爲我們做了些什麼，我們開心；同樣地，我們替喜歡的人做了些什麼，開心的好像仍然是我們自己。但就像在物理學中光速恆定是一個前提，愛情裡不變的是對價關係，時間久了我們不會一直單方面付出下去，我們還是會抬頭看看記分板，我們還是會盤算著誰做得多，誰給得少，自己的付出有沒有回收？

不過有一點是在愛情裡付出與得到不見得是我替你做什麼，所以你要替我做什麼，而有可能是我替你做了什麼，你說「知道了，謝謝。」喜歡的男生車子拋錨，女孩會很開心地開車送他上班，妳不會需要他哪天也來送你，妳只要他說一聲謝謝就行。同樣地，男生送女生花，並不會希望她哪天也來回送一下，而是希望她當下能嫣然一笑。我們有非送人家上班或非買花給對方不可嗎？當然沒有，一切都是出於我們想這麼做。

那我們為什麼想這麼做呢？答案很明顯，我們這麼做是因爲我們愛對方，或至少我們心裡是這麼想的。

愛情遊戲裡好玩的地方就在這裡。「付出等於愛情」是一個我們可以善加利用的定理，我們可以操作這一點來讓獵物以爲他們愛上了我們。這現象被專家冠上了「認知一致性」理論（Cognitive-consistency theory）的名稱。個體會盡全力維繫心理認知上的協調，一旦遇到認知失調的狀況，人類會設法去排除矛盾，回復和諧。說白一點就是對人類來說，我們的行爲必須跟想法一致，這很重要，行爲跟想法不一致，就像方向盤跟輪子轉不同方向一樣，那是很恐怖的事情。所以說，人不管做什麼事情，我們都會希望自己是出於自願，我們會這樣給自己催眠。

有時候去做志工沒拿錢，我們反而會覺得這樣的經驗更可貴。研究顯示志工付出的愈多，犧牲愈大，他們對所屬組織的認同也會愈強；如果說有錢可拿，那我們就會傾向於把一切當成是在工作，是勞心勞力去換取金錢，而不是出於自願。

更進一步來說，人會觀察自己的所作所爲，並且本能地調整自己內心的想法，也就是所謂的腦補或自圓其說。我們不會坐視自己的行爲與想法出現分歧。我們會在內心的小劇場對自己說：「天啊，我在社團裡眞拼，不過也難怪啦，我對排球有熱情嘛，不是嗎？」這就是我們防止自己認知失調的機制。因爲如果他們繼續拼命練球，但又不覺得排球好玩，那不是精神錯亂就是在「莊孝維」，這種狀況我想很少人會坐視，不論我們在這兒討論的事情是排球、是棒球，還是交男女朋友。

> 你如果發現自己替某人在做的事情本身沒什麼好處，發現自己面對某位異性正處在一種無私的狀態，那你的大腦就會判定你喜歡這個人，以避免產生認知失調，要知道人不管做什麼事情，再小的事情，都需要一個理由或動機。
>
> ——D. J. 貝姆，《自我知覺理論》(*Self Perception Theory*)

我們不僅會觀察別人，也會觀察自己。我們的「自我知覺」很大一部分是來自於自我觀察。**因此如果我們替別人做了什麼對我們本身沒什麼好處的事情，我們內心的**

OS 就會宣布我們愛上了這個接受我們好處的人。

如果你早起去載獵物上班，或出國會特地幫對方帶東西回來，那你跟這人之間一定有點什麼吧？否則你幹嘛大費周章，否則日幣再便宜，你也沒必要花血汗錢買自己用不到的東西，是吧？這樣的原理正好可以供我們用來在獵物的心中混淆視聽，埋下戀愛的種子。

技巧56▼讓他為你做點什麼

讓獵物幫你點什麼忙或送你個什麼小禮物，然後你可以謝謝對方，但也就是一般程度地謝謝他就好，不需要感激涕零。重點是表現出獵物對你好很正常的樣子。認知愈協調，獵物就愈會相信他愛你。

一點點提醒，這技巧跟所有其他技巧一樣，都不要做得太過分。過了一個點，獵物會覺得自己陷得太深或你在占他便宜，那可就不好了，你有可能會因此弄巧成拙。

嘿！說好的「如歌的愛情，一半天使一半飛禽」呢？

「照這樣說，」你會想問，「純潔美麗無私的愛情，要到什麼時候才會降臨呢？」夫妻結褵時承諾的白頭到老、至死不渝，要到什麼階段才不會是修辭或話術而已呢？

我們當然可以期待這樣的愛情，但這需要時間。事實上，關於愛情這檔事，勞勃．伯恩斯筆下的無私，跟科學家研究中所顯示的自我中心，兩者並非完全不相合。很多情侶或配偶長年廝守在一起，很幸福，也很相愛，但天氣好的時候你抬頭一看，還是可以看到他們頭頂上有一塊大大的記分板。**神仙眷侶是先把公平的問題給搞定了，才可以每天看起來這麼開心**。

夫婦間很多主觀的價值判斷，並不足以爲外人道。從外人的角度去看，很多婚姻關係並沒有達到平衡，我們會自以爲是覺得其中一方吃虧了，但一對男女會彼此承諾終身，那他們之間的記分方式就是以天、週，甚至於月來當單位。所以在特定的時間點上，一對璧人的分數可能會互有領先，比方說某位在紐約的太太可能會支持她台灣的老公拍電影，但他足足有六年都沒有戲拍，這時候我們會覺得太太好可憐，但後來老公成名了，變成了國際知名的大導演，這時候我們才又會覺得原來太太眞的是懂自己的老公，現在才能沾光，跟老公一起分享功成名就的喜悅。

但如果不公平的時間超過六年，而且最後什麼也沒有得到呢？不是有很多老婆照顧生病的老公，或者是反過來也通，一直到生命的盡頭嗎？嗯，**我必須說能相伴相依，**

本身就是一種付出，互相陪伴就沒有誰付出多，誰付出少的問題。有人可能會覺得我在強詞奪理，但很多照顧老伴到死的人，眞的就是在「報答」對方陪伴自己度過那麼多美好的年月。

兩個相愛的人一旦承諾彼此終身，一旦上了同一條船，就不會因爲利益上有些傾斜而翻船，但前提是這船的平衡必須及時修正回來。只有達成了長期的平衡，永浴愛河才有眞正的可能。**還在交往的階段我們可以接受對方的好意，但聰明的話，想要有結果的話，我們就應該要懂得禮尚往來。**

爲什麼我會一直強調愛情要公平呢？因爲在公平的舞台上，我們才得以展現許多精湛的技巧讓對方愛上我們。事實上，本書提及的所有技巧都是設計來讓你看起來更搶手，讓獵物跟你陷入愛河得更快、更深。

【第五部】
約會初期的兩性鴻溝與橋樑

真愛存在嗎？

第三十章

「我希望他／她不像其他男／女人一樣討人厭」

看過一九七七年的電影《安妮霍爾》(*Annie Hall*) 嗎？裡頭演到黛安·基頓 (Diane Keaton) 跟伍迪·艾倫 (Woody Allen) 第一次出去約會，黛安·基頓的角色突然迸出一個念頭：「拜託，希望他不要跟其他男人一樣討厭。」說起來每次有人跟你約第一次見面，腦中閃過的大抵都是這同一件事情。

剛萌芽的愛情，是纖細而脆弱的花朵，每朵花瓣只消其中一方的無心之過，就可能在轉瞬間掉落，很多對的第一次約會就這樣變成最後一次見面。亂開玩笑、吃麵很吵，哪壺不開提哪壺而踩到人家的痛腳，任何一點點差錯都可以讓愛情墜毀，隨即在跑道旁燃起熊熊大火。哪天有了感情基礎，同樣的口無遮攔或無心之過或許就無傷大雅，但那是之後的事情了。

我們現在要討論的「差錯」都跟性別有關，而且許多行爲如今是一次都不可以犯，犯了就是直接推出去，罪無可逭。很多以往男尊女卑或性別成見根深蒂固時可以的事情，現在都會讓人跳腳到一個無以復加。或許在某個平行宇宙，或者是回到未來換個年代，男人就可以星期五晚上都只跟自己的麻吉出去，免受太多責難，就可以在飯桌上隨時隨地叼支菸在嘴邊，女生只能帶著眼角的淚與嘴角的笑，默默地吸著那二手菸。男主外女主內，曾經是社會奉行的圭臬，婆媽之間也只能話家常，國家大事最好不要置喙。男人總是覺得女人聚在一起就應該聊些有的沒的，好讓他們可以去思考那些眞正重要的事情，包括哪個牌子的香煙比較好抽，哪種威士忌比較順口。

但時代不同了。以前有人可以大言不慚地說：「這是天底下的男人都會犯的錯！」、「女人就應該像個女人！」，但現在有誰敢這樣講，絕對不會有人留你，這話誰聽得下去你去跟他在一起。進入二十一世紀，女性想望的是可以分享內心感覺的新好男人，而男性要的是可以陪他們上山下海，幫他們養兒育女，進得了廚房、出得了廳堂，還很樂意陪他們上床的十項全能女超人。

像這樣的好男人跟女超人，眞的存在嗎？這其實是一個「純學術性」的問題，因爲我們要處理的不是現實中的眞實，而是獵物感受到的眞實。接下來第五部分要談論的技巧可以幫助你說服獵物你並非池中物。你將能夠在對方心中確立爲一個有感覺的男人，或是個可以報名雙人攀岩課程的女人。

獵人先生們，試著在言談中加入我等會兒要推薦的一些字眼，你的獵物一定會在內心竊喜：「終於有個男人沒被抽掉全身神經，終於有個男的知道我在說什麼了。」；獵人小姐們也是一樣，妳不妨按照我給妳的建議，在跟獵物的交談中穿插一些特定的用語與口氣，我相信妳喜歡的男生一定會暗暗感激涕零，心想：「老天爺終於讓我遇見一個講理的女人了，她懂我，我們可以溝通，這女人眞特別，我戀愛了！」

如果你的獵物是受過傷的人，那第五部分的內容就更值得你細讀了，因爲這樣的她／他害怕談戀愛，常常一點點大男人或小公主的氣息就能讓他們逃離十萬八千里。在這第五部分裡，我們會討論到哪些與性別相關的錯誤要在第一次約會避免，我會告訴你怎麼避開陷阱，省得你才剛開踢就被紅牌趕出去。

「我要我的男人可以跟我聊天、跟我對談、跟我溝通，我希望我男人的內心有部分是女人。」

我們很早就知道兩性存在差別，這點從幼稚園就看得出來。我們可以想像教室的中間有兩個小男生爲了某個玩具大打出手，小小的身軀像麻花捲一樣捲在一起，同一時間在教室的邊邊，甜美的小女生則超齡地以玩具會友，宛若世外桃源般的氣氛，就好像她們是羅馬的貴族，中間那兩個小朋友是神鬼戰士一樣。

給同一批人加個二、三十歲，一群結了婚的男男女女在一場中產派對上，基本上還是一樣的狀況。老公們聚在中間爭得面紅耳赤，說的是哪支球隊比較強或選舉該投哪個黨，同時間太太們則安坐在房間的兩旁，溫暖地交換著生活的點滴與鼓勵的言語，這到底是差在哪裡？嗯，簡單講就是男生跟女生喜歡的話題不同，說話的風格也不同。

本書關心的是我們怎麼把這樣的差異轉換成愛情獵人的武器，怎麼在對話的過程中讓異性感到有趣，進而愛上自己。

男性獵人想讓女人愛上你，自然應該要站出來像男人，工作起來像男人，走路像男人，說話像男人，付錢像男人，但就一點你得像個女人，那就是要敏感一點。**夠敏感，你才能聰明地選擇她有興趣的話題，讓互動得以延續**。女性的獵人要讓男人愛上妳，同樣要打扮像女人，笑起來像個女人，聞起來像個女人，說話輕輕柔柔地像個女人，但就一點妳得像個男人，那就是思考。**透過思考，妳才能聰明地用正確的話題讓他**

靠近妳，離不開妳。

男人，別擔心跟女生比細膩會讓你感覺「娘」，多跟她們分享你對人事物的觀察，女生只會覺得你很健談，而不會覺得你沒有男子氣概。事實上，多分享你對事物的看法，還會讓小姐們覺得你不只一個面向，不會像典型的男人那麼平面、那麼好猜，這樣的你未來會不會是人生伴侶很難講，但至少現階段你是很好的聊天對象。女人，不要擔心跟男生聊車、聊運動、聊模型會讓妳沒了女人味，像個爺兒們，事實上剛好相反。從女生可愛的紅唇裡說出快速球、雙殺、直列四缸、前麥花臣或多連桿，聽在男人耳裡都非常性感，他們會覺得妳簡直是個奇女子，是他從來沒有嚐過的菜色，獨一無二的女人。說妳獨一無二比起說妳美若天仙，有時候是男人給女人的更大肯定。

男人跟女人在溝通方式上的差異，已經不知道有多少人討論過了，我建議有興趣你可以自己去找書來看，我在這兒就不掠美了。但別誤會，男女溝通的差異很重要，我也是認眞、強烈建議大家去做功課，眞的是因爲這方面的著作很多，所以我就不爭了。如果你沒概念該從何讀起的話，我推薦兩位作者分別是約翰．葛雷 (John Gray) 跟黛柏拉．坦能 (Deborah Tannen)，不夠的話你再去找其他的。

伊甸園的故事說明了一件事，那就是上帝造人時就想著男女的不同，只是說祂老人家應該也會有點嚇到說兩性會各自發展到現在這種程度的天南地北！

美國總統甘迺迪 (John F. Kennedy) 睿智地說過：「如果我們不能立刻終止彼此的歧見，起碼我們可以讓不同的人在世上活得安全一點。」我想把這句名言改一點點。

獵人先生小姐們，「如果我們不能立刻終止彼此的歧見，起碼我們可以讓不同的人在世上愛得安全一點。」關於這一點，我們可以從下面的各項技巧開始做起。

第三十一章

「男人愛聊的」跟「女人愛聊的」，真的可以這樣區分嗎？

鴕鳥了幾十年，我們最終還是得承認兩性各自喜歡不同的話題。我們對於兩性充滿了成見，這我承認，但我也必須說就統計上而言，女生確實對人、對內心；而男生對物、對外表比較有興趣。男生喜歡聊車、3C產品，喜歡聊工具，喜歡聊東西是怎麼做出來的、怎麼用、怎麼修、怎麼發揮最大效果、怎麼控制在他之手。形而上一點的男人會再加上喜歡討論抽象的原理與概念，他們一樣會去討論這些原理與概念是怎麼產生的、怎麼用、怎麼修正、怎麼發揮效果、怎麼控制在他的腦海中！男生會蒐集棒球卡，會交換棒球卡，會比誰的棒球卡最限量、最難抽到。這種什麼都能比，嘴巴絕對不吃虧的個性，我想女生就不要學了，**但妳可以學著跟他們聊職籃、政治、車子、電腦，這都可以提高妳跟男人溝通的品質**。如果妳可以學著在男人面前侃侃而談排氣管雙邊單出有多運動風，或分析內野高飛必死球或不死三振的規則適用，那男人一定會對妳刮目相看，覺得這女人實在是太神奇了。

高中的時候，我對關於性別差異的閱讀只局限在一些官樣的課本文章，讀起來是隔靴搔癢外加不清不楚，所幸我媽福至心靈，知道要針對男女說話時的障礙給我指導。她知道女生聊男生，男生聊車車。

高中的時候，男生女生出去約會，女生在說話這方面是處於絕對的劣勢。我自己就在某晚的約會上看著男孩一句話都說不出來的痛苦體驗後，哭倒在我媽的膝蓋。我跟她說我完全想不到可以說什麼，我僵在那裡，臉上印著大大的害羞。我媽摸著我的頭，擦掉我的眼淚，跟我說她隔天有驚喜給我。我對我媽有信心，我想說她一定有什麼法寶。我知道就算得從愛爾蘭空運一百公斤當地特產的「布拉尼石」(Blarney Stone)[6]來給我親吻，讓我有能力把死的說成活的，她也會想辦法幫我搞定。

技巧57（女士專用）：複習男生喜歡的話題

性別差異是海，共同話題是船。獵人小姐們，學著把理論、政治、身外之物、大玩具、職業運動，任何男人會喜歡的東西，納入妳的對話選單中，這對提升戀愛運絕對有用。

讓男人知道妳固然不會過分聰明，但也絕對不笨。

我媽果然沒令我失望。雖然沒有重金搬來布拉尼石，但她給我的驚喜果然很令我開心，那是一本書，一本特集，車子是這本書的主題。因爲這本書的關係，我開始對雪佛蘭、福特、別克等等美國車的細微差異知之甚詳，成了半個小專家，我甚至可以跟人討論引擎蓋下的東西，即便話題跑到化油器、發電機、單雙凸輪軸的差異、渦輪增壓或自然進氣，我也都可以跟對方有來有去。在實戰中我都跟人聊過這些東西，從沒讓人覺得我自討沒趣。自老媽送了我這本書以後，我在男孩面前多了幾分自信，說起話來也多了幾匹馬力。所以說女孩們，妳們或許沒辦法眞心喜歡聊車、運動、政治、股市，至少沒辦法跟妳們聊心理、星座、感情、時尚時同等開心，但妳就當作是戀愛的先修班把這些東西念一念，只要聊過一次，男生一定會對滿口分析數據的妳念念不忘。

我的一場研討會上有男生分享過他之所以約他現在的女朋友出來，是因爲他們剛認識時聊過滑節鉗跟圓嘴鉗，哪一種在基本工具箱裡更爲不可或缺，而且還聊得很開心。他強調自己當然還是比較懂，但他當時想說這女生倒也不可小看。**女生們，妳懂一點男生的話題，對妳絕對有好沒壞，但也不要懂到比男生還厲害**。我知道這樣的想法好像有點趕不上時代，但男生就是這個樣子，明明比較聰明的我們只能裝傻。讓他們贏，男孩才不會不開心。我以前會在愛情裡吃大虧，就是因爲自己太聰明。

那是很久以前的事了。高中畢業舞會的晚上，舞伴來到門口接我，在我墊了水餃墊的胸前別上胸花，我牽起他的手，一起朝他開來的車走去。沒想到車子發動有問題，所幸看過媽媽送的書，我大概知道問題出在哪。我把引擎蓋打開，默默地檢查了

6 親吻布拉尼石便能辯才無礙的起源眾說紛紜，一說為愛爾蘭美麗之神「克莉歐德娜」(Ciodhna) 身為愛爾蘭西南方「芒斯特」(Munster) 地方的精靈女王，竟愛上了一介凡人，但這時她被一股狂浪沖回了精靈領地。後來布拉尼堡 (Blarney Castle) 的起建人跟人有了訴訟，向克莉歐德娜求助，結果女神叫他早上去到法院，記得親吻看到的第一塊石頭。果然那人因此贏了官司，而出於感激，他便把石頭帶回城堡，置於城牆之內。親吻該石便能有能力「欺騙而不得罪人」的說法自此不脛而走。

一下。

心裡有底我攔了輛計程車，不是要搭去舞會現場，而是要跟司機借線接電。第一次踩高跟鞋，走路顛顛巍巍的我把老虎夾接到舞伴車子的電池上，車子果然再發就發動了。我知道舞伴看在眼裡應該蠻佩服我的。

或許吧，但我沒辦法確認，因爲那天是我們最後一次見面。

最近我把這個故事說給男性閨蜜聽，他眼神中滿是同情，但他不是同情我，是同情那個男生。姑且不論公平不公平，男女之間的差異是永遠存在的。

技巧58▼（給男士）：複習女生喜歡的話題

獵人先生們，講話盡量有靈魂一點，不要都硬邦邦的，多跟女生聊點人啊、感覺啊、哲學啊、前因後果啊、直覺啊這些東西。

發表意見多附和，少比來比去。

獵人先生，給你們一個建議。一般來說，女生比較會看人，誰有什麼問題，什麼情況下會有什麼反應，女生比較感覺得出來。女生會喜歡聊健康、藝術、自我成長，喜歡聊身心靈甚至宗教。說到工作，她們會把重點放在團隊合作、工作環境與跟同事相處的氣氛，至於誰是部門的王牌，誰是禍害，女生不太會去管。**總之，男生真的可以學著去感受事情，而不要只是在測量事情。**

男生可以去找本女性菁英愛看的期刊叫《現代心理學》(*Psychology Today*) 來翻翻，內容非常好，很值得一看，邊看你可以邊複習女生喜歡的話題。

當然，我上面所說也都是統計出來的趨勢，例外很多。很多男生也喜歡聊心情，就像熱中於政治或改車的女性也不少。時不時你會發現這些奇葩，但他們的心思很難抓，最終有深度的男士還是會有美女相伴，聰慧的女性也會有成功男人照顧，這絕對還是我們比較可以掌握的常態。

第三十二章

「你感覺怎麼樣？」

從還是小女孩開始，女性就普遍能展露出讓人毛骨悚然的第六感，弦外之音她們能聽，人的表情她們會注意。女生不知怎麼地，就是比較能判斷出別人的感覺，相對之下男性就常常一定要對方死給他看，他才知道「喔，妳不開心嗎？」

也許就是因爲這樣先天上的差異，所以女生會討論感覺，而男生反正這方面細胞不發達，索性就懶得去蹚渾水了。跟朋友聊天，女生會問彼此對特定人事物的「感覺」，而「感覺」這兩個字男生基本上不用，除非是跟兄弟們在聊昨天摸到女朋友的頭髮或牽到小手。

獵人先生們，你想給喜歡的女生好印象嗎，想讓她注意到你，覺得你跟一堆臭男生不一樣嗎？很簡單，**你只消在跟她聊天的時候來上這麼一句「妳覺得怎麼樣？」**，時機不限，不論她說的是什麼事情，你都可以問她的感覺。或許她說她們家裡怎樣或她姊姊說了什麼，她爸說了什麼，她朋友說了什麼，或許她在跟你說她工作上的事情，她老闆說了什麼，同事說了什麼。這都沒關係，重點是她有很多感覺，而且她是女生，所以她基本上比你有能力跟意願分享這些感覺。同樣是感覺，女生就會比較說得出來。

要讓女生覺得你是個敏感而體貼的新好男人，這招很管用。

技巧59（給男士）：「妳感覺怎麼樣？」

獵人先生，不論女生跟你說什麼，你都可以來上一句：「妳感覺怎麼樣？」快去，要勉強自己一下。

聽你問得這樣貼心，她會把嘴巴的說話功能發揮到極致，對你的反應也熱情到極致。

那獵人小姐們可能會問：「我可以問男生他們對特定人事物的感覺嗎？」當然可以，不過還不熟的時候，男生多半不會當眞，所以很可能只會用一、兩個字打發妳，他們會想說反正女生就是很愛問東問西，而妳聽在耳裡可能會覺得這人很馬虎、很敷衍，甚至很突兀，結果妳可能就不想理他了。我必須說男生不是故意的，他們就是不會花這麼多力氣在分享「感覺」這件事情上面，就像妳不喜歡什麼都要跟人家比來比去一樣。

假設跟男生聊天的時候妳說到自己升官、同事沒有，而對方突然說：「幹得好，妳是怎麼把人家幹掉的？」聽他這樣評論，妳可能會愣一下，因爲妳沒有要「把人幹掉」的想法，妳會想說：「我升官只是因爲我績效好，就這樣，我沒有把誰幹掉。」當然妳不會把這樣的心聲講出來，妳還是會客客氣氣地回答他的問題，但這麼喜歡比的男生顯然就不太討人喜歡。

女生眞的是沒有男生好勝，當然是人都喜歡贏，但女生比較不會以打敗對手爲樂。被男生問：「妳是怎麼把人家幹掉的？」，我想沒幾個女生會眞的知道該怎麼回答。同樣地，對某樣人事物「有什麼感覺？」也不是男生擅長回答的問題。除非妳遇到萬中選一的敏感男性，否則還是別冒險比較好。感覺的問題可以留到日後兩人有感情基礎，很深的基礎之後再說。

技巧60▼（給女士）：「感覺」的問題不要太早衝

獵人小姐們，在兩人感情還沒有進入深水區，確定很穩定之前，又或者如果妳的對象不是那種極少數的感性男生的話，「感覺」的問題還是先保留為宜。小心駛得萬年船。

第三十三章

「不好意思，請問我想去……，怎麼走？」

說到男生跟女生這兩種平行宇宙的生物有多麼不同，就不能不聊一下最經典的問路。男生真的是死都不肯問路。我甚至懷疑美國太空總署後來會讓女太空人加入任務，就是怕哪天找不到回地球的軌道需要問路！

技巧61▼（給女士）：要迷路就讓他迷路，不要幫他

獵人小姐們，如果男生迷路了，就讓他迷個夠，死都不要開口，更千萬不要叫他開口。

不要覺得問路是妳的責任，不要像個丫鬟幫他拋頭露面，讓他在那兒坐著像個腦滿腸肥的大老爺！絕對不要！

很多人想不通的是男人有錢買車，手握方向盤好像無所不能，卻寧可完全不知道自己身在何處，也不願意把頭探出窗外問一聲好心人：「不好意思，您可以告訴我……怎麼走嗎？」坐在這種男人身邊的女生眞的好可憐啊，我向她們致上誠摯的同情。有些女生看不下去，會拉高嗓子，越過沒用的男伴，直接對外面的世界求教說：「嘿，不好意思，我們迷路了，剛剛有個彎我們忘了轉，請問接下來我們怎麼走可以到……。」這樣的話聽在男生耳裡，意思差不多等於：「這位臉皮薄的跟什麼一樣的天才把我們帶到這裡，現在又走不出去，你說叫人氣不氣。」獵人小姐，我知道妳很氣，是我我也會氣，**但如果他真的其他方面都不錯，妳又已經愛下去，那就忍忍吧**，給他留點面子，他日後一定會很感激。

獵人們，人家給你臉，自己就要爭氣點。只要能做到下面這點，女生一定會覺得你可靠很多點。

技巧62▼（給男士）：問一下死不了！

先生們，迷路了就問，不要懲罰女人。副駕駛座的置物箱放得下真皮駕駛手套，也一定放得下男人莫名其妙的驕傲，電動窗可以往下，你不會不知道吧。問路可能讓你很想死，但上次有人這麼做，他現在也還活的好好的。

第三十四章

「拜託，說重點。」

女生小時候扮家家酒，其實就是一種編劇的訓練過程，芭比娃娃姓誰名啥長大要幹嘛，我們都可以無中生有全靠想像。如此長大了我們還可以在內心的小劇場演到一個無以復加，可以把一點小事渲染到海角天涯。相對之下小男生就像個傻瓜，偷吃糖只能舌頭打結心亂如麻，乖乖束手被抓還被打。我查過了，九個月到九十歲的女性都還保有這種用胡思亂想把人送上太空的能力。

我最近一次複習女生的這種現象是去年秋天。我騎著腳踏車，跟菲爾，我的男性閨密晃盪在麻州鱈魚角的蜿蜒路上。騎到一半我們停下來休息兼查看，看著地圖，里程數在腦中打轉。就在這個時候，一對帥哥美女組合迎面朝我們騎過來。這對璧人都有著健康黝黑的皮膚，體態穠纖合度，稱得上是運動型的情侶。我想說欣賞一下他們順便問路，於是招手把兩人給攔了下來，我想知道去「海景自行車道」怎麼踩。

首先開口的是女方。「海景車道喔，我知道，很漂亮，長度大概四分之一英里（四百公尺左右），欸，好像是半英里（八百公尺）才對，總之沿路風景很美，樹很美，不過小心有些樹枝會垂下來影響行車。現在樹葉剛好要變色，可以看看。路不算直，小彎很多，但路面品質不錯，不太會有坑坑洞洞。騎一段路後往左手邊看，你會發現有一棟白色的建築物……。」

女生說得正起勁，身邊的男性突然打斷她說：「嗯，那個，你們就繼續騎，到底沒路轉彎就會接到海景自行車道。」

獲得情報，菲爾跟我騎著自行車離開，但身後卻開始傳來小倆口爭執的聲音。我想他們吵的不脫是男生打斷她講話有點粗魯，而他覺得女生太囉唆，人家問路就問路，廢話說那麼多。

沿著美麗的車道向前挺進，我開始幻想如果今天我是一個人出來騎車，並且那位帥哥也是單身，旁邊沒有女人，我跟他的互動會是怎樣？我想我應該還是會找帥帥的他問路，但話說回來，如果他的回答也跟剛剛打斷女朋友之後一樣簡潔，那我最多也只能說聲謝謝，然後兩人從此無緣。

要是被他打斷的女朋友所說的那些話，可以由帥哥的嘴裡說出來，那就眞的是內外兼修，登峰造極了啊！我多想聽那張俊俏的陌生臉龐告訴我海景車道有多美，路有多彎，樹葉顏色如何變換，我一定會好好聽他講完再給他一個大大的讚，絕對不會輕易將他打斷，而且我想我跟他之後可以邊牽著車邊深談。

回過神來，我問了菲爾怎麼看。假設今天是他一個人騎車遇到剛剛那個碎嘴的美女，假設他向她問路，我問菲爾想聽到什麼樣的回覆。聽我有此一問，菲爾的防護罩整個拉起來，他第一個反應竟是：「我才不問路呢！」

「好啦，好啦，我知道，只是假設嘛。」我趕緊安撫他。「假設你被槍指著非問路不可的話呢？」

「假設是出於被迫我問了路的話，」他好生不情願地回答，「她很漂亮，但我首先就受不了她嘰哩呱啦講個沒完，滿分應該是直接告訴我繼續騎就好了。」

「像她男朋友所說的那樣嗎？」我試探性地問了一下。

「嗯，對啊。」

我緊追不捨、窮追猛打地繼續發問。「嗯，這個嘛，假設這位美女對你有興趣，想多了解你一下，你覺得她應該怎麼講？」

「我的天啊，萊拉，我不知道啦！」但菲爾大概也看出我是吃了秤砣鐵了心要打破砂鍋問到底，於是他擠出的一套說法是：「嗯，如果她可以拐彎抹角給我一點稱讚，隱隱傳達一些好感，事情也許會有轉圜，妳知道，就是單純的問路也許會帶我們走上情路。」

「等等，你說拐彎抹角稱讚是什麼意思？」

「嗯，」菲爾露出莞爾的神情。「她可以說『嗯，海景車道美則美矣，但騎起來很耗體力喔，不過我看你的身材應該是沒問題』。」

「喔，拜託！好噁心。」

「噁心不是妳說了算好嗎，萊拉小姐。」

技巧63▼（給女士）：說重點，小姐。

獵人小姐們，不論妳是想搭訕還是被搭訕，說話都請精簡，不要把簡答題寫成小論文。

如果妳想跟對方多聊一會兒，聊深入一點，**妳可以試著誇讚對方，但要記得別太直接，有技巧一點。**

不過這樣的作法請獵人先生們不要學，因爲把話題轉離開正題，開始講一些比較私人的東西，只會讓女性覺得怪，覺得沒安全感。**這時候多講一些跟主題有關的細節，才是正解**。

如果你有本事講細節連講五分鐘，甚至於到十分鐘，對方都還沒逃走，那我想男生再開口請對方喝杯咖啡，也就不會感覺很突兀了。

技巧64▼（給男士）：畫大餅

對男生來說，你應該擔心的不是怎麼樣用一句話「釣到」女生，而是應該想辦法就當場的主題盡量發揮。如果你的外表是她的菜，那你說什麼根本不是重點，你就盡你所能去畫大餅，去描繪海景車道的繽紛樣貌，說的好不好你無須擔心，因為你本身對她就是最美的風景。

第三十五章

何時該多嘴，何時該閉嘴

要通過溝通的危橋，你還有幾條繩子應該繫好。其中一條就是如何讓愛的繩結即便遇到對方情緒天候不佳時，也不會鬆脫掉。

獵人先生，你們今天運氣不錯，因爲你們只需要學一句話就可以走遍天下。遇到女生看起來心事重重、悶悶不樂、忿忿不平、或搖搖欲墜的時候，你就把一句話給說出口，很重要喔，這句話就是：「**妳想不想聊聊？**」

男士們，同性的朋友遇到生命中的挫折或打擊，你習慣的作法是閉上嘴巴，拍拍好友垂下的肩膀說：「別擔心，一切都會沒事的。」男生朋友會覺得這樣很ＯＫ，但如果你把同一套作法套到女生身上，尤其是喜歡的女生，她心中就會立刻響起哨聲，嗶嗶嗶，這傢伙不體貼，沒感覺，我還是找別人聊吧，反正他應該也不想聽我倒垃圾。

男生要讓女人知道你願意陪她。就算她低調地說：「算了，我不想講。」你也千萬不能上當。你要說：「別這樣嘛，我知道妳說出來會好一點。我真的很想知道妳怎麼了。」正常的話，你多堅持一下她的心事就會決堤，然後你就要準備好面對海嘯，不過你也無須害怕，你不用忙，**你剩下的任務就是閉上嘴，聽。**

但這個聽也有學問就是了。聽有分女性跟男性的聽法，這裡你當然是要採取女性的模式。男生聽事情只是把耳朵挖乾淨，得到需要的訊息，然後做出相應的回應而已。但女性間在互相傾聽的時候，她們知道一定要讓姊妹的心事像膿一樣完全流出來，排出體外，對方的心情才有可能好轉。讓你的獵物暢所欲言，等到自然湧泉變小成涓涓細流，你再看要不要稍微給點意見。不要給自己壓力，你沒有義務替她解決問題，更不用覺得虧欠，她的問題顯然不是你造成的，她也沒有怪你。你只要聽就對了。

技巧65▼（給男士）：說吧，我聽著！

男生，獵物心情不好時，你要主動一點，鍥而不捨地問她怎麼了。等到她開關開了，你就進入傾聽模式，就像自己是她的姊妹一樣。能做到這樣，回過頭來她就會覺得你在男人裡算是體貼的。

女生，遇到獵物生氣、煩躁或不爽的時候，妳要說的話更少。事實上妳可以什麼都不說。妳只要閉上嘴，像他的兄弟一樣靜靜地看著他。兄弟陪他喝悶酒，妳可以喝茶。總之，男生之間不來分享這一套，硬要跟他聊，妳只會讓他覺得如坐針氈，坐著像是屁股有把火在燒。

不要追問太多還有一個額外的好處，就是妳可以跟他的煩惱切割。這樣哪天風暴眞的來襲，妳就可以成爲貨眞價實的避風港，成爲他可以遠離喧囂的一塊淨土。

妳可以讓他知道妳支持他、同情他，會陪著他，但話愈少愈好。妳可以說：「你生氣我可以理解，你想說我也願意聽。」吃鍋底就好，不要加料。你甚至可以拿起自己的書看，不用太理他，他不說話也沒關係，不用往心理去。他有他的需求，有他的節奏，不拿自己的困擾造成妳的負擔，是男人的擔當。

技巧66▼（給女士）：男人在氣頭上，靜靜陪伴

獵人小姐，如果男生不開心的原因與妳無關，那就不要用狼煙去把它薰出來。不要給他壓力，也不要給妳自己壓力，他不想說，就不要說，不要硬著去開鎖。

讓他知道妳關心，讓他知道他想講，妳願意聽。但給他自由選擇，給他空間躲著，好了他自然會鑽出來吃點什麼。

第三十六章

兩顆心之間最短的距離，是直球還是變化球？

男生推文說：「是快速直球！（無誤）」；
女生推文問：「是小曲球嗎？（拖走）」

女性生性溫和，這照講無妨，但姊妹們有個「溫和」的習慣會讓男人抓狂，就像蝴蝶球看起來無害，但打過你就知道它的厲害。我想說的是，**女生常常要什麼卻不說明白，要嘛她們會很繞很繞，用暗示的，要嘛她們會把直述句變成一個試探性的問句，**繼續用棒球比喻的話就是一直往邊邊角角投，死也不肯投進好球帶。

去年秋天的一個星期天，我跟一對剛交往的情侶朋友出門走走。蘇珊跟杰坐在車的前座，我在後座給他們載，我們今天的行程是要去紐約州郊區賞楓。

上了交流道大約一小時後，蘇珊轉頭問在開車的杰說：「欸，那個，你會想找休息站喝杯咖啡嗎？」

「嗯，還好耶，」杰說。微慍的蘇珊轉頭看了我一眼，我們互相聳了聳肩。

又過了一會兒，蘇珊捲土重來。「嗯，杰，下一個休息站還有多遠啊？」

「我不知道耶，沒注意。」是他的回答。

這之後車子又開了八公里，突然間車咻地經過一個休息站，招牌上寫著大大的幾個字「現磨熱咖啡」，蘇珊無奈地又轉頭看我，睜大了眼，臉上的表情像是在說：「妳看看天底下竟有這種人！」她身體往椅背一靠，兩手在胸前這麼一交叉，氣呼呼就是她當時的模樣。

可憐的蘇珊，我懂。因爲懂，所以我決定出手。我清了清喉嚨說：「嗯，親愛的杰啊，蘇珊的意思是她想喝咖啡。」

「是喔，不早說。」杰一副很納悶的樣子。

「人家說了！」蘇珊老大不服氣。

「是喔，蘇珊，那我一定是沒聽到。」我聽得出杰覺得自己的新任女友有點不可理喻。「想喝咖啡沒問題啊，我們再看到有賣的就停下來。」

是杰太不敏感、太遲鈍嗎？一點也不。他只是沒把蘇珊的話中有話給聽進去。所以說，杰的回答都很誠實，他眞的不想喝咖啡，也眞的不知道沿路上哪裡有休息站。

蘇珊反應過度了嗎？一點也不。如果杰眞的是像蘇珊想的，是故意把她的話當成耳邊風，那她有絕對的權利生氣，但他眞的是無辜的，他只是表現得像個正常的男人罷了。

蘇珊跟杰是典型的情侶，剛開始約會時都會遇到一條溝通的鴻溝。這條溝可大可小，有時候摔進去再爬出來兩人都滿身傷，然後就誰也再也不想跟誰講話了。

聰明的遊客到了巴黎，他們會學一點點簡單的法語，這樣多少可以縮小一點與當地法國人的距離。獵人先生小姐們，你們第一次約會跟人出去，也應該比照辦理，學一點異性習慣的用語來避免不小心讓對方不開心。

技巧67▼（給女士）：少投邊邊角角的變化球，多塞正中直球

獵人小姐們，妳們要知道男生多半會把妳們的話當真。所以妳想要什麼，最理想的句型是：「我要怎樣怎樣」、「我想怎樣怎樣」。不要說：「你會不會想怎樣怎

樣？」、「你覺得我們應該怎樣怎樣嗎？」這樣男生會聽不懂，或至少聽不出妳真正的意思。

男生的話剛好相反。如果開長途的車跟女生去旅行，半途你餓了想吃午飯，不要說「我餓了」就突然朝著休息站急轉彎，正確的作法是問女生：「妳會不會想吃點東西？」她多半會做球給你說：「你餓了，是嗎？」你先答聲「是」，然後問她想吃什麼，再按照她點的餐來準備下交流道右轉。

技巧68▼（給男士）：不要都飆速球，要搭配一些慢速的變化球

男生，相對於「告訴」她你們今天要做什麼，聰明如你應該先徵詢她的意見。另外女生跟你說了什麼，或是問了你什麼，一定要留意她是不是話中有話，不要傻傻地二就是二，一就是一。女生就是這麼麻煩，這麼囉唆，**她如果問說：「你要不要怎樣怎樣？」，十之八九她的意思是「我想怎樣怎樣」。**

第三十七章

「你可不可以幫我一下？」

人的珍饈可以是貓咪的毒藥，對A好的東西對B不見得好，這點我幾年前有過深刻而痛苦的體驗。我一個朋友喬治到我家來幫忙裝修房子，那天是星期六，時間是下午，喬治人在廚房裡幫我弄木作，而我則在客廳滿頭大汗，想要把新檯燈的電線給接上去。

隔著汗珠，我瞄到廚房裡他盤腿坐在地板上，很氣餒的樣子，可憐的喬治顯然是被兩片角度特異的組件給難倒了。這個大男人，一時間看起來就像個無助的小孩，樂高拼得很爛的小孩。於是我刻意很陽光地進了廚房說：「嘿，喬治，我地下室有個木工的輔助箱可以用來瞄角度，要不要我去拿？」

我明明是好意，但很意外地喬治沒有很開心，而且他還拒絕了我的提議。他說謝謝，他自己可以，我只好又回去弄燈。但這下子連我的心情都受到了影響，電線一下跟我的思緒一樣變得複雜，我不懂自己爲什麼沒有安慰到他。

這時我注意到他已經開始要把木質的組件裝起來，但是這些組件都還沒有上色。於是我又蹦蹦跳跳進了廚房說：「喬治，我地下室也有木漆耶，你要不要彩色木漆，要不要先上色再組，這樣等下裝的時候就不怕把地板弄髒。」

我必須說喬治平常是個很溫和的人，但他好像也被我惹火了。「萊拉，」他突然拉高嗓門說：「妳覺得我不懂木工嗎？妳不相信我嗎？」

「我當然相信你啊！」我有點驚訝於喬治這麼大的反應。「我只是想幫點忙。」

「嗯，」他說，音量依舊比平常高，「想幫忙的話，就先不要來吵我，妳不是在裝那個什麼東西嗎？拜託妳就回去忙妳自個兒的。」

「我是在拉電線！」我也怒了，「電線很難拉，你知道嗎？你懂水電我又不懂，你在廚房裡都不會想到要來幫我的忙喔，就讓我一個人在那裡被線弄到快瘋掉，謝謝你喔！」說完這麼一長串，我氣呼呼地跑出了廚房。

諾曼地登陸完的海灘。

嗯，那天晚上冷靜下來後，我跟喬治一起檢討了一下我們的EQ。先開口的是我，我用來破冰的話題是燈弄好了，雖然我心想喬治你一點忙都沒有幫上，但這話我忍著沒說出來。我問喬治明知道我在外面跟電線苦戰，爲什麼都不來幫我，喬治的回答是：「我當然不會去插手妳的事情啊，因爲我相信妳可以，萊拉，我不想讓妳覺得我看輕妳。」

原來如此！我一整個懂了。喬治不是不願意幫我，而是更希望我知道他尊重我。**男生會把自尊跟修理水電這樣的日常工作連結在一起**，有人或許很難相信，但事實就是如此，**而女生則會希望不管做什麼，別人都能展現出對自己的關心**，我希望喬治能夠來幫我就是出於這樣的女性心理。

我現在知道了，深深地知道了。**男生要的是信任，女生要的是關懷**。

女性獵人們，如果男人開口了，妳就幫個忙，如果他沒說話，妳也別當他是啞吧，就讓他自己去發揮吧。他沒跟妳要收據，妳就不要雞婆多此一舉。我想說的或許跟女性主義背道而馳，但很不幸地它就是個事實：男人在幫妳的時候，就讓他幫，什麼話都別說，就算他想用膠帶把漏水的水龍頭給貼起來，而妳知道其他二十幾種方法更實在，妳還是什麼話都別說。

技巧69▼（女士專用）：不用管他，男人要搞砸就讓他去搞砸

獵人小姐們，男生在替妳服務的時候，不管他做得有多爛，都不要把嘴巴張開。除非人命關天，否則帶著微笑感激他就好。

如果實在看不下去，請妳退到他的聽力範圍外大喊：「你這個笨蛋蛋蛋蛋蛋……（迴音）！」

姊妹們，我保證只要能按照這樣去實行，妳一定可以少生很多悶氣，然後妳跟男性友人也可以保持良好關係，頂多妳隔天要另外花錢去找水電工來收拾善後就是了。如果硬要讓他沒面子，那久了你們的感情眞的會從水管慢慢流掉，至少我知道很多對都是這樣，而且他們的理由還比修東西更可笑。

男人，這裡有一課你也應該學到，那就是同樣的狀況下女生不該做的事情，你要拼命做。

技巧70▼（給男士）：禮多人不怪，忙多幫不壞

獵人先生們，看到女生遇到困難，上前問問看準沒錯。女生跟男生不一樣，她

們腦裡沒有內建什麼信任不信任的觀念，她會覺得你幫她就是關心她，不用擔心她會像你的哥兒們一樣覺得受辱。

而獵人小姐們，如果妳巴望著男人會主動過來幫妳，那妳有得等了。典型的男人，像喬治，會遲疑著不敢伸出援手，因爲他們怕妳會覺得這是個侮辱人的舉動。所以需要幫忙的話，妳還是主動要求吧。

第三十八章

男人小心眼，說話小心點

說到要開口讓男人幫忙，女人，小心說話。溝通真的是一條可比唐山過台灣時那條危險的黑水溝，什麼小事都有可能出錯。比方說妳跟男生在海灘上，妳從包包裡掏出太陽眼鏡，哇咧，螺絲一鬆，耳朵的部分跟鏡框分家了，於是妳抬起頭，用水汪汪的眼睛看著你讀工程的男朋友說：「你會修嗎？」

技巧71▼（給女士）：不要問會不會，他一定會

獵人小姐們，妳們可能會覺得男生這點很無聊，但妳最好不要問男生「會不會」

修某樣東西，就像不要問他們「能不能」、「行不行」一樣。一聽到「會不會」這幾個關鍵字，妳原本貼心好用的工具人，就會瞬間變身成自尊心受到挑戰的狼人。

如果男朋友一把抓過眼鏡，很酷地說：「我當然會」，妳可能剎那間覺得他有點粗魯，但他其實只是過度解讀了妳的要求。妳只是單純地需要他的幫助，但他卻感受到自己身爲男人的能力與價值受到威脅，所以說他的反應才會如此激烈。

要避免啓動他的自我保護機制，妳應該說：「幫我修一下，好不好？」這兩句話感覺沒有差很多，甚至無心的人聽起來完全沒差，**但「你會修嗎？」聽在男人的耳裡像是在質疑他，「幫我修一下」則像是在做球給他英雄救美**。

獵人先生們，你們也有幾個字可以一說就讓女人覺得你們好棒。說之前請女生先坐下，免得她因爲驚喜過度而雙腿發軟倒下，當然她可能一倒就倒在你的懷中，那你這話說的可就值得了。

如果你在跟另一半或男女朋友的相處上出了什麼差錯，抑或你搞砸了任何事情，大到出國玩的機票訂錯天，小到答應要約會卻突然要加班，你最該說的，也最好能說出的一句話，聽好了，就是一聲「對不起」。

說「對不起」對女生來說是家常便飯，甚至可能有點暴飲暴食，說太多了一點。但男生說「對不起」就算不是神蹟，也絕對稱得上是百年難得一見的事蹟。事實上，歷史上上一次有記錄由男性說出對不起，有一說是得要回溯到一九〇七年的喬治亞州亞特蘭大市，但經過再三調查後，原來這也是場誤會。原來只是有個叫「崔不棄」的人，嘴巴裡還有東西沒吃完就想要自我介紹，聽到的人就以爲他在說「對不起」。所以說來說去，男生就是跟「對不起」三個字無緣。

技巧72▼（給男士）：對不起

獵人先生們，人非聖賢孰能無過，有過我們就要有勇氣認錯，說聲「對不起」就很足夠。女生會因為你的低頭而感到溫馨，到時候你就會覺得低個頭也沒什麼了不起。

第三十九章

溝通的黑水溝後面，會不會還有個大漩渦

獵人先生小姐們，關於兩性間的差異，我們到目前所討論的都只是皮毛。歷經數十年來的視而不見，放任一般人積非成是，科學家終於開始把顯微鏡對準了這千古之謎。而科學家愈是探尋，就愈發現兩性問題之深不見底。

看過電影吧，你不會想讓自己的愛情鐵達尼撞上兩性差異的冰山吧？更何況一段萌芽中的感情才不是什麼鐵達尼，頂多是艘連膠水都還沒乾的模型小艇而已，浪稍微大點都有可能解體。個性不同的情人就是彼此的冰山，每次撞上冰帽，我們都可以合理地懷疑下面有巨大無比的本體。我們真的在操控愛之船的時候要如履薄冰，遇到上述討論過的冰山都要小心地繞過去。只要能夠撐到膠水乾了，翅膀硬了，我們就可以期待接下來的航程會比較平穩。

【第六部】

性愛之道

如何打開性愛的電力開關

第四十章

獵物的敏感帶何在

多年前，還在青春期的你是否會在書店裡偷翻限制級的漫畫或小說，拼著被人看到覺得超丟臉，也想看看裡面有沒有什麼精采的文字或畫面？如果是的話，那恭喜你，你不變態，你很正常，大部分健康的人都是這樣。這如果是成長的必修課，那全世界你至少有好幾億的學長姐。

嗯，如果家族裡有小孩喜歡在你的書架牆下鬼鬼祟祟，你現在可以大方地跟他們說：「《跟任何人都可以聊得來3》拿去看吧，你在找的應該是第六部分。」什麼愛撫啊、按摩啊、敏感帶啊，他們都可以看個夠，看完他們會知道大人在幹什麼、爽什麼。

但你最好也跟那些小屁孩講清楚，他們看完應該會大失所望，因爲這本書提固然是會提，卻不會把重點放在小孩有興趣的三十公分或D罩杯。這本書會教你摸、教你揉、教你溫柔地畫圈圈跟按摩。只不過以讓人愛上你爲目標，我們上上下下前前後後左左右右的目標不是某一根或某兩粒，而是獵物敏感帶中的第一名：大腦。**能搞定兩耳之間，兩腿之間就會水到渠成**。

我必須把話說在前頭，我在這裡推薦的技巧不是要讓你在床上開心，而是要幫助你讓你的伴侶在床上很開心。唯有如此，他才會更有機會愛上你，而那也才是本書的宗旨所在。

第四十一章

性慾是品味，一種人玩一款鳥

說到吃東西、看電影、殺時間、出國玩，每個人都有自己的喜好，而且很多人都以自身的特殊品味爲豪，畢竟在個人是品味，在群體則形成文化，遇到同好我們會聊。果眞如此，那爲什麼說到性事，說到在床上我們想要什麼，大家就避之唯恐不及了呢？

按月出版的一堆雜誌，都會把「男人想要什麼」跟「女人想要什麼」整理好告訴你，但那都是過度簡化的東西。不是每個人都希望伴侶「愈大愈好」，就算是，大家希望大的地方也不會都一樣，男生不一定都喜歡維多利亞，不一定都喜歡女人在床上喊到喉嚨沙啞，就像女人不一定都希望另一半胸肌比自己還大。如果人的指紋不一樣，那我們的性慾也不會一樣。

雜誌上的性愛指南就跟星座一樣，看看就好，就像戲劇裡的主角髮型永遠整理得那麼好。但你跟你的獵物都活在現實中，每個人都要吃喝拉撒，每個人都會蓬頭垢面、睡眼惺忪起床。有機會談心談到床上，你的伴侶必然跟你一樣有自己的偏好，這時你就必須讓他掀開床單，確認他的需求在哪，這樣你才能在性這件事上得分，才能讓他想跟你在床上乃至於到床下都難捨難分。

男人能看出美麗大方的堅強女性心中有個羞赧的小女孩，才能擊退對手；女人能像第一次世界大戰時的交際花瑪塔哈里 (Mata Hari) 一樣，勾出都會英俊男性深層的性慾，才能廣受恩寵。通往男人心的捷徑有兩條，一條經過胃，另一條，嗯，比較隱晦。

我們聽起來是想要走偏門嗎，喔不不不，各位同胞跟地球村的朋友，本書可是要開大門走大路喔！雖然性事是要關起門來做，但討論則必須打開門來，閉門造車是不會進步的。畢竟要討論的東西太多了，天底下有多少男女，就有多少種性慾上的歧異，性是一片極其廣大的天地。

有些人喜歡用力一點、粗暴一點，有些人喜歡溫柔點；有些人有多大聲喊多大聲，有些人再舒服也講究斯文；有些人喜歡摩擦，有些喜歡潤滑。慾望的兩個極端之間可以有多大的空間，再奇怪也不出奇，每個人的正常都可能讓另一個人覺得變態而倒抽一口冷氣。我們的性幻想裡塞得下電影明星、交往對象的哥兒們或姊妹淘，會牽涉到三人行、四人行、多人行，甚至我們會幻想被帥哥強暴，然後會有作吊帶高腰褲打扮的德國牧羊人亂入，不知爲何很多人在幻想時都喜歡奇裝異服。

我了解到這點是個意外。前面說過一九七〇年代，我在紐約州創辦了一個非營利組織叫「計畫」，其宗旨是要蒐集資料來了解人的性慾。十年間同事跟我深究了各行各業的男女心聲，並且努力在資訊的蒐集與散播上發揮創意。相較於一般都是用問卷，我們是讓受訪者寫信來交代細節。分析整理好的資料我們不會平鋪直敘照本宣科，而是會改編成心理劇來表演。如此一來，很多平常不願意受訪的朋友都提供了很多寶貴的第一手資料。

透過心理劇的形式，接受我們提供資料的專業組織包括「美國性教育教師、顧問與治療師協會」(the American Society of Sex Educators, Counsellors, and Therapists) 與「性科學研究協會」(the Society for the Scientific Study of Sex)，另外主流媒體如《時代雜誌》、《現代心理學》、《倫敦時報》(*London Times*) 與主要電視網都讚揚過我們的努力與我們對隱私的保護，結果就是我們的曝光率大大增加，公信力也不斷成長，愈來愈多人願意把最私密的經驗分享給我們，助我們一臂之力。「計畫」累計收到的信件有數千封，每一封都是寶庫，都透露著飲食男女對性伴侶的「軟硬體」有哪些真切的期盼。

男女性慾有哪些差別？

男女的性慾差在哪裡？嗯，兩性的差別多到數不清。一方面兩性的性幻想很不一樣，但更不一樣的是兩性希望伴侶在他們幻想中扮演的角色。

基本上，男人的性幻想會比女人的重鹹，比女人的極端，也比較變化多端。**男人的慾望比較會有具體的動作與態度，至於伴侶的個性與情緒則顯得次要**。男人的幻想往往牽涉到控制，他們性幻想中的兩方很少平等，常常是一個弱一個強。**很有趣的一點是比起女人，男生更能跳脫現實，在性愛中演起戲來，也就是俗稱的角色扮演**。這點女人要特別注意，這點跟在床上討好男人有很大的關係。

女人的性幻想比男人複雜。女人幻想事情一定要有個對象（不見得是床上那個），而且劇情裡人際關係很受到強調。女人的春夢會摻入伴侶的感受，然後幻想裡的她自己會用肢體與情緒去回應這些感受。**跟男生不同的是對女人來說，結合時的心情、氣氛與環境都不能等閒視之**，但基本上她們分享性幻想的意願不比男人高。**男人要特別注意的是，女性性幻想的主要成分不是姿勢與身材，而是溫暖與真愛**。

男女性幻想還差真多

爲什麼對男人來說是「性與愛」，對女人來說「有性就是愛」？人類學家從演化與基因出發提出了答案。專家認爲女性把「家」的責任挑在肩上，她們會拼死確保下一代吃得飽，夜裡不會冷得睡不著。

性學家則從經驗出發來談這件事情。就跟人格一樣，人的性慾也是從小形成，五到八歲的養成期尤其關鍵。這三年中，小女孩會比小男孩體驗到更多的關愛。爸媽叔姨、甚至爸媽叔姨的朋友只要看到小女孩，都會很自然地抱抱親親，小女孩坐在爸爸大腿上撒嬌的頻率更是完勝小男生。所以說，女生性慾的濫觴很自然跟表達親密之意的摟摟抱抱有關。

比起小女生，小男生就不會那麼常被抱抱親親。他們對於親密的體驗有點不一樣。大人會拍拍他們的臂膀，會把他們當小大人一樣打招呼說「哈囉，小帥哥！」於是小男生學到愛的邊界就在那裡。公開場合超過這個程度他們就會關機，就會逃避。

最近我路過市區的一所小學，時間是早上八點。我目睹一個媽媽帶著兩個七八歲的孩子上學，妹妹由媽媽牽著，弟弟則蹦蹦跳跳走在前面。到了校門口，媽媽彎下腰來狠狠親了女兒一下，然後又像世界末日一樣給了她一個大大的擁抱。女兒用兩隻小手臂環抱著母親說：「掰掰，媽咪，放學見。」話畢小女生也像腳裝了彈簧一樣進了學校。

忙完女兒，媽媽開始想把同一套「舞碼」用在兒子身上，沒想到小男生的反應是身體超僵硬，手還像盾牌一樣擋在嘴巴前面說：「馬麻，不要親我啦，這裡人好多。」為人母的這位女性沒有生氣，充滿笑意的嘴巴回答：「好啦，帥哥，這麼酷喔，那我們來過兩招！」母子倆象徵性比畫了兩下拳擊，然後小男生也開心地進了學校去追他妹妹。

小女生在一起玩，碰觸很自然。她們會互相編辮子，會勾手，看到蟑螂會抱成一堆；小男生則比較熱中扭打或玩你射我、我射你的遊戲。所以說，長大以後女生同學會臉頰碰臉頰，會小小擁抱一下；男生見面會互打個兩拳，會比誰混的比較好，有什麼好大驚小怪的嗎？

還不只這樣……

但其實按照「計畫」收到的信件內容來分析，男女之間最大的差別並不在於性幻想的內容，而在於他們對性幻想的「處理」。

很好玩的一點是男女對性幻想的態度跟他們在現實中的處世之道剛好相反。在日常生活中，女人會樂於分享私密的心情，而男人會裝酷，但在性這件事情上，**不少男人會願意向女人透露他們私底下想幹嘛，甚至最好能說服女生跟他們一起參與演出，來個角色扮演。**

如何善用兩性的差異讓對方愛上你

獵人小姐，對男人來說，性跟尊嚴基本上是同一件事，這一點跟女人的心態非常不同。男人在現實生活中的想法（我跟她現在是什麼關係？有沒有未來性？我對她到底是什麼感覺？她對我是什麼感覺？），都會直接影響到男人想不想要這個女人，換句話說這會干擾他在床上的表現。所以說，很多男性都會學著在親熱的時候忘卻現實，進入放空的世界。如果自己的女人一絲不掛或配合的程度仍不足以讓他「硬硬的」，那男人就會運用想像力當威而鋼來助自己一臂之力。男人想在床上戰力十足，就非得忘記生活中與對方相處的點點滴滴與眉眉角角，那些東西都太複雜，性簡單多了。**跟性態度、性幻想與自己相仿的女人在一起，男人的性能力才容易得到激發，愛上這樣的女人對男人來說是理所當然。**

獵人小姐們，我的計畫是這樣。首先我們必須擁抱性這件事情，然後我會告訴妳方法去挖掘出獵物內心深處的性幻想，最終我們會一起討論如何利用男方的這些性幻想來征服他的愛情。

獵人先生們，在床上你多少要展露技巧來滿足你的伴侶，事實上，你如果能在床上讓她們放煙火，她們一定會更愛你、更爲了你而活。問題是女生會因爲怕傷害你的自尊而不敢跟你討論你何處需要提升。關於性幻想，女人會比較希望放在內心自己知道就好。另外說到選擇終生伴侶，女人會傾向於愛上可以挑起自己慾望，滿足自己慾望的男性；對女人來說，床上跟床下一樣親密，也就是這男人要兼具技巧與溫柔，才能成就一段完美的關係，**也可以說性能力與契合的個性是關係的兩隻腳，有了它們這段情才走得下去**。

獵人先生，我的計畫如下。我接下來會介紹技巧讓你知道愛要「怎麼做」，讓你知道如何尋祕訪幽，看出女生想要什麼。結合這兩樣，你就可以成爲女生心目中馬力又強、導航系統又準的「名駒」，讓她希望你不要停。

雖然每個人的慾望都不一樣，但我們總是可以整理出男女各自的一些基本想法。在我們深究個別獵物的獨一無二之前，首先讓我們來看看男人跟女人各自有哪些東西英雄（雌）所見略同。

接下來的一章我們會討論到一些你可能認爲是成見或比較粗略的整理，但我們必須有這樣的基本分類充當穩固的基礎，才好繼續發展出對個別獵物需求的掌握。

第四十二章

要怎麼收穫，先那麼栽？才怪！

從小我們學的都是「要怎麼收穫，先那麼栽」，我們的觀念是你希望別人怎麼對你，你就要先怎麼對別人。這其實是個很好的建議，但比較適用於朝九晚五的上班族對長官或下屬，或晚五朝九對親朋好友。回到家，遛完狗，餵完貓，關上燈，爬上床，在你的伴侶面前，請不要再想著禮尚往來！

禮尚往來在性這件事情上是行不通的。太多時候男人都會用自己喜歡的方式去「愛」一個女人，有點硬來，有點野蠻，非常猴急而幾乎不提浪漫；反之，女人也會用自己喜歡的方式去「愛」一個男人，非常羅「慢」蒂克，所有的感性元素都是必修課。我想說的是一旦跟異性到了床第之間坦誠相見，禮尚往來的觀念就請像用過的面紙一樣有多遠丟多遠。**要在性這件事上抓住異性，女人應該用男人希望的方式做愛，而男人則應該用女人希望的方式做愛。**

我們都讀過資料說男人喜歡性感，喜歡性，而女人喜歡感性，喜歡愛。果眞如此，何以燈一暗，我們就會反射性地滿足自己而不會想著要滿足對方？爲什麼我們會一廂情願地認爲別人會想要跟我們一樣的東西？爲什麼我們會希望對方配合我們而不想著去迎合對方？

我們可以下一個結論，是坊間的性學手冊、書籍雖然說破了嘴要突顯或強調兩性的差別，但我們並沒有聽進去。男人做起愛來還是像在摔角，女生實在很想踹這討厭的男人一腳；女人也還是在床上談心而不專心做愛，這點也讓男人感覺不痛快。

有這些困擾嗎？聽我的就對了。

男人要性，女人要愛

男人，你上次在完事後是不是又很老套地問身旁的伴侶說：「妳有開心嗎？」，她是不是回答你：「嗯，還不錯。」但她這話能信嗎？她是眞心的嗎？搞不好她心裡眞正的OS是：「是不錯啦，可惜前後才五分鐘。」或「好無聊喔，早知道就去吃宵夜還比較好玩。」或許她私心希望你叫大聲一點或採取靜音模式，希望你衝刺起來用力一點或輕一點，希望你粗魯一點或溫柔一點，希望你邊做邊多說點或少廢話，而你剛好選錯邊，或許她希望你摸這裡，結果你摸到那裡。

她爲什麼不直接洩題？這說眞的你不能怪女生。**女生一般都知道男人的自尊心很強大，尤其對床上的表現很敏感，所以她不想刺激你**。另外，就是大部分的女性會邊看著你一前一後自以爲很努力，邊在腦子裡上演著自己的小劇場「助興」。在她的想像中你可能是主角，也可能跑龍套。就算你是她腦中的主角，身爲導演的她大概也讓你在戲裡想不一樣的思緒、說不一樣的話語、做不一樣的事情，至於你壓在她身上想什麼樣的思緒、說什麼樣的話語、做什麼樣的事情，她也就認了、算了，隨便你了。

其實古早時期女人是不太熱中於性幻想的，是到了一九七〇與八〇年代，性幻想的話題才突然熱了起來，成了姊妹間的當紅炸子雞。關鍵就在於當時有一位作家叫南西．芙萊黛（Nancy Friday）接連出了好幾本看了讓人臉紅心跳的書，講的正是女性的性幻想。到了一九九〇年代初期，社會已經普遍能接受女人用性幻想來滿足自己。性學家與主流的性教育錄影帶甚至肯定性幻想，替性幻想背書，進而把男女常用的幻想題材給大喇喇寫出來。專家挑明說男女都喜歡做愛，差別只在於男人的性是要爽度先決，女人的性是性愛雙軌。

太多書已經把怎麼跟女人做愛交代得一清二楚，來自金星的她跟來自火星的他如何在地球的某張床上依偎繾綣，早就有名家著作席捲書店。問題是男人會去讀嗎？會知道有這些書的存在嗎？就我所知是不太會。我輔導過、花數小時訪談過的女性朋友都有一個同樣的疑問，那就是：「男人怎就不能在做愛的時候讓我滿意，讓我得到滿足？」假裝高潮讓很多女性身心俱疲，沒人想一直唱副歌飆高音。

進入二十一世紀，人類早已在月球表面留下足跡，相對之下女性的身體我們還比較陌生，很多男人即便有心，也不知道如何在床上滿足女性。當然有心還是好的，有心除了代表他們希望伴侶開心，也是因爲這關係到男人的自尊心。實際一點說，在床上能把對方餵飽，女人眞的也會把你當寶，愛上你的機會也會大大提高。

有這種志向的男人該如何做才好？下一章便見分曉。

第四十三章

男人，請懷抱著女人的幻想做愛

在這章的一開頭，我想先說的是我並沒有天眞到以爲寫個幾段文字，就可以讓男人知道女人對性的要求，從此對女人的慾望都很尊重。我沒有這麼嫩。就算是圖文並茂的性學叢書，也都沒能讓男人學著去打開女人的「開關」，我何德何能有本事幾行字就讓男人不再「卡關」。排山倒海而來的證據顯示女人渴望愛撫、浪漫、熱情、感性與力量，但只要一跳到床上，男人永遠都是隻發情的兔崽子。眞的是你不煩我都嫌煩。

戰略已經確定，戰鼓已然響起。男人就是「有病」，就是需要對症下藥，而且要下猛藥。如果像「如何百分之百讓女性高潮」或「第一次性愛就上手」這類的書都不能改變男人，他們還是每次都想到就要，想要就上，平均亂衝亂撞不到十二分鐘就完事，那這樣他們眞的需要治療，至於療法且聽我娓娓道來。

學一小時，爽一輩子

很多事話講不清楚，就拿張圖。靜態的圖不夠明顯，就放影片。各位男性可以自己盤算一下，花一個小時體驗的效果超過你讀一萬本書，你說這生意能不能做。讀過的東西人腦其實記得不了多少，但包含電影在內的各種影片只消看過一遍，想忘記就不會是一瞬間。好的影片可以把訊息烙印在人的腦海中，另外各位男士想變成一個進階版的情人，有一點優勢你可以好好利用，畢竟這優勢你阿公、阿爸、甚至你阿兄都沒有，他們那個年代沒有《慾望城市》(*Sex and the City*)，你有，他們那時沒有拍給女生的A片，你有。

書本不能告訴你的事情，A片可以，但這得是爲了女生而拍的A片。**女性A片可以讓你一探女性的慾望花園，你會知道女生希望怎麼跟伴侶親吻、怎麼溫存、怎麼情話綿綿、怎麼高潮連連，這些都不是男性觀點的A片的專長。**

女性的A片到底內含什麼樣的畫面？我想基本上，大部分的女用A片都可以歸類爲調性偏軟的Ａ片，不像男生看的那種那麼強調性器官與最終的性行爲，但這並不是因爲審查制度。事實上，女性Ａ片裡沒有這樣的硬性規定，沒有不好意思，沒有內在壓抑。Ａ片的女性導演不會自我設限，她們拍出來的眞的很貼近女生希望自己能從伴侶那兒得到的東西。

跟一般的電影一樣，女用Ａ片也有經典跟地雷，甚至有些可以說是瞎到極點。但不論是被分到哪一類，女性Ａ片多少都有反映出女性的需求。相對於男用Ａ片，女用Ａ片往往劇情複雜很多。相對於男生的Ａ片常常是從頭做到尾，中間幾乎不談情說愛，女用Ａ片就比較講究氣氛。男生Ａ片裡的兩造可以結合地莫名其妙，但女性Ａ片裡的雙方幾乎都有感情基礎。特寫的鏡頭也是一個很大的差別，女性Ａ片常常會特寫臉部表情，而男性Ａ片裡臉幾乎不是重點。**話說這是男生可以順便做筆記的一點，要知道有時候光看你專注的表情，女生就可以動情**。總之，女性Ａ片最大的賣點就是你可以邊看邊學著怎麼樣順著女生的毛摸，看完我保證你會發現男性觀點的Ａ片不知道在胡說八道什麼。

爲了寫書，我近期以研究爲出發點看了男生的Ａ片，結果我沒有臉紅心跳手足無措，我是笑到無法自己全身發抖。片中男主角對自己的能力非常自豪，也自以爲女生一定很爽，從頭到尾就看到他用小傢伙用力地猛撞女生的陰蒂，好像餓壞了的啄木鳥一樣。不過還好他以爲的陰蒂其實在隔壁，要不然女生早就痛死了，這部片的導演顯然是男生，而且他應該沒觀摩過女性同業的作品。不過看女性A片的好處絕對不僅止於「健康教育」，你還可以學到「體育」或器材的操作，包括像把保險套給戴上去，都有人高明有人不高明。

我推薦你去找女性導演的作品，幾位我推薦的名家分別是坎蒂妲．蘿亞勒 (Candida Royalle)、葛蘿莉亞．萊納德 (Gloria Leonard) 與黛博拉．山姆斯 (Deborah Shames)，還有其他許許多多的一流女性製片。算是先透露一點好康的給大家知道，坎蒂妲的作品會教你用觸感將女性慾火給點燃，葛蘿莉亞的電影會告訴你如何用幽默去調劑性愛，黛博拉會讓你知道氣氛如何營造、愛情如何創造。

女性的「愛情動作片」會帶領你走過歡笑、感動、緊張，**會讓你了解幽默風趣的個性、羅曼蒂克的風情，加上男性雙手的穩定有力，三者結合在一起就可以推動女性的慾望前進**；你會學習到被單中、餐桌前、電梯裡、沙灘邊，都是女性嚮往的「床戲」場景。

比方說在某一片的某場戲裡，你會看到一個女性角色從泡泡浴中浮出水面，臉上表情顯得有些百無聊賴，主要是她有個很不想去的慈善派對得去。之後她伸手從抽屜裡選出一件白色的蕾絲連身內衣，就在她試著打上小巧的絲綢蝴蝶結，男人溫柔的雙手從後方環抱，她感受到嘴唇在後頸慢慢地吻了上來，給人安定感的粗壯手指靈活地解開了剛才好不容易綁上的粉色小蝴蝶結，瞬間連身內衣無聲落在木質地上。這雙手不知名的男性主人只用小指展現感性與愛意，專注地在女子的白皙胸前畫著圈圈。

到了這個份上，各位男士們可能會忍不住想要快轉到精采的重頭戲。但請你還是要忍住，因為電影一開始對於故事地點、情節與角色的設定與發展，才是女生喜歡的部分。

很多女人會把性跟愛緊緊綁在一起，只有在她們喜歡對方、崇拜對方的前提下，女性的性慾才會全然被撩起，很多女性A片都會交代到這一點。我的很多男性友人常抱怨：「爲什麼女人就是一定要搞這麼多浪漫，上床不能就好好上床，該幹嘛就幹嘛，鋪陳那麼多到底是想累死誰？」對此我只能說各位男士，各位傻孩子，你們說的該幹嘛就幹嘛應該是指「沖脫砲蓋送」吧，沖澡、脫衣、嘴砲、蓋棉被、把你的男性象徵送進女性體內。對你來說性就是性，是尋歡，但對女人來說性是愛，是關係，愛你才會想抱你，男人不會跟不吸引他的女人上床，女人不會跟不相愛的男人上床。

研究一面倒地證明了女性確實需要浪漫。路易斯安那州立大學的一份研究把同一個情色故事唸給男性與女性受試者聽，聽完之後塡寫問卷。**結果男性印象最深的多屬激情的場景**，像是「女主角的指尖從男人的背上劃過，修長的雙腿纏上男體」，**而女性**

記住的則是深情的場景，如「兩人深邃地望進對方的眸子裡」。

在男性Ａ片裡，男女就是不斷地撞擊，每個人都很猴急，每個人都是高潮連發。但在女性的Ａ片裡，每個人都充滿了愛意，每個人都很感性，每個人都有熱情。這就是差異。看由女性導演拍出來的Ａ片，你最後一定能了解這種差異，你將能體悟出該如何懷抱著女性的慾望跟她翻雲覆雨。

男生，如果看書你沒感覺或閱讀有困難，你抓不到重點，那真的不妨試試Ａ片。電影情節的堆疊可以讓你從相遇到感情的培養，從前戲到最後的上床都看得一清二楚，沒看清楚還可以倒回去。你會深入了解到前戲的重要跟使她高潮的技巧。

技巧73▼（給男士）：看女性Ａ片學感性、學熱情

男人，現在的女性不同於以往，她們為了自己在床上的幸福，已經會開始宣傳自己的開關在哪兒，哪些事情可以把她們的慾火點燃，哪些動作會讓她們的興致退散，姊妹拍的Ａ片裡都有交代。

要讓女生在床上把頭髮弄亂也沒時間管，首先請你把從小收集的男性Ａ片給收起來。那裡面沒有你用得上的資訊，只有會誤導你的男性主觀。你該去租的是女

性導演的愛情動作片。
邊看請邊做筆記。

男士們，如果住家附近錄影帶店的老闆你認識，甚至還蠻熟的，你怕去借《克莉絲汀的祕密花園》(*Christine's Secret*) 或《仙釀的滋味》(*A Taste of Ambrosia*) 會被笑娘，那恭喜你，現在的網購已經非常發達。很多「性愛自學」影片都拍攝的有一定水準，也同樣會從女性的視角讓你又學到東西又看得開心，保證寓教於樂。

專收男生的感性速成班

各位男士，如果家裡不方便看影片，也不用絕望。我這兒還有另外一堂課給你選，是書，但不是一般的性愛守則，而是有人物、有故事、有場景描述的言情小說。

你知道光在美國，會固定買言情小說的讀者有兩千五百萬人嗎？而說到言情小說界裡的 LV 應該要算是「禾林」(Harlequin) 出版公司了吧。但如果你以爲都是些沒男朋友又沒讀過書的笨女人在買這些東西，那你就錯了，錯慘了。要知道言情小說大多數的讀者都有大學學歷，外加平均年薪四萬美金（換算成台幣個個都百萬年薪）。另外這是個非常蓬勃的市場，每個月新出個一百五十本很正常，不論你喜歡沉默寡言但胸肌大到會說話的歐巴，還是不愛江山愛美人的跨國企業執行長，甚至於有人很變態地喜歡媽寶，一個月一百多本夠你挑了。

男生，去家裡附近的書店逛逛，結帳時沒被問就算了，被問就說你是替讀國中的妹妹買。買好之後找家安靜的咖啡店好好自修一下。

在這我先提供一個體驗課程給各位男性讀者「聞香」一下，讓或許從來不看言情小說的你知道裡頭的文字世界是什麼模樣。我們今天的輪值女主角叫愛瑪，是個小有名氣的正妹網路作家。這一次她跟才氣縱橫而且性感無比的單身製片山姆受邀到峇里島的專屬小屋，名義上是要閉關討論年度暢銷小說的「映像化」，但孤男寡女共處一室，試問誰討論得下去。雖然照規矩山姆還是要欲迎還拒一下，但最終不用說一定還是欲拒還迎啦，愛瑪都主動了，事情還有不成的道理嗎？不過愛瑪的想法倒是很「男人」，她只想玩玩不想糾纏。就在愛瑪都已經蓄勢待發的同時，山姆反倒像個女人說：「我不是動物，沒辦法說做就做，我們還是……還是先聊聊吧。」

愛瑪聽著簡直不敢相信這話會出自一個男人之口，她的回應帶著一絲教訓：

「聽著，男人不是一天到晚說『上床就是上床，別想太多，我們就把事情做完，把火給滅了，然後我們各有各的日子要過』，你知道嗎，我突然覺得這話還蠻有道理的。你剛剛的話要不要重說一次？」

「我只是想說我們可以慢一點、自然一點……」

「慢跟自然一點的意義是啥？反正不都同一件事？」她的聲音聽的出步步進逼。

「嗯，慢一點就會比較浪漫啊。」

愛瑪翻了一個大白眼。「誰在乎浪不浪漫啊？」

「我在乎啊，上床不光是兩個人脫光了把對方弄到高潮吧？」

「不然呢？你自己不也說過性就是兩人看對眼了，受不了了，上個床好再恢復聖人模式而已，不是嗎？我現在就是要配合你把這事兒解決一下啊，你怎麼這麼麻煩啊？」

「看對眼當然很重要，但是還有別的吧。至少對我來說是這樣。」山姆的聲音放軟了些，語氣中還多了點深度。「我對妳有感覺，除了妳很漂亮以外，我覺得我是真的戀愛了。」

男人，你有發現俊俏、英挺、充滿魅力的山姆火力全開，把女生對感情那一套通通搬出來嗎？他想談心、想要浪漫，想要談戀愛。反倒是愛瑪像個臭男人一樣害怕感情的負擔而一股腦兒想逃開。

逼到沒法兒了，愛瑪轉身衝出拉門跑到露台上，細密的雨滴形成深灰色的布幔，狠狠濺在她的身上，轉瞬間就讓倚靠在圍欄邊的她全身浸濕，她突然有股衝動想翻過去落入淺海，跟四尺下牆板邊的浪花泡沫一起生生滅滅。

就在這千鈞一髮的瞬間，一股強勁的力道自男性的手臂傳送過來，作用在她纖細的腰際，將她從地球邊緣拉了回去，然後順勢將她的身體翻轉過來。

「老天爺！妳誤會了。」山姆用盡力氣才讓聲音蓋過山風與海波，同時間雨持續下著，水從愛瑪姣好的臉龐上滑落。她掙扎著想要掙脫，「讓我走。」邊說邊滴下淚來……。

「你根本不想要我，我不是笨蛋，我聽得懂。」愛瑪其實不太知道自己在胡說八道什麼，反正情緒來了的她也不是很在乎，只看她繼續耍著脾氣，扭動著曼妙的胴體。

「妳覺得我看起來像是不想要妳的樣子嗎？」山姆邊這麼說，邊把她的臉龐拉近，男性天生的力量讓她再任性也難以動彈，只感覺他的呼吸與嘴唇貼了上來，然後她就只能感覺到自己身為女人，回應異性的本能……

「妳這女人，瘋啊。」山姆情不自禁地說，「妳讓我也瘋了，我都不知道自己怎麼了，也不知道自己在幹什麼。」山姆在與愛瑪熱情的擁吻中擠出了這幾句囈語。「我確定的只有一件事情，那就是此刻的我寧死也要跟妳在一起，我現在就要占有妳。」

獵人先生，閱讀能力驗收的時候到了。你不能光是看戲，你要能讀出字裡行間的意義與訊息。就算是上面短短的幾段文字，裡頭也包藏了戲劇化的相遇，催情的海邊場景與男女主角間的高亢情緒。不過真要說起來，最重要的還是山姆的存在，故事裡的山姆是個溫柔的男人，是個需要愛瑪、珍愛愛瑪的男人，集力量、紳士與熱情於一身。**重點是山姆的熱情不在於性，而在於愛瑪身上**。

當然愛還是要做。前面我們讀到愛瑪跟山姆這小倆口在傾盆大雨裡欲拒還迎，在波浪沖刷沙灘的背景聲音中慢慢貼在一起。讓我告訴你他們後來還在那裡，山姆「扯掉了她的外衣，傾盆大雨中的一對璧人面對彼此身心一併裸裎，再來就聽著他們的喘氣與呻吟聲在如幕簾般大雨的伴奏下融入環境中」。

從波浪的頂端愛瑪探出頭來。海灘小屋的光線打在山姆身上，讓他古銅色的皮膚鍍上一層金光，明暗對比使原本就像雕塑般立體的臉部線條看來更加有型。愛瑪盯著他眸中像是完全燃燒般的藍色火焰，她看到的還有又黑又長，連女生也不見得比得上的睫毛被雨水黏成一團。這美好的男人體態如今在她身上，精確說是壓在她身上。她的頭向後仰，像是某種接受或投降，一波波打來的不只海浪，還有被滿足的慾望，每每讓她壓抑不了從喉嚨發出乍聽下沒意義的嘶吼與呼喊。山姆四處索吻，吻痕遍及她的粉頸，愈來愈大的是他的抽動，緊繃的上臂開始不聽使喚地緊抱愛瑪，也就在這時他讓自己的一部分，光榮而永恆地、毫無保留地，成了她體內的一部分。

所謂時間暫停不過如此，惟不歸他們管的浪花繼續前仆後繼，一望無際的雨滴鼓點持續朝著棧板、朝著水面拍擊，小小的水滴蕈狀雲在兩人交纏的肉體上爆開。

不疾不徐地愛瑪揚起頭來，眼前的山姆還閉著雙眼，臉上的表情介於痛苦與愉悅之間。只聽山姆輕輕地說：「我的寶貝，」沒閒著的手在她的背上撫摸，然後用體溫將她的人跟她的心，一起包住。「我們就這樣抱著吧，我永遠都不想放開妳。」

男生，你們注意到了嗎？在親密關係的過程中，山姆的感受、表情與呼喊（當然還有他修長的男性睫毛），愛瑪都看在眼裡，而且是深深地衝撞著愛瑪的意識，且容我說傾盆大雨的場景眞的是神來之筆。如果「自己的一部分，光榮而永恆地、毫無保留地，成了她體內的一部分」是高潮那一撇，那「用體溫將她的人跟她的心，一起包住」就是回鋒收尾，「我不想放開妳」更可以讓這段關係眞的永永遠遠。

技巧74▼（給男士）：言情小說是你的良師益友

獵人先生們，不要以為我在開玩笑，我非常認眞。一定很多人以為我在搞笑，甚至有人會配合地呵呵笑，噗哧一笑，笑到岔氣，笑到翻白眼，甚至笑到在地上打滾。但兩千五百萬美國女性的背書總不可能是吃飽太閒吧。

試試，你不會有什麼損失。或許你不會有多喜歡，但你可以在「實戰」中試試拉菲爾（Raphael）、波（Beau）、菲利普（Felipe）、瑞格（Rigg）、史蓋（Sky）、鄧斯頓（Dunstan）、塔克（Tuck）、卡爾（Kael）、卡爾尼（Cagney）等禾林作家描寫過的場景，我相信這一定能給你的她一個驚喜。

女人很吃這一套。

老套?或許吧。但比起男性A片把女性描寫成完全沒個性的性奴隸,從頭到尾沒說一句完整的話,好像她活著就只是爲了滿足男性的變態私慾,你覺得哪一種比較實際,哪一種比較有新意?

男人,你可以把女性A片裡的某些台詞或安排記起來。你的女神或許不會去哪都在包包裡放著一本言情小說,但不論你覺得她看起來多獨立自主、多精明幹練、多無牽無掛,女人都不會是綿綿情話的對手。在風雨中聽到男人說出「我要妳,我愛妳,我不能沒有妳」,必然可以撩撥女人內心深處原始的心弦。

第四十四章

女人，請懷抱著男人的幻想做愛

獵人小姐們，眞正的禮尚往來是如果我們希望新好男人可以更感性些，那我們也應該相應地更性感些。我們希望男人更浪漫，我們就應該相應地更「浪」。

談過戀愛的女人都有一個體認，那就是愛可以讓性加溫；談過戀愛的男人想的是另一件事：性可以爲愛加溫。這雖然幾乎是常識，但歷經了多少年，多少對男女依舊隔著枕頭，哀怨地希望對方能知道自己在想什麼。

很多人不好意思說，我來說，反正很多比我大牌的作家都這麼說過。這麼說吧，在大賣場等結帳的妳是不是常跟女性雜誌大眼對小眼，封面的美女彷彿在對妳狂轟猛炸：想讓男人多看妳一眼？那妳就要再辣一點、性感一點、狂野一點，敢玩一點！如果妳認眞想要吸引獵物的眼光，抓住獵物的心，那這些建議是對的，妳不想聽也得聽。

回想妳還是小女孩的時候跟其他小朋友在公園沙坑裡打滾、嘻笑、玩沙蓋城堡，妳不只是在玩沙，妳是在玩「想像力」。玩到瘋的小女孩會把沙扔到空中大喊：「呀呼！」，這時候的她們光顧著開心，沒有人會想東想西，沒有人會一直問自己：「那個小男生喜不喜歡我？」、「他跟我玩，是否只是想利用我來蓋城堡？」、「我要不要假裝玩得更開心一點？」、「他好像沒有很想留下來喔？」、「他爲什麼沒有『呀呼』？」、「他眞的覺得好玩嗎？」、「喔喔，暑假結束後回到都市裡，他還會想跟我一起玩嗎？」。沒有人會用這些問題來困擾自己。

玩到一個境界的小朋友不分男女，都會被想像力弄得很狂野。他們會把煩惱全部忘記，會讓幻想到處亂闖。嗯，妳就把大人的床笫想成小孩的沙坑，反正在裡頭能做的事情差不多，不外乎嘻笑、扭來扭去、談天說地、想東想西。大人上了床，也應該跟小孩一樣把煩惱忘記，讓幻想開機。

兩性一個很令人吃驚的差異是在性愛的過程中，很多男人都可以表現得像個小孩，就像誤闖兔子洞的愛麗絲一樣，男人會放開懷去探索，享受魚水之歡。比起女性，男人更可以把現實留在門外，讓性幻想好好款待。但這倒不是因爲男人的想像力比較強大，而是因爲不這樣他沒有辦法嗨起來，更不可能硬起來。

但姊妹們請別誤會，這不代表男人不渴望關懷、愛戀與熱情，但只要門一關、燈一暗，男人的心思就會全放在性事上，不會再轉。男人可以在門後全然擁抱性愛。但奇之又奇，玄之又玄的，眞的就像愛麗絲夢遊仙境一樣的，是在痛快地做過幾場愛，一句「我愛妳」都沒有說出口之後，男人的思緒反而會重返愛，這估計是物極必反。

女人要怎樣純然地擁抱性愛呢？還是老話一句，讀萬卷書不如看幾張圖，看不動的圖不如看會動的圖。

來看影片吧！

我說影片，當然就是指Ａ片，而且這次輪到骯髒許多、噁心許多的男性Ａ片，但骯髒噁心之餘，這些影片也是很好的速成工具，看了妳就知道拿掉愛的性怎麼進行。我建議所有女生短暫放下道德判斷，咬著牙把自己的屁股黏在沙發上，至少找部片看完一遍。

性愛影片要去哪裡生？如果是在美國，幾乎每家錄影帶店都有一個小房間在後面，就看妳敢不敢走進去而已。必要時妳可以穿上大衣、壓低帽沿隱藏妳的女性身分。只要進去了，妳會發現不怕妳敢看，怕妳看不完。

很顯然妳必須愼選。性愛影片是個非常發達而成熟的產業，產品非常多樣。有按部就班很正常的，有會被說變態玩很大的，妳想得到的任何一種組合，男男配、男女配、女女配、不男不女配、人獸配（還可以選狗、馬或羊），付錢都可以帶走。當成教學影片看，妳自然應該找異性戀的正常版Ａ片。不過我得先警告各位姊妹的是，Ａ片界的「正常」其實也不算特別正常。妳以爲妳已經選了最基本款，但裡頭怎麼還是看到一個男人對上兩個或更多女人，或是兩個男人對上三個女人。妳可能會倒抽一口冷氣，但沒關係，反正我們只是要學習，多幾個「助教」其實不影響。

重點是我們要學什麼呢？**我們可以學片中的女性怎麼呻吟、怎麼叫、怎麼扭、怎麼咬嘴唇，怎麼用舌頭做很多跟說話或吃東西無關的事情**。

Ａ片可以教給我們的另外一件事情是「戰鬥服」的選擇與搭配。不論是連身內衣、吊帶襪、絲襪、蕾絲薄紗、開襠內褲、露乳胸罩、塑身內衣、丁字褲與偶爾會出現的緊身皮衣或法式女傭服，妳都可以在Ａ片中看到各種最新款，這已經不是「置入」，而是「長駐」了。我倒不是要妳立刻去刷卡換裝，但至少哪天妳的交往對象用情趣內衣給妳一個「驚喜」，妳的反應不要是大驚失色或一副好像「你想幹嘛？」的嫌惡表情。

還有嗎？A片還有什麼別的「教育意義」嗎？**嗯，姿勢吧**。看A片多少可以觀摩到一些新的性行爲姿勢。平均來說，每部A片裡可以看到主角示範五到二十五種體位。

如果眞的當成電影來看，A片有什麼情節嗎？嗯，基本上沒有。一般的電影都會鋪陳，但看A片妳會以爲前面被剪掉了，因爲片子開始差不多三十秒之內，妳就會看到「重頭戲」。看多了妳就會知道妳沒有錯過什麼，這種片子就是這樣拍的。沒有鋪陳，沒有懸疑，沒有情節交代，角色也平面到毫無個性可言。女人可能很難想像，但有些男人就是喜歡這樣的性關係，只能說上帝還眞不公平。

男女A片超級比一比

男性A片主角（們）	正妹，大正妹，超級大正妹，不用任何內涵或深度，除非你說的是乳溝的深度。
女性A片主角（們）	二頭肌發達，但又感性、體貼的新好男人，該有禮的時候有禮，該用力的時候用力。

男性A片台詞	「喔，耶！」、「用力點」、「不要停！」「就是那……那……裡……裡……」
女性A片台詞	感性的對話，比較完整的句子。「妳好美」、「我要妳」、「我愛妳」、「妳是我夢想中的女人」等都是例子。通常再短也有三到五個英文單字的長度。

男性A片情節	從基本上沒有到完全沒有。通常的狀況是小明遇上小華，小明用五到二十五種姿勢把小華給上了，就這樣。如果覺得心情不好想笑一下，各位姊妹不妨用快轉來看片，妳有看過人用高轉速做愛嗎？那會像是在看卡通。
女性A片情節	被陌生帥哥搭訕，跟不該發生關係的人緊張兮兮地發生關係，各種版本的「被硬上」。

男性A片場景	廉價的客房、一張床、一張沙發、一方地板。
女性A片場景	古城堡、美麗的海灘、不知名的異國島嶼、貴氣逼人的黃銅或文藝復興四柱大床。

男性A片口味	什麼口味都有，什麼口味都不奇怪。妳聽過的、想過的都有，妳沒聽過、想都沒想過的也有。
女性A片口味	經典的香草口味。

男性A片結尾	男主角高潮。男生的A片有一定要結束在男生高潮的必要性，因為男演員沒有其他的事情能做，所以事情做完電影也就完了，之後最多也只能穿插一些精采畫面的重現。
女性A片結尾	畫面慢慢淡出，男女主角用最後一吻象徵兩人都心滿意足。和緩的輕音樂帶出工作人員清單。

我想不用我說，姊妹們也不會誤會我是要大家去學A片裡放蕩的模樣，更不會強求每個人都要把身體折得跟什麼一樣，這樣子跟男人發生關係也太累了。**看A片的重點在於對男性的觀點有些體會**，這樣我們遇到那種埋頭苦幹的男伴才不會一整個狀況外，甚至被嫌什麼都不懂、什麼都不會。

技巧75▼（給女士）：看男性A片學無愛之性

獵人小姐們，妳可以邊看邊笑，可以覺得噁心想吐，但事實是妳可以從男性A片中學到一些東西。男性A片可是年產值高達數百萬美元的產業，他們就是喜歡看性感的女人覺得男體性感。

妳不需要拼了老命去模仿，不要因為男生親了妳一下就假裝高潮，但為了讓他能愛上妳，表現得比真正感受更興奮一點點也不算太過分。

補充教材

如果妳看不夠，或妳家根本沒有視聽器材，事情也還不到完全絕望。妳可以去書店買些像《閣樓》(*Penthouse*) 啊、《花花公子》(*Playboy*) 啊這樣的成人雜誌，通常裡頭會有匿名的讀者來信，我覺得那對女性來說都是極佳的第一手資料。

如果女性的幻想是九成氣氛、一成實戰，那男性的幻想就是一成氣氛、九成實戰。如果女生會從言情小說的文字中去遐想男人的眼神、背影、膚色，那男人在意的、老愛掛在嘴上的，就是自己身上哪些地方大、強、威、猛。

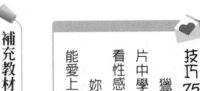

相對於言情小說裡的男女都比較感性，條件都跟現實距離比較接近，男人幻想裡的女性都正到超不合理而且一點也不想要穩定的交往關係，這些男性Ａ片裡的女性盡是火辣俏護士、午後人妻、風騷小保姆、縱慾女同志、放浪背包客，族繁不及備載。仔細檢視坊間競爭激烈的男性雜誌，想在裡頭找到「我愛妳」或「我的寶貝」等關鍵字是不可能的任務，有著比在頂級編輯之後挑到錯字更高的難度。取而代之的是「妳這個小騷貨」或「想榨乾我啊，妳這隻小母狗」這些讓人哭笑不得，不知是褒是貶的評價。

顯然，愛跟性不會同時出現在男人的幻想裡。

技巧76（給女士）：雜誌裡的男性心理

獵人小姐們，找些成人雜誌來讀，妳會發現讀者來函不僅內容辛辣，而且甚具參考價值。

這些來函的內容或許並非全然為真，但仍不失為白紙黑字的男性幻想紀實。

第四十五章

抽考：誰才是愛情的動物？男生還是女生？

男人，我知道前一章整理出來的東西有點一竿子打翻一船人，有點誇張，有點自以爲幽默，但我這麼做只是爲了效果，只是爲了突顯我想講的東西。爲了證明我的清白，讓男人知道我絕對沒有討厭你們，我在這兒想替他們說兩句好話平反一下。

男生常常被批不夠浪漫。如果隨機問路人誰比較浪漫，男人還是女人？大多數人都會想當然耳地回答女人。不經仔細思考，我們會覺得是啊，所有的證據都指向浪漫是女人的事情。確實，如果今天比的是說「我愛你」，或比情人節誰不會忘記，還是比誰能體認到細節的重要（像是訂婚戒指的款式），這些自然是女人勝出。但如果今天要把浪漫的意義定得更深，那我必須說男生才是眞正的王者。

在人生的某個點上，男士們應該都聽過自己的女神對自己說：「你們這些臭男人，都一個樣，一點都不浪漫！」這樣的指控可能是出於你常掛在嘴上的某些「不體貼」話語。對此我想送各位男士一份大禮，有天你需要替自己辯護的時候一定會用得上。我把這份禮物整理成問題的形式，下次她再指控你不浪漫，你不妨把這些問句拿出來反守爲攻。這些問題的核心是：誰更具有愛人的能力？男性還是女性？

問題	男	女
誰比較容易戀愛？	□	□
誰對愛比較理想化？	□	□
誰比較常提分手？	□	□
誰分手比較痛？	□	□
誰愛人比較深？	□	□

♡誰比較容易戀愛？男生！

有項研究問了七百位年輕的戀人：「你認識一個人多久才發現自己愛上對方？」結果在第四次約會之前戀愛的男生有兩成，女生僅一成五。推到第二十次約會，四十三%的女性還不確定自己愛不愛，但還三心二意的男生只有三成。當然你也可以說女生比較謹慎，但她們相對不容易戀愛是事實。

♡誰對愛比較理想化？男人！

另外一項研究判定男人對愛理想化得多、不切實際得多。男人遠不及女人在乎另一半有沒有社會地位、賺多少錢。

更多男人認爲只要兩個人相愛，就可以走入婚姻，擁有愛情。

♡誰比較常提分手？女人！

一群哈佛科學家仔細追蹤了足足兩百三十一對波士頓情侶的交往狀況，結果發現最後成爲怨偶的，多半是由女方提出分手，男生則比較願意撐多久算多久。

♡誰分手比較痛？男生！

分手之後，男人會覺得比較孤單、低落，他們會覺得被放棄，而不會覺得重獲自由。

男人承認他們會難以接受對方不再鍾愛自己，也很難相信對方眞的已經離去。最讓他們痛苦的是那種無力感，他們會想著自己說錯了哪句話，做錯了哪件事，而無止境地在自責中迴圈。

說得慘烈一點，因爲分手而輕生的男性數目是女性的三倍。

♡誰愛人比較深？男人！

相對於生命中的其他親友，男性分配給愛人的比重會高於女性。耶魯大學學者訪問了十八到七十歲的男女，問的問題是：「生命中你最喜歡誰？最愛誰？」他們有的選項包括情人（配偶）、好友、雙親、手足。

男人喜歡情人（配偶）、愛護情人（配偶）的強度要勝過他們喜愛朋友；而說到女人，她們對情人（配偶）跟親朋好友基本上比較平等。很多女人甚至喜歡姊妹淘勝過她們喜歡男友或先生！

男士，下次聽到情人念你：「你們男人超不浪漫的。」氣不過的時候，把這些資料搬出來說：「是喔？是嗎？你知道專家是怎麼說的嗎？」等等，這樣好像太衝動了，我想你還是說：「親愛的，妳說得對，是我不好，關於浪漫我會努力精進，愛妳唷。」吃虧就是占便宜，愛情裡輸才是贏。

第四十六章

情慾是極其私人的事情

獵人先生小姐們，前面說了很多限制級的東西，A片來A片去的。這一章裡我想平衡一下，警告大家一下，我可不想妳以爲男人都喜歡放蕩的女人爬在自己身上扭來扭去，也不希望你以爲女人都想跑到大溪地的沙灘上被陌生帥哥拐走。這些當然都跟現實脫離很遠，成年人的我們都知道人生有多少規則，就有多少例外，關乎性事更是例外多於常態。上了床想幹嘛，沒有兩個人會完全一樣。

這一課我可是吃了大虧才學會。那是若干年前我的初戀，也還早在「計畫」讓我知道情慾有多樣化之前。當時我人到了「風城」芝加哥參訪藝廊，克里斯多佛也被風吹到那裡，身為藝術家的他是來籌辦他的個人展。我第一眼看到他人在房間的另外一端，他正試著把一幅耐人尋味的抽象畫掛到牆上。我瞬間被他煞到，因為他符合我所有的條件。他是個敏感、聰明，還兼具藝術家與俏臀主人的雙重身分。

我們相互自我介紹，我們暗暗認同對方，更加分的是我們還是紐約的同鄉。回到大蘋果之後我們開始會約出來，然後沒多久我已經愛上他，也很自然願意盡我所能讓他愛上我。我們幾乎可以說是天作之合，因為我們有一樣的興趣，一樣的交友品味，包括我們都喜歡看表演，喜歡滑雪，喜歡騎自行車。我們不時通宵達旦深談，我覺得應該就是他了，我們的愛隨時間流逝而愈發難以割捨。

克里斯多佛從不說「我愛妳」，但因為其他部分都一百分，所以我想唯一有可能再進步的就只剩下性了吧，主要是克里斯多佛從來都不會被激情衝昏頭，即便我在床上使出了所有讀過的招數，他的反應也不若正常男人那樣無助，一整個就還是非常撐得住。

我們做起愛來頗有老夫老妻的風格，流程都同一套，地點也多半是同一個。一般來說，晚餐後我們會在他的寓所聊天，然後聊著聊著，克里斯多佛會露出賊賊的一笑，把手放在我的肩膀上，然後順著我的臂膀滑到我的手上。接著他會起身，或許再眨個眼說：「來吧，寶貝！」然後他會帶著我半推半就往臥室裡走。這一路上他還是會小心翼翼，好像他還是得騙我，好像他還在占我便宜，好像我會隨時打槍他一樣。

床上的克里斯多佛顯得溫暖而多情，但缺點就是沒有激情到一個境界，每次親熱都像是上一次的重播。我的想法是我沒有點到他的死穴，我想我們應該是需要一點改變。我想我應該在這碗陽春麵裡加點料，加點辣椒，這樣他才會全方位地與我相愛，問題是怎麼執行我其實毫無頭緒。

某天下午我又想到這個難題，想著想著我的目光落在了《村聲》(*Village Voice*) 雜誌上的一則廣告。這則廣告宣傳的「三小時學會性感脫衣術」保證讓男人瘋狂到絕望，讓女人想要他幹嘛就幹嘛。我頭上的卡通燈泡一亮，是了，這就是解答。

我立刻換上最性感的戰鬥服，三步併兩步搭電車通往陰暗郊區無電梯的六樓公寓，進了脫衣舞孃教室報名。在那無隔間的教室裡，一位老師、四位同學跟我一起度過了極具教育性的一晚。我學會了邊轉身邊把裙子甩掉，祕訣是先讓裙子像降落傘一樣性感落地，然後再輕佻地走出腳下的「甜甜圈」。老師一個動作一個動作教我們怎麼極盡挑逗地讓內衣的肩帶滑下來，先讓左邊的「車頭燈」閃一下，然後再換右邊，最後再轉身把暫時不需要的胸罩丟到房間的另外一邊，轉身時記得強調下半身曲線。對體能條件比較好的學生，老師還因材施教地要我們在地板上伸展，然後試著讓雙腿在空中盤旋，據說這樣也有一定的視覺效果。

這類課程的尾聲，老師不免俗地開始「賣膏藥」，開始推銷陳列在教室後方的許多產品包括脫衣舞曲錄音帶與放大搖晃效果用的流蘇或鬚鬚，其中後者尤其適用於上圍豐滿的學員，可惜不包括我。但我還是砸了錢買了舞曲跟配件，並且帶著腦中的舞步回家，克里斯多佛的家。

這一晚，做好萬全準備的我等不及他對我笑了，終於到了十點四十五分左右，他的嘴角上揚，「來吧，寶貝！」，牽起我的手朝臥房走去，但這時他仍被蒙在鼓裡，一點都沒察覺他即將被我「算計」。

一進到「工作室」，我就把毫無防備的他推倒，放起剛入手的音樂，開始演練我花錢學會的性感舞蹈。我先是用花俏的足下功夫繞了他的衣櫃一圈，一二三、二二三、三二三，愈跳愈帶勁的我開始跟他玩起給不給看的遊戲。我拉開衣服左邊，四二三、五二三、六二三，然後右邊，最終我讓內衣騰空，兩個罩杯如飛機的兩翼，然後把他坐著的大腿當成跑道，完美地兩點落地。

我很感謝豔舞教練，但她少強調了一點是要看著妳表演的對象，否則妳自個兒跳得很起勁，對方可能很冷靜，至少我身上就發生了這樣的事情。好一段時間我在克里斯多佛的臥室地毯上扭著身體，大腿幾乎要掃到他鍾愛而易碎的燈具，但我卻都沒有想到要看看他的反應，我根本不知道他臉上掛著何等驚恐的表情。

克里斯多佛非常冷靜地起身走出房間，甚至離開了自己的公寓。失望又丟臉的我把裙子、內衣、錄音帶跟坐了全場冷板凳的流蘇收了收，哭著衝了回家。我到底錯在哪裡？

這之後克里斯多佛七天沒跟我聯絡，最後還是我受不了於是打電話給他。我說：「我們可以談談嗎？」於是我們約了吃晚餐，期間他也對我非常坦白。原來克里斯多佛的觀念是由男生去追求女生，而不是女生來勾引男生。此外他喜歡的不是女生放這麼開、玩這麼大，他喜歡女生欲迎還拒，喜歡女生矜持。原來克里斯多佛希望由自己來當那個放下道德底限的壞人，而不希望感覺自己好像「交不到女朋友，只好付點小錢找女人來跳豔舞的宅男」。

哇嗚！我真的是長了見識。於是當時我下定決心，再也不對男人的慾望想當然耳。男人不是一個整體，而是各有各的偏好，當然每位女子也都是獨立的個體，這點容我們稍後再談。很多人都把男人想像成同一種動物，表面上他們也都確實如此，講白一點就是男人都是色胚，醒著都只想要把喜歡的女生怎麼樣，但即便這是真的，我的經驗是這個怎麼樣也不會都一樣，色胚也是可以分門別類的。

你有過突然很想很想吃牛排的時候嗎？假設你今天心血來潮想吃牛排，你也知道從全生到全熟這當中有六十八種不同的火候，而你今天想吃到完美的牛排，於是你決定爆預算到市區裡最多人推的高檔西餐，點菜的時候也描述得極其仔細，每個小地方盡可能交代清楚，可以說是不厭其煩。

你對點餐的外場說：「我今天想點菲力。」然後你很精確地說明你希望這塊牛的「腰內肉」可以烤到外酥內嫩，外面有點焦黑，但裡頭基本上還是生的，不可以見血。你對看起來只有三分熟的年輕服務生說：「我要肉煎到粉紅色，要烤透，中間要有熱度，不可以是冷冷的生肉。」服務生很有耐心地聽完了你的要求，看來算是訓練有素，沒想到他接著就轉身對著廚房大喊一聲：「第六桌牛排一份！」

你可以把上面的牛排換成性愛。雖然沿路我們的伴侶給我們留下了麵包屑，喔不，是一顆顆的麵包，我們也聽得煞有介事，但只要一上了床，我們還是像硫磺島之戰一樣狂轟猛炸，所有的麵包都被我們給轟成麵粉了。我不敢說這樣的性一定不開心，搞不好對方也是被你弄得死去活來，睡時也微微帶著笑意，你自己也可能很得意、很滿意，但對你的伴侶而言，這樣的性只是呷粗飽，滿足不了想分六十八種火候的美食家。有些食物只有熱量，談不上營養，這種性只是讓人「止癢」，不會讓人嚮往。用蠻力你或許可以找到床伴，但找不到真愛。而且有一個很大的問題是，這種區別你問不出來。

不論你身處在地球上的任何一個地方，只要你掘得夠深，都一定可以挖出水來；男人心只要你挖得夠深，也一定可以找到他獨特的慾望，這慾望就像羊腸小徑，盡頭就是大賣場，你要多少男人的愛盡量刷。

慾望界的霸王

男人跟女人固然來自兩個不同的星球，但沒有誰不想要找到上了床還能很契合的對象。問題是怎樣才叫契合？我認爲能滿足我們所有慾望，能我們只說聲三分熟，就知道這塊菲力該怎麼煎，不需要我們解釋外酥內嫩、粉紅不帶血色的，就是好對象。

很多戀人都不願意開誠布公，把自己的慾望對交往對象說分明，他們總覺得「對的人」自然猜得到。

奇普是我朋友，某一年的聖誕夜我們在一起聊天，我們講到小時候以爲眞有聖誕老公公的事情，哈哈大笑。沒想到笑到一半奇普突然臉一沉，臭著臉說：「我們家的聖誕老人每次都送些奇奇怪怪的東西給我。」

「你是說你媽喔？你沒跟她說你要什麼喔？」

「沒。」

「是喔，」我愈聽愈糊塗。「你幹嘛不說？暗示也行啊。」

「話是這樣說啦，」奇普說。「但我就是覺得她如果愛我，就應該不用我說。」

換成性愛，換成慾望，我們很多人也是一樣的思考方式。或許不會掛在嘴上，但很多人都堅信對的人會在某天突然降臨，搞不好還會來按門鈴，然後我們就會成爲世界上最幸福的人。

如果把一盒一千片的拼圖送到這些樂天派家外面的樓梯間，他們應該不會想說拼圖會長腳，自己把自己給拼好吧。但不知爲何談起戀愛，說到性關係或性生活的磨合，他們就會有船到橋頭自然直，拼圖打開自然好的想法。事實上兩個人成長背景殊異，性需求可以一拍即合的機率不要說百萬分之一，但也絕對頗低。

一段新展開的關係就像一幅還拼不到幾片的拼圖，關起門來的興奮感還很強烈。新的觸感，新的氣味，發現新大陸，征服外太空的感覺可以回盪在空氣中一整晚。但等到幾星期過去，幾個月過去，甚至好幾年過去，拼圖拼到一半，好拼的地方都先拼完了，不滿的心情就會慢慢浮現了。

某個點上女人會發現對方電話少了，男人會發現女生變難約了。這是怎麼了？爲什麼對方好像突然冷掉了？每一對情侶當然都有個別的問題，但有些大方向我們還是可以談談，參考價值還是很高的。

在「計畫」時代有過一份研究，我們找了始終單身跟目前單身的男女，問他們跟男女朋友分手或與配偶離異的癥結爲何，如果受訪者是提出分手的那一方，我們就再追問：「你提出分手的理由是什麼？你哪裡不滿意？」**結果我們發現女方提分手的原因很多，包括男生的個性、生活習慣、不洗澡、東西亂丟，對她不夠溫柔等都可以是女生的死穴，但男生提分手，主要都是因為性關係不協調。**

我們在訪談中又問了另外一個問題是：「你有沒有把想分手的原因跟對方說？」結果絕大多數的回答都是：「基本上沒有，因爲實話我實在說不出口。」男生說：「跟她說想分手是因爲跟她做愛不好玩，這種話我怎麼說得出來。」

女生一開始會答應跟男生出去，常常是因爲覺得這人有趣、有魅力，有發展的可能性。男生會約女生出去，則基本上是因爲想發生關係。當然凡事都有例外，但例外都是個案。

我們常罵男生沒擔當，不容易定下來，但他們其實是有點冤枉。**真相是男生要想把女生娶回家，他會想先確定對方除了各方面是個好女人，小倆口的性生活也必須極**

佳，問題是男人的性慾對照女性有幾個特點，主要是男生的情慾比較多樣，比較沒在醞釀，比較需要馬上得到滿足，所以說男生比較難找到能完全符合其要求的對象。這眞的是個難題，很多時候男生遇到的女人什麼都好，就是性方面沒能達到他的理想。而與其勉強結合日後怨懟，男生往往選擇長痛不如短痛，畢竟走入婚姻後就必須全然忠誠。

「一輩子都只跟這同一個女人做愛，我OK嗎？」

在「計畫」訪問過的男性當中，羅傑可以說是一個典型的代表。他希望未來的妻子可以又賢慧又能滿足他所有的慾望，也就是要能進得了廚房，出得了廳堂，帶出來要大方，推進房要夠浪。但天底下哪有這麼好的事情？女人要嘛就是第一志願的臉孔，博士班的身材，但個性卻是幼稚園還死當，要嘛就是天使般的個性，卻有著厲鬼般的外型。

話說羅傑出身於美國南方一個富有的顯赫家族，他對穿著、飲食與女人，都有獨到的高品味。能讓他約出去的女性大抵身段優雅、氣質出眾、口條清晰、手腕高超，幾乎沒什麼可挑。羅傑說他希望娶的老婆是介紹給親友面子十足，還半開玩笑地說希望她是個「不怕給媽媽看見」的女人，他衷心希望跟這樣的女子建立家庭，開心度日。

我認識羅傑的時候，他有個未婚妻叫黛安，黛安符合羅傑家族跟他本人所有的期待，堪稱內外兼修，秀外慧中，娶妻如此夫復而求。但是……黛安有一個致命的缺點，那就是性。不過別誤會，黛安在生理方面沒有任何問題，也並非冷感或是俗稱的死魚，甚至她在床上還非常溫暖、多情而且願意配合。她唯一不符合羅傑期望的只是太過秀氣，羅傑內心深處渴望的是妻子對他熱情如火，而且是寒流來的時候開的那種大火。對於口味重鹹的羅傑來說，黛安這盤菜眞的太清淡了。

小倆口每次親熱，沒辦法得到滿足的羅傑都得發揮想像力。他會在腦中配音，想像黛安口無遮攔外加口出穢言，在激情的瞬間說出像「羅傑，□我，□我，用力□我！」之類的話（考量尺度空白處自己塡）。很明顯黛安不是這種可以把激情化爲言語的女性，所以問題就來了。羅傑面對黛安這樣的美女竟然會硬不起來！

我問羅傑有沒有把這樣的心聲跟黛安分享過。他說：「妳說呢？妳是希望我把她這樣的好女人給嚇死是嗎？」羅傑接著說：「事實上，我沒有跟任何人提過這件事，唯一的例外就是……萊拉妳。」但其實羅傑也就是個很正常、很溫和的男人，他的慾望只在私密的房間裡，跟我說這些東西他也覺得很丟臉、很不好意思。問題是男人爲什麼要爲自己的慾望感到不好意思呢？

大部分男生從小受的教育都是：「不要玩自己的命根子，那很髒。姊姊在換衣服不可以偷看，那樣不乖。媽咪那裡也不可以碰，壞壞。」

上面說的是小男生。進入青春期以後，善良的男孩子更會謹守分際藏好性衝動，免得被罵或被排斥，搞到最後即使是跟兩情相悅的女子在私人的空間裡，他們也不敢提出任何要求，包括請女伴大喊把她怎麼樣，即便他並不會勉強對方，即便這樣並不會傷害到任何不相干的人，**而這都只是因為他怕對方會把性幻想跟他的人畫上等號，彷彿性幻想有多髒，現實中的他就有多髒**。男生很怕喜歡的女人會因此去別處找「乾淨」的男人。

一整個世代的美國男人，沒錯，就是你走出門外的這一群男性動物，都共同害怕一件事情跟漫畫有關，不過我說的不是漫畫裡的怪物、吸血鬼、妖魔與活屍，而是漫畫封底廣告上的健美先生查爾斯・艾特拉斯（Charles Atlas）！最令人膽顫心驚的一禎廣告裡有位弱不禁風的軟腳蝦，原本開心帶著正妹女友在沙灘上日光浴，沒想到路過的健美先生查爾斯很故意地踢了沙到軟腳蝦的臉上，然後一副無所謂地走開。目睹這一切的正妹女友不但沒有同情弱者，反而對肌肉男查爾斯投以崇拜的炙熱目光，最後甚至一屁股跳起來跟這位明明很亂來的猛男跑了，彷彿這真是個弱肉強食的世界，贏者就是對的，強就代表正確。數以百萬計只能算是白斬雞的美國男生都被這種廣告嚇得皮皮挫，因爲他們都把自己投射成那個並沒做錯什麼，卻只因爲沒練肌肉就慘遭橫刀奪愛的沙灘男孩。

自尊跟性在男性的大腦灰質裡基本上綁在一起。如果男人想要在床上玩大一點、「超過」一點，他就會自覺像那個沙灘上的「弱雞」，他會害怕失去自己的女人。就算只不過偶爾想在陽春麵上加一點點老闆特製的辣椒，他都會害怕穿著白T恤、陽春麵基本教義派的鄰居猛男會往他臉上招呼啤酒瓶，把原本在陪她吃麵的正妹女友搶走。

羅傑會在性慾的分享上投鼠忌器，就是因爲他希望黛安能夠「驚世駭俗」一些。「她要是知道我希望她邊做邊說那些話，應該會覺得我這人很噁心吧。」羅傑對我說。

「你確定？」我反問。我建議羅傑克服心魔，去跟黛安談談他完全不會傷害到任何人的性癖好，不過就是想聽兩句助興的髒話，臭了嗎？「誰知道？」我說，「搞不好她很OK，甚至很會也說不定。」

隔一段時間再見，我問羅傑：「如何？有進展或突破嗎？」結果羅傑並沒有告訴她，他還是怕。

這之後又過了六個月，羅傑跟黛安分了。他說雖然自己很愛黛安，也覺得她是個好女人，但兩人之間就是擦不出火花跟熱情，沒有熱情的婚他實在結不下去，畢竟這是一輩子的事情，畢竟性對男人實在是太重要了，而羅傑就是個很正常的男人。

這事兒我聽著覺得悲哀，因爲如果黛安可以容得下羅傑的性幻想，這小倆口相當登對，稱得上是一對璧人，我很看好他們可以快樂過一生。若是羅傑可以鼓起勇氣告訴黛安，希望黛安在床上、在只有兩人的時候放開一點，說不定黛安會願意配合，不會覺得這有什麼。只要黛安隨便講兩句，羅傑就一定能滿意，要知道比起女性，男人相對容易靠一些角色扮演讓自己「完事」。

但獵人小姐，要用高配合度讓獵物爲妳傾心，妳首先得調查出獵物的性愛死穴位於何處。

第四十七章

獵人小姐，性愛偵探是個好兼差

男人的性愛開關藏在何處？這要找起來說真的有點難度。多數女性都是上了再說，衣服脫了之後開始東摸摸、西說說，看摸哪裡或講些什麼能讓男生起反應，這基本上是一個「民調」的概念，只不過這民調是間接問男人的小頭。當然也有女性會直接問大頭，她們會邊做邊問：「寶貝你喜歡這樣嗎？舒服嗎？」尤有甚者會有女勇者問：「還想玩什麼嗎？」

這都很好，但還不夠好。要真正啓動男人性愛的反應爐，妳必須套上福爾摩斯的斗蓬，掏出妳的放大鏡，潛入獵物性慾裡的羊腸小徑，走他個柳暗花明。妳必須學習當個性愛柯南。

對付男人，妳不用來硬的，他們不是什麼很難開的核桃。基本上男人是長了腳的燈泡，亮不亮或有沒有反應非常容易看，想看不到都很難。眞不知爲什麼那麼多姊妹還是像瞎子在開船一樣老往冰山上撞？

要在性愛的導航上有進步，**第一步是架起天線，找到頻道，開始接收獵物的性愛訊號**。仔細聽取他日常的發言，注意他對於自己的童年、情史、好惡的描述。注意聽他意在言外的態度與情緒。另外不要漏接暗示，尤其講到有點顏色的東西不要排斥。

進了房上了床，天線的功率更要調強一點。留意在炒飯火最大的時候他都說了啥。他雞貓子喊叫的「肺腑之言」是「喔，寶貝！」、「喔，達令！」、「喔、小三！」或「喔，妳以爲長得漂亮就可以犯賤嗎？」這些話不要說上不了檯面，甚至於根本出不了房間，但妳能聽得到就代表你們關係匪淺，妳可以仔細聽看看有什麼線索藏在字裡行間。

有些男人透明到不需要扮柯南也看得出來他在想啥，他會直接告訴妳他的幻想，而這些幻想就是火藥可以炸掉他的心防，讓妳直通男人心房。可惜大多數的女性都沒有提防，冷不防就讓這些資源從耳邊流光。但就算妳耳朵有豎起來，妳又怎知道他想吃的是生熟之間六十八種刻度裡哪一種火候的沙朗？

每個人的情慾都根深蒂固於他們的心理狀態中，能讓他興奮的事情往往起源於童年。不論跟妳曖昧的男生是跟羅傑一樣喜歡女生主動豪放，還是像克里斯多佛一樣希望女人被動讓他追求欣賞，其根源都可能是他的生活還很像《湯姆歷險記》(*The Adventures of Tom Sawyer*) 時發生的某件事情或某段記憶。

每個人的童年都非常重要，包括我們的秉性與脾氣都形塑於這段期間，而性慾也是我們的秉性的一環。在《所羅門王的指環》(*King Solomon's Ring*) 一書中，作者羅倫茲博士 (Dr. Lorenz) 提到因爲印記的關係，初生的小鴨會搖搖擺擺地跟著他在實驗室裡東奔西跑。我們小時候其實就跟這些小鴨沒兩樣，任何情緒上的重大事件都會在我們的腦中留下印痕，於是即便兒時的記憶已不復存在，我們長大後還是會環肥燕瘦、青菜蘿蔔各有所好，每個人的情慾各被不同的長相與個性激活。

不過羅傑倒是記得自己小時候的經歷。他說小時候住在紐約，有次跟爸爸在第八大道上散步，而當時第八大道是鶯鶯燕燕最常出沒的地點。他們父子走著走著，一位「晚上上班」的女士對著羅爸大喊：「嘿，大哥，來嘛，來嘛，我們來ＸＸ！」羅爸一聽大驚，趕緊用手捂住小羅傑的哈比人耳朵，隨手招了輛計程車把小孩推進火坑，嗯，是推進後座。雖然還不懂意思，但看爸爸的反應這麼激烈，小羅傑已經記住了「ＸＸ」的發音，這一定是個很了不起的字眼，印記的章給它用力蓋下去就對了。

隔天吃早餐的時候，小羅傑突然開口問了一句：「什麼是『XX』？」這可讓平日都處變不驚的一家之主羅爸突然慌了。羅傑回想說他當時的感覺是他好像突然爬到爸爸頭上，渾身充滿了力量，而力量是男人的毒品，一試便會上癮。於是乎直到今日，羅傑只要聽到女人說這些不該說的話，都會立刻活力十足，一整個強起來。

性的印記不會因爲人長大就不見。佛洛伊德說異性戀「XX」的時候不是兩個人，而是六個人：男生、女生、男生爸、男生媽、女生爸、女生媽。我其實覺得還不只。讓我說的話我覺得所有的前女友，都會影響男人此刻對妳的想望。他的核心慾望或許像憲法一樣不易改變，但這並不表示他不會一直想在性事上求新求變。

讓獵物知道妳沒有什麼不敢

看起來再乖的男人，其實都有很多在房間裡沒做過但很想做的事情。配合度高的女性會讓他們超級感激。

在「計畫」時代我訪問過一位男士約翰，他新交的女朋友叫妲妮亞。約翰說跟妲妮亞的性生活非常火，妲妮亞似乎對各種「玩法」的接受度很高，於是乎約翰開始慢慢覺得自己有想認眞的感覺了，這在男人的術語中就是「愛上了」的意思。某日是星期天，這對璧人開著車在鄉間兜風，一整條路空蕩蕩地只有他們一台車，蜿蜒的兩旁盡是深邃而誘人的樹林，感覺就像是天然形成的「場地」。約翰開始蠢蠢欲動，在慾望的唆使下他手握方向盤，轉頭對女友說：「妳會不會想邊吸芬多精邊跟我愛愛啊？」約翰說妲妮亞的表情在對他說：你瘋了嗎？

那天夜裡在妲妮亞的住處，兩人正要鑽進被窩，約翰又有了個「翻滾吧！情人」的念頭，他目測了一下妲妮亞的梳妝檯高度，然後滿懷希望地說：「寶貝，妳可不可以坐到梳妝檯上，我想在那裡跟妳親熱？」沒想到妲妮亞又是眉頭深鎖，以一副不可置信的雙眸看著約翰。

事實上，約翰說妲妮亞有照辦。她按約翰的要求坐上了梳妝檯，約翰則站著與她沒有距離。最後的結果雖然好像一樣，但妲妮亞第一時間的反感還是讓約翰覺得有罪惡感，好像是自己很齷齪、很變態，硬逼女生就範。於是這之後約翰就再沒提過類似的建議，性事開始變得像例行公事，兩顆心也開始停止靠近。

大部分男人都喜歡跟他們一樣享受性愛，喜歡把「今天在哪裡做？」當成跟「今晚吃什麼？」一樣去思考的女人。就算不是都真能做到，男生也會希望至少在言談中不會是個禁忌。如果犬儒學派的迪歐根尼斯（Diogenes）在大白天打著燈，沿路尋找誠實的人，男人永遠不放棄尋找的就是可以滿足他們性幻想的女性。男人的心上若有把鎖，那鎖的牌子就叫作「性」。

解碼他的幻想大魔王

要解開男人的這把心鎖，要知道他想在房間裡對妳怎樣，妳必須抽絲剝繭，把他這顆花多年養成的「大洋蔥」給層層撕開來。話說我們不是都會問男生晚餐想吃什麼、電影想看哪部、書喜歡哪本、演唱會去誰的、想打排球還是小白球、休假想放鬆還是進修，但我們卻不問他們人生中最重要的一項品味，對性的品味。哪個姊妹認眞問過自己的男人：「今晚你想怎樣？」有的話我給妳按個讚。

想問出男人的情慾密碼需要一點巧勁，妳不能像問「你霜淇淋要香草還是巧克力？」或「你想租魏德盛還是宮崎駿？」一樣隨口這麼一問，妳得愼選時間、地點、環境與口氣。時間要選放鬆，但兩人沒有馬上要「怎樣」的時候；地點要是私人空間，但不要在你們「那個」的房間；環境要讓他想講話，只要他想講，很長一段時間不用怕有人會打斷他。最後妳的態度必須要帶著點玩興，帶著點赤子之心，帶著點期待的情緒。

問問題的時候要注意措詞，重點是要讓他確信妳是認眞在問他。讓他知道百無禁忌，沒有事情需要瞞妳，甚至於愈煽情愈好。滿分是讓他話匣子一開就煞車壞掉。

給獵物安全感，讓他願意分享壓箱底的性幻想

要讓獵物把慾望招出來，妳必須給他安全感，這樣他才會給妳個痛快跟誠實的答案。事情要處理到讓他覺得妳準備好了，什麼驚世駭俗的答案都不會讓妳「閃尿」。在他面前妳不是聯合國的代表，不是從小都考一百分的乖寶寶，妳是跟他一樣有需求的女人，妳喜歡性。

怎樣能做到這樣？想想妳聽過的演唱會是不是都有來賓先幫觀眾暖場，跟男人談心說性也是一樣。五月天等下要唱歌，暖場的宇宙人樂團也是唱歌，男生等下要說話，妳的暖場當然也是說話。**把某天夜裡發生在妳（或妳朋友）身上的豔遇拿出來講，讓他知道輪到自己的時候尺度可以很大**。

如果要說自己的故事，請一定要誠懇中帶著玩心，清純裡不失禁忌。把妳人生中最火辣、最激情的性經驗拿出來分享，但又要一副很無辜，妳一點都不濫交的形象，讓他知道妳可以，但不是跟誰都可以，讓他知道妳不是不能上，但只給喜歡的人上。這個平衡妳要拿捏好。稍微要注意的是，不要添油加醋地太過火，免得弄巧成拙讓他

自尊受傷或妒火中燒。通常比較好的作法是說這故事是妳朋友的，妳只是轉述而已。當然如果妳眞有個從《慾望城市》影集裡走出來的朋友那就太好了。不論是3P還是吞吞吐吐各種軟的或硬的東西，妳都可以詳細說分明，反正那都是妳朋友，不是妳，妳甚或可以邊說邊閃爍著「已羨慕」的眼神，讓他知道妳多希望自己是妳朋友（雖然搞不好妳就是妳朋友啦）。

如果妳沒有可以跟對方分享的經驗，那我這裡有個眞人眞事要說給妳了解，人是我的朋友，她叫阿雅。這故事聽完以後就當我借給妳，妳可以把阿雅當成是妳未謀面的朋友，把這故事說給獵物聽，保證他的冒險精神會被挑起。

阿雅說她常幻想被「強暴」。當然她不是眞的想被強暴啦，被強暴是天理難容的重大犯罪，她說的強暴是性幻想的橋段，而且還是在女性當中很有賣點的一種。這時的阿雅正在跟一個男生約會，他叫吉姆，吉姆是個典型的男生，每天就想著要趕快能跟阿雅怎麼樣。吉姆暗示過、拜託過、懇求過，但阿雅一直都很硬（我是說態度）。阿雅可是沒少見過大風大浪，不能滿足她的前男友基本上有一托拉庫。這次她決心不讓自己委屈，不照她的意思辦，不讓她覺得好玩，那要吉姆跟她怎樣就絕對免談。

一個星期四的晚間看完電影，吉姆開車載阿雅回到她清幽的鄉下住家，事實上阿雅家清幽到不開車哪兒都到不了。停好車，他陪著阿雅走到大門口，求阿雅讓他進去，但阿雅仍舊矜持著不肯。但矜持完阿雅還有後續，她給吉姆留下了一個非常令他振奮的訊息：「吉姆你今天不准進來，明天也不准進來。」振奮的點在後頭。「但這是大門的鑰匙，後天開始你自己選一個時候來找我，不用也不准約時間，最好能讓我嚇一跳，然後我要你……。」

點點點的部分是阿雅把她想要的東西一股腦兒告訴吉姆，包括細節都交代得非常清楚。吉姆得到的指示是半夜開車到她家，阿雅會已經睡了但門不會鎖。開門後吉姆的任務是潛進阿雅的閨房，繞到床頭櫃旁取得並戴上她親自準備好的保險套（當然要先把衣服脫掉），然後再躡手躡腳想辦法進被窩，好讓阿雅沒有時間逃（她也沒有想逃啦）。

再來阿雅要吉姆用點力把手摀在她的嘴上，然後把她的睡衣扯開。她會盡量掙扎、會尖叫呼喊：「不要！不要！救命啊，我被強暴啦！」但前面說過她住的地方在樹林中，連開車都要很久，喊叫怎麼可能有人聽到（當然她也不是真的希望有人聽到啦）。阿雅邊喊會邊朝著電話跑，作勢要報警，而吉姆的「戲份」就是要用蠻力攔下她，然後再「強暴」她。

以上就是阿雅導演處女作的劇本，而後來戲也確實是這樣演的。阿雅說她永遠記得吉姆在浴室門後的剪影。如果要說有什麼沒有照劇本演出的話，那大概就是吉姆

「強暴」她兩次，比她設想的多了一次，更別說殺青完天亮後他們又追加了一次，但因爲這次非「強暴」所以沒算進去。

把發生的事情通通說成是朋友的故事有兩個好處。首先這些瘋狂的計畫，什麼家被潛入，人被強暴都是妳的朋友而不是妳，這樣比較不會影響到他對妳的觀感，同時由女性當導演，一切的計畫都是女生主導，妳也照顧到了前男友們的隱私。更重要的是這故事設定了界線，提供了空間給獵物發表他的「意見」。正常男生聽完都會不服輸，都會想要說些更刺激的經歷。

在把性經驗跟獵物分享的期間，注意看他的反應與各種表現。他或許會用嶄新的角度看妳，他內心的OS會是：「欸，這女生不會很閉俗耶，她好像還蠻願意『嚐鮮』的！」**我得說不是每個男生都希望自己的女友在性事方面身經百戰，但絕對每個男生都不希望自己的女友覺得性很骯髒**，要是這女生能享受性愛，尤其是可以跟他一起享受性愛，那就太棒了。

妳的故事說完了，接下來就是準備面對他的反應，這點有很多可能性。首先他可能張大眼睛問妳：「怎麼會有人想被『強暴』（或女主角的其他遭遇）？妳會想被人用強的嗎？」「我當然不會，」妳可以笑笑地四兩撥千金。妳可以彷彿簡報完一樣問聲：「還有其他的問題嗎？」然後把隱形的麥克風交到他手上，換已經熱好身的他來段內心深處的情慾寫眞。妳有可能空手而歸，也可能挖到寶，總之妳票都買好了，就聽聽他能說出什麼東西來就是了，畢竟說到性幻想，男生應該是不會詞窮的。

說到男生的性幻想，哪些是萬年熱賣款呢？首先，男生幾乎都想過跟兩個女生一起做，看兩個女生做，看一對男女做，看女生自慰，讓女王在上面發號施令，自己當王把女生當奴隸，多了。而這些都還是固定款，玩家型比較小眾的性幻想我還沒提。

要是這男的眞的乾淨得像張白紙便罷，但只要他有一些些色彩，甚至一整盒七十二色水彩，他一定會受妳走在前面的故事感召而在輪到自己的時候盡情揮灑。

技巧77▼（給女士）：找出男生的開關：你有什麼幻想？

獵人小姐，善用妳貓咪般慵懶而性感的女性聲線，讓妳的性幻想罩上一層神祕而誘人的面紗，拿阿雅的故事當模板，給男生一點示範，最後用一抹耐人尋味的笑意給他來上這麼一句：你有什麼幻想？

他的答案是金蛋，這金蛋直通他的「蛋蛋」，然後他的愛也會跟上來。

姊妹們，不要以爲妳的事情完了，早的很。不論他說了什麼，都要看起來聽得津津有味。眼神裡要有光芒，要找空檔說：「眞的喔？」然後妳可以輕咬一下嘴唇，略顯興奮難耐地宣示：「不要停」。給他發揮空間一鏡到底，善用嗯嗯喔喔跟意有所指的笑意，總之妳的目標就是別讓他停，一直拿幻想當主題講下去。

稍微要注意的是他在講的是很私密的東西，**所以不要稍有鬆懈讓潛意識的道德批判浮出水面**，即便只是一點點。我想說的是很多女生都很聰明，都知道要在初次跟男生的小底迪見面時故作驚喜，這裡也是同樣的道理，因爲即便用講的，分享性幻想的男生也同樣是以弱點示人，所以妳的任何反應都得謹慎。只要有一絲責怪閃過眉宇之間，他的心思就會落入黑洞的事象地平線，妳再也看不見。

技巧78▼（給女士）：打回來的球要接好

男生開口了，妳身為唯一的聽眾要如何接招呢？

妳可以善用女性的獨特聲線與嫣然一笑來傳達肯定、讚許、回應，也可以顯露點頑皮，舔一下嘴唇也無不宜。這些動作按正常的社交禮儀可能有點限制級，但在男女互電的情境中只能說剛好而已。

男人心，海底針？

妳可能會嚇一跳，可能會想先坐好，但治療師說九成男人有祕密的情慾沒有告訴配偶。《紐約時報》登過一則頭版說「男人幾乎都是變態」。嗯，這點容我們稍後再談，首先我們先來講男性幻想中相對正常，但也很多女性不熟悉的面向。

男生有什麼我們不知道的面向？說穿了也沒什麼大不了的東西，不過就是他們怕媽媽知道了會說這兒子有夠下流而已。前面說男生喜歡幻想看誰跟誰做就是例子，這東西不會有男生想說給爸媽聽。

話說我要再三強調技巧77妳眞的不能掉以輕心，妳需要它去判讀跟特定男人能不能在性這一塊長期滿意。說到性，很多男人就像落後國家，可以偶爾去玩，但要住下來免談。

假設妳人在餐廳，特製蠟燭的火光閃爍在高腳杯面上，映照出妳滿是期待的笑容。妳問在對面坐著的男士說：「你有什麼幻想？」沒想到他高談闊論起妳其實很難接受的詭異行徑，妳怎麼辦？尖叫？拿起包包跑掉？還是對他說「你有夠噁心的」或「你這個變態」？

以上皆非。妳聽就對了。妳就當自己人坐在雲霄飛車上，下不來妳就笑笑地坐著，享受地面上不能帶給妳的奇異感受。如果想吐，也等一會兒假補妝之名到洗手間吐，畢竟是妳先開頭的，當場給人家難看有點說不過去，是吧？

再者不管妳聽到了什麼，都不要八卦給任何人知道，包括姊妹淘。我還是得說妳有點陰險地算計了男人，讓他說出自己的心聲，之後對人家厚道一點也不算過分。其實大部分男人的祕密也不會多有新意，但爲了讓他爲妳傾心，妳可以選擇做做樣子，讓他以爲驚喜是妳的心情。

打破砂鍋問到底，向國會議員看齊

想像妳主修政治系，杯葛議事是今天課堂上的主題，老師要大家上台練習，比的是看誰最能巴著麥克風唱獨角戲，讓議事流程走不下去。面對把幻想拿出來講完了的男人，妳也可以施展同一套把戲，對著他丟出妳想得到的各種問題。一開始他可能會稍微愣一下，畢竟少有女性會對這樣的話題表達興趣，但我保證不用一會兒，他就會進入狀況而開始覺得會這樣追問的妳實在太棒。

男人幻想界的大魔王不啻是跟兩個女人同床，或是看兩個女人同床。假設妳使出技巧77跟78，問出的結果是這男人幻想著看兩個女人同床，那接下來的Q&A可能長這樣：

妳：嗯嗯（超級女聲），眞刺激。這兩個女的長怎樣？男方回答。

妳：是喔？（眼睛一亮）她們有穿衣服嗎？男方回答。

妳：哇嗚。（賞他個壞壞惹人愛的笑臉）她們是有其中一方主動，還是雙方都很投入？男方回答。

妳：喔，不錯耶。（顯露好奇心）這是她們第一次「女女戀」嗎？男方回答。

妳：在你的幻想裡，她們有姓名嗎？男方若答有，之後妳就跟著用。

妳：嗯嗯。（舔嘴唇）芭芭拉跟蒂蒂有接吻嗎？男方回答。

妳：是喔！（非常投入）芭芭拉跟蒂蒂是女同性戀嗎？還是她們只是一時意亂情迷？

就這樣，跟妳的對話會變得非常刺激。要是你們是在餐廳裡談這些事情，說不定妳會發現桌子被抬起來，因爲男生搞不好已經在桌底下「升旗」了。好啦我可能誇張了點，但妳繼續這樣問問題，男生對妳一定會刮目相看。如果男生以前當妳是小辣椒，他們現在會當妳是鬼椒。

不需要因爲男人對芭芭拉跟蒂蒂這麼感興趣而吃醋，只要他欣賞妳對性的健康態度，遲早他的遐想會朝著妳的方向渡過來。

技巧79▼（給女士）：沒有極限的限制級對談

一旦獵物開口了，就不要讓他停下來，不斷地用問題讓他可以滔滔不絕。

想像自己是電視談話節目主持人在訪問打片中的電影明星。用問題淹沒男生，讓他被迫得不斷談論自己的終極性幻想，善用女性的聲線、眼神中的亮點，還有用舌頭自舔來傳達妳的沉溺與肯定，讓他知道這些東西妳都沒有問題。

姊妹們，再來妳必須查清楚的是男生實踐幻想的底線，問他的幻想是拿來邊做邊想，邊做邊講，還是眞的要照著做的。走到這一步其實有點風險，因爲他可能會以爲妳是在邀請他。萬一他問妳要不要在他的幻想裡軋一角，不要說不好，當然也不要說好，聰明的妳會讓他懸在半空中。**這裡的關鍵字是可能性，只要讓他覺得妳充滿了可能性，他就會想要繼續見妳。**

如果他的幻想是看兩個女人做，妳可以說：「嗯，我從來沒有跟別的女人上過床，但聽你講起來好像還蠻刺激的，奇怪我以前怎麼都沒想到要嘗試看看啊？」**相信我，這只是講講而已，妳不需要真的犧牲那麼大（除非妳真的想啦）**。很多男人光靠幻想就可以從台北開到高雄了，眞的要男人說到做到他們反而消受不了。

芝麻開門

姊妹們，我們都聽過有人說男生是視覺的動物，但妳知道男人也很重視聽覺嗎？就像小孩要聽故事才睡得著，男人也要聽到特定的「咒語」才會芝麻開門，正確的咒語可以讓男人百聽不厭，可以讓男人把心掏給妳。當然女人也有愛聽的話，但現在先讓我們來聊聊怎樣讓男人芝麻開門。

男人可以把工作、升遷、親戚、房貸等現實生活中煩心的事情通通擋在門外，閉起眼來進入性幻想的蟲洞。這蟲洞可以由妳用人爲的方式啓動，但首先妳得知道話要怎麼說。

男人很愛聊性，尤其是跟女人聊，但前提是這女人必須接受男人色色的是一件正常的事情，不會用嫌惡的眼神去傳遞批評。那麼多男人願意砸大錢去打「○二○四」，聽不認識的女性嗲聲嗲氣，妳就知道他們是眞的有這樣的需求。很多男人不是沒有女朋友甚至老婆，而是他們沒辦法跟自己的女人這樣說話，這時候他們就會拿起話筒，對著不知名的女性大談他們的性幻想。

色情電話到底有什麼比眞人還好的地方？通常談好價錢之後，色情電話小姐就會用她極其軟調的聲音說出：「你在想什麼啊？你喜歡怎樣做啊？跟我說說啊。」這些「職業婦女」其實都是一招半式闖天下，她們會用例行的話術讓你打開話匣子，然後再見機行事。而不論付錢的客人說什麼，她們都一定會聽起來很期待、很開心，然後起手式都一定是：「喔，是喔，嗯嗯，不錯喔，你很罩嘛。」

色情電話小姐所受的專業訓練會要她們善於傾聽，然後用類似本書前面提到過的「當隻鸚鵡」技巧來順著話說。她們會「以其人之道還治其人之身」，用男人剛說過的話當作材料，編造出一個故事，一個性愛的迪士尼樂園。

剛剛說過男人常幻想兩個女人同床。假設色情電話專員接到一通來電，對方說他喜歡「看兩個金髮女人互相撲過去」，身爲男性專家的她就知道該怎麼做了，或者應該說她就會知道該怎麼說了。打電話去的男性會覺得物有所值，甚至物超所值的這通電話，聽起來大抵會是像下面這樣。

她可能會說：「喔，你喜歡看女女戀喔？我有時候也喜歡跟女生做耶，尤其是金髮的女生，她們眞的很酷。（注意到專員的措詞了嗎？她沒有說打砲，連上床這樣相對中性的字眼都沒說；她之所以會說跟誰誰做，是標準作業流程的一部分。）她的客戶會上氣不接下氣地說：「妳喜歡金髮妹？」「是啊。我跟蠻多女生做過喔，而且你不講我還沒想到，她們幾乎都是金髮耶。」

她的客人的呼吸會愈來愈低沉，愈來愈大聲。「妳……妳……妳該不會也是金髮吧？」他問。「我是啊，我金髮，而且我長髮留很久了。順道一提我身高一七五。」這應該會讓他聽得目瞪口呆。

再來這位誰知道是不是金髮的男人心理專家會開始編故事，故事愈長她愈好賺，就跟無良的計程車會繞路一樣。「去年夏天吧，」她起了個頭，「我去游泳，席拉就坐在池邊休息，我剛好看到她在梳理一頭金色的長髮。沒想到她梳完頭站起身來，活脫脫就是一位高挑的美女，身材好到沒話說。我賀爾蒙開始分泌，身體開始起了反應，於是我朝她走了過去，然後……。」

當然席拉是假的，游泳是假的，〇二〇四小姐根本沒有過女女戀，她自己也八成不是金髮，更過分一點的搞不好她還很矮，也不是女人！很多女大姐或有變裝癖的男性也會在〇二〇四兼差，沒什麼好大驚小怪。事實上打電話去的男性多半也知道眞相，但他們還是願意把這錢給對方賺，因爲他們想滿足的就只是自己的幻想，而〇二〇四就是性幻想的遊樂場。

技巧80▼（給女士）：芝麻開門

專心聽男人聊自己的性幻想，注意裡頭有沒有出現下列關鍵字：女人、女性、小姐、馬子、辣妹、洋娃娃、寶貝。我知道這些詞不見得都好聽，有物化女性之嫌，但此一時彼一時，妳不是在競選青年楷模或好人好事代表，請妳暫時把平日的原則放下來，讓他的某個部位可以升起來，當然前提是妳得喜歡這個人，願意為他這樣犧牲。

另外妳還可以留意他一旦興奮起來，嘴巴上不乾淨的部位是哪些？是胸部、奶子、D罩杯、雙峰、上圍，還是那兩粒？我知道這些用語也有點兒童不宜，但首先我們都是成年人，再者妳如果是認真想讓他開心，那就絕對不能不好意思，**他怎麼說妳就怎麼說**。

獵物的性幻想或許不像上面舉例的那麼具體，但妳的目標一樣是讓他開口談性，只要是跟性稍微沾上邊的話題都行。問問他之前有過什麼樣的性經驗，問他自慰的時候都在想什麼（不用擔心，不打手槍的肯定不是男人），問他有沒有什麼夢幻的性經驗想要達成。

聽他遣詞用字，聽他進入狀況後如何稱呼自己的「分身」，重點是要判斷他是不是已經卸下心防，開始不顧形象，如果他還是很紳士、很禮貌，很知道分寸，那他說的話就還不太有參考價值，妳要等他某部位站起來而導致他人站不太起來了，才好把他說了些什麼都在腦子裡記錄下來。

不要小看這些東西，有時候妳會因爲話說的不對而讓男人冷掉。「計畫」時期我訪問過一位男性，他說他只要一聽到「幹」這個字就會興奮，但他的女友都只說「做愛」。他很愛女友，做的時候也是充滿了愛，而不是只當她是洩慾的工具，但話說回來，他眞的還蠻希望女友可以爲了他說一聲「寶貝，幹我！」

獵人小姐們，就當是行行好，給妳的獵物一點甜頭，這樣他就會覺得妳不同於他交往過的對象。給他的耳朵吃冰淇淋不需要挑時間地點，講手機可以來一下，吃炸雞也可以補一刀，就算是去好市多，好聽的話也不嫌多，反正他的耳朵永遠都是開著的。

聲浪太強，不做會被摔到床下

對男性來說，終極的聽覺性刺激是在性行為的當中聽到妳把他想聽的話說出口。這不是品味的問題，而是個配合度的問題，如果妳不樂意配合他就算了，如果這男人妳覺得值得，那就由他在床上胡來吧，他怎麼說妳就怎麼做，喔不，是他怎麼說妳就怎麼說。

技巧81 入境問俗

姊妹們，把妳問他「你有什麼性幻想？」時得到的回答給記起來備著。跟他上床時一股腦拿出來用，甚至可以編故事，把他當小孩哄，替他把〇二〇四的錢省下來當約會基金絕對夠。

除了照他的意思說話以外，床上的妳還可以配合他的幻想演出。如果他有「芭芭拉和蒂蒂」的幻想，那妳可以在前戲的時候一邊鬧他，一邊問他：「嘿，芭芭拉跟蒂蒂最近好嗎？」如果妳是第一次用這招，那他可能會支支吾吾回答：「喔，天啊，我只想著妳一個人啊，寶貝。」這時候妳可以這麼接話：「是喔，可是我想著好多人耶，你跟芭芭拉跟蒂蒂我都有在想耶，還蠻刺激的。」

在性愛的過程中把男人的性幻想給說出來，就像是「床邊有聲書」一樣，對男人來說畫面十足。姊妹們，這樣做不完全是在伺候男人，我們也可以享受其中，因爲動動嘴巴就可以讓男人硬邦邦，那身爲女人也是可以爽到。

第四十八章

獵人，這些技巧對女人有用嗎？

兩性的差異是門很大的學問，而學海無涯，你又準備要學到一課啦。我想說的是，男生喜歡談性不表示女生也想，事實上跟第一次約會的女生聊天，你可就千萬別往那禁區闖。當然女生有性幻想，但誰准你剛認識就問女人想怎樣，那個人一定不正常。**太早問這麼私密的事情，會給女生不好的印象，更何況也不只針對你，女生本來就不會很想跟任何人講這種事情**，請你不要用男生的角度去想。

不過話又說回來，男生還是得想辦法查出女生想要什麼樣的親密關係。所以說男追女或女追男，這個目標是一致的，但作法必須調整。進展成親密愛人後，男生可以小心地問問女伴之前的經驗，看她願不願意說說前男友們在床上的優缺點。切忌操之過急，更不可強逼，**關鍵是讓她知道你不是在翻箱倒櫃探她的隱私，而是在做市調，希望能藉此提供她更好的服務**。讓她明瞭你被她弄得高潮連連，直翻白眼，你只是出於感謝而希望她也能一起升天。如果這樣的坦承可以換得她認同你的動機純正，那之後她就比較有可能對你在性的偏好上敞開大門。

如果人家不想講，千萬不要勉強。如履薄冰，慢慢前進。只要從她願意開放的一點點角落蒐集到一點蛛絲馬跡，你就算是贏，而且是大贏。

記住對女性而言，男生的吸引力是套餐，而不像男生喜歡女生的地方可以單點。女性的情慾是一個整體，看的是總分，所以說你的性能力不能說不重要，但女生不會只看這一點就打勾或打槍，女生被男生煞到眞的是比較有深度的一件事情，她會看你躺著（在床上）的時候強不強，也會看你站著（坐捷運）遇到老人會不會讓，她會看你把她抱到流理台上坐好後是不是她的菜，也會看你獨自站在流理台前會不會切菜。

男生，我問女生朋友喜歡現任男友哪一點，而且我問的是她們覺得對方哪裡性感喔，她們的回答會出現很多形容詞像是「聰明」、「體貼」、「有責任感」、「誠實」，外加一托拉庫男生會覺得跟性不性感無關的人格特質。但對女生來說這些東西都可以加分，都可以讓女生想倒貼這個人，甚至會想讓這個人壓上來。

有一項技巧可以同時教給男人或者女人，不過男生可能可以更仔細聽，因爲這招可能與你更有關係。主要是人的性幻想有很多種，或者說很多層，其中比較深層的東西除了性需求，也牽涉到人的心理需求。

剝洋蔥：幻想的真身

人不分男女，都是幻想的動物，而且幻想的強度跟頻率往往超乎我們想像。男士們，如果你們有辦法滿足女性的幻想，她愛上你的機率就會提升，但這只是大學部。如果想念博士班，**那你們得想辦法滿足她的另外一種幻想，對於交往關係的幻想**，但人對戀愛關係的設想就跟性幻想一樣，每個人都不一樣。或許眞的也是成見啦，但如果說男生都很色，都喜歡胸部大的、臉蛋漂亮的，那我也只能說女生對跟另一半的互動也有特定的要求。

唐娜吾友三十有六，外型亮麗不在話下，一頭棕髮在夜店相當活躍。她外在的美麗常讓人忽視了她的才華，事實上她會巡迴美國各小夜店演唱。只是說她覺得自己不可能在夜店唱一輩子，所以開始對婚姻之事有點著急。

她其實有很多機會可以跟男生認識，但就是一直沒遇到理想的。

我有幾年沒跟唐娜連絡，因爲唐娜跟我一樣都在美國各地跑來跑去，但最近姊妹倆剛好巧遇，她排定要表演的場地正好在我住宿的飯店附近。我把握機緣去聽了她的表演，收工後我們也就坐下來喝杯小酒敘敘舊。我問唐娜好嗎，她說：「就是寂寞。」畢竟這麼多年了，她都沒有護花使者。

我追問：「妳不是身邊一堆男生嗎？而且我聽說好幾個都被妳迷得團團轉耶。」唐娜的回答是：「他們都不是我的菜。」

「那妳的菜是怎樣？」

「要眞正愛我的。」

「要愛妳很難嗎？妳要不要說清楚一點怎樣叫愛妳？」我柯南上身。

「嗯，他要用我希望被愛的方式愛我。」

「那妳希望怎樣被愛？」

還好我不趕時間，不然這問題我眞不該問的。唐娜很認眞地回答了我的這個疑問，而且一開口就是兩個小時。她詳細交代了自己的夢想是有一天在一個不知名的小酒館，他在台下聽著她唱歌。唱著唱著兩人會四目相交，然後整場表演他會對她目不轉睛。作秀完他會請她過來同桌，並且讚美她天籟般的歌聲像魔鬼能殺人。雖然唐娜的獨白很冗長、很磨人，但我必須說跳針跳得最厲害的部分就是這天籟與魔鬼的比喻。唐娜很顯然就是想被男人這樣誇獎。

這時我開始理解到「被愛」兩個字對唐娜來說，其實有很明確（也很另類）的定義。對唐娜來說，被愛就是要有個男人願意爲她的歌聲而死，當然這只是比喻啦，但主要是唐娜明明很漂亮，但她希望被男人注意到的是她的歌聲，要知道唐娜的長相如果是林志玲，那她的歌聲只能算過得去。要男人單純因爲歌聲愛上她，說實在有點強人所難，不過這就是她的想法。

唐娜跟我腦力激盪了一下，結果原來小時候唐媽媽會跟她說賽倫的神話，所以她一直惦記著有個海妖的歌聲美到可以讓水手「死了都要聽」。唐娜說她小時候會邊洗澡邊唱歌，然後想像著黃色小鴨是溺水的水手。很變態嗎？嗯，雖然是小孩但還是蠻變態的。但以我在「計畫」期間聽到的東西來比較，這樣「變態」的女性並不在少數。

男士們，你是不是也認識不少女人秀外慧中，漂亮又成功，明明她們可以挑誰就是誰，但過了某個年紀，感情生活還是一清如水。倒不是她們非得向誰解釋，但她們對外的說法往往是：「沒有適合的對象」。她們並沒有說謊，因爲所謂「適合」對她們來說非常嚴格。**女人真的不只要被愛，還得用她們指定的方法被愛**。

爲了充實「計畫」的資料內容，我最近請了幾位女性友人提供她們對於「被愛」的意見。結果雖然有心理準備，但我還是覺得她們的答案極其五花八門、天花亂墜。

四十二歲的凱薩琳沒結過婚，她說她希望男人把她放在生命中的第一位，最好他生活中沒有別人，或有的話也得排在她後面，包括前妻或前段婚姻的孩子都不能比她優先。

凱薩琳說她了解自己的要求很高，因爲大部分男人如果跟她同年而單身，幾乎都結過婚有孩子。她說她跟前男友比爾分手是因爲他跟孩子太親密。凱薩琳知道她想要當第一順位的想法很不理性，對男生跟男生的親人也不公平，但她就是拿不掉這樣的情結。

我跟凱薩琳談下去，她說她來自一個風波不斷的破碎家庭。凱薩琳說她記得有次在客廳緊抓著媽媽的手，害怕地聽著爸爸對著媽媽大吼大叫，然後爸爸衝出門去，就再也沒回來了。她記得那男人臨走前丟下一句話是：「我生命中排第一的不是妳們母女。」說到這裡，凱薩琳緊緊地用手摀住耳朵，彷彿這句傷人的話事隔多年，依舊在美麗而成熟的她耳邊迴盪。

看我聽得起勁，嗯，是聽得很用心，凱薩琳又跟我分享了一個有點丟臉的祕密。她說她剛跟比爾開始交往時會夢到自己跟比爾兩個女兒同坐在瀑布邊的小艇上，眼看就要掉下去了，比爾急忙划船來救，但他的船也只能再坐一個人，到底要救誰才是？

凱薩琳說她曾經衝動問過比爾這個問題，他很中肯地回答：「凱薩琳，這問題沒意義。愛有很多種，妳是我最愛的女人，女兒是我的骨肉，這兩種東西要怎麼比較？」比爾是對的，無誤，凱薩琳也知道，她知道自己在無理取鬧，但她的理性就是壓抑不住情緒。結果只是因爲比爾說不出她排第一位，這兩個成年人就沒有走下去。

凱薩琳現在的愛人叫丹，丹比起比爾沒有哪裡比較好，但他就是夠敏銳，夠懂得變通，丹會對她說：「琳，妳是我生命中的唯一，更是第一。」這對凱薩琳來說非常受用，也非常足夠。現在丹就差沒求婚，但基本上凱薩琳已經是他的人。

女人對關係的幻想與期待，凱薩琳之流絕非最變態。有些女人總是落到壞男人的手裡，老是跟王八蛋交往，這種事情大家都聽過，甚至見過吧，所以才會有句話說「男人不壞，女人不愛」，好男人都很擔心自己會因此不受女生青睞，但其實也沒什麼好擔心的，因爲遇到女人是這等品味，當駕駛人會等行人，當行人會看紅綠燈的好男人自然沒機會。所幸這世上還是有些女人沒有這些怪癖，不會對壞男人有不切實際的幻想。這些「正常」的女人會找體貼、善良、溫柔，老婆做什麼都支持，不看正妹，不沾其他女色的好男人當老公兼好爸爸候選人。不過仔細想想，這樣的期待好像更不實際！

客人永遠是對的，女人也是

女人對情人該有什麼樣的特性，遠比男人挑剔。「好男人都死光了」並不代表有客觀標準可以衡量的好男人不存在，而代表說這話的女人找不到可以滿足她特定需求的男性。所以男生要謹記所有人都說你好不值得開心，要你喜歡的女人說你好那才是眞諦，要知道在愛情裡，「好」是非常主觀的東西。

現實跟幻想之間的差距，跟兩人的關係能不能長久有很大的關係。關於這點，某個研究有過很有趣的觀察，研究調查的主題是交往中的男女實際如何被愛跟希望怎樣被愛。

這份研究裡有一對受訪的情侶是約翰跟蘇珊，而研究者設計問卷依三方面計分：約翰對蘇珊的感覺；蘇珊希望情人對她是什麼感覺；蘇珊覺得約翰對她是什麼感覺。假設蘇珊覺得約翰愛她完全符合她要的方式，她就會覺得自己死也甘願。**事實上，任何一個人只要能感覺到情人用自己屬意的方式愛自己，就是他們覺得最幸福的時候**。

男人，要抓住獵物的心，光是讓她覺得被愛是不夠的，你要弄清楚她希望怎麼被愛，包括愛的質與量都要斤斤計較。讓她覺得你給的是客製化的愛，是專屬於她而且能搔到她癢處的愛，她也才會捨更高的、更帥的、刷卡額度更高的、更聰明的男人來跟你在一起。愛跟被愛對女人來說，就是有重要到這種程度。

三言兩語讓她認定你是唯一

言語可以刺激男人的情慾，也可以滿足女人於耳際。至於要判斷出她想聽什麼，你得問、得聽、得專心。注意聽她談前男友，談跟父母的相處，談她喜歡或不喜歡朋友裡的誰跟誰。

爲了鞏固愛的本體，你還得運用技巧直搗她內心的祕境，一探愛情對她的意義。慎選一個舒適而放鬆的情境，也許是間高級而不壓抑的餐廳，然後狀似無意地提起你正在讀的一本書談到人吃五穀雜糧，愛有萬般模樣，告訴她你知道不同人對愛情與婚姻有不同的想像。

平鋪直敘，不過度修飾地問她一句：「如果有人想愛妳，妳希望他怎麼做？」她或許會尷尬一下，但你要堅持不放手，直到想要的答案到手。這問題十個女人會有十一種答案，一百個女人會有一千種答案，**但有件事不會變，那就是她的話語中會不斷出現某些「關鍵字」**。

男生，聽著，如果你希望讓像唐娜這樣的女性愛上你，告訴她：「唐娜，妳的歌聲太好聽了，我怕我以後聽不到會活不下去。」如果你喜歡的是像凱薩琳這樣的女性，那就說：「凱薩琳，妳在我生命中排第一名。」這樣就是因材施教，對症下藥。

技巧82▼（給男士）：關鍵字把妹法

首先問她：「愛是什麼？」看獵物希望如何被愛。

從她的回答中找關鍵字，但不要一找到就馬上丟，留到跟「我愛妳」一起搭配使用。

男人也有關鍵字

男人也不是有性就好，他們對愛也有偏好，而且要找到這個偏好有一個特別的訣竅，**那就是去調查他會為了什麼事情驕傲**，然後再把對應的關鍵字插入妳的言談。

有些男人會希望女生愛他是因爲他聰明；有些男人會希望妳喜歡他是因爲覺得他壯、他強、他帥到掉渣；還有些男人希望妳喜歡他是因爲覺得他的孩子氣很迷人。

我一個朋友小強的職業是律師，最近剛訂婚。小強最自豪的就是自己白手起家。他一天到晚把「白手起家」掛在嘴上，至少我是常聽到他說啦。他爸爸是清道夫，但小強還是想辦法半工半讀念完了法學院。

有一次小強跟我聊到他未婚妻麗莎。小強說：「麗莎了解我是怎麼『白手起家』，也很佩服我能做到這樣。」我心想：「眞的嗎？」搞不好麗莎只是因爲愛他才順著他的話講，不過即便是這樣也沒有什麼不好就是啦。

我曾經有過一位年輕帥哥房客叫卡爾，職業是警官，他除了追犯人，也追很多女生。他知道我在研究兩性關係，所以每個星期都會跟我簡報一次新女友的動態，因爲他的女伴確實像値星官每週都換。卡爾常說：「我覺得她喜歡我的調調。」我想應該沒有任何一個女生說得出這樣的話，因爲如果有女生聰明到附和他一下，他就會定下來了。

姊妹們，要把男人的心抓好，就要知道他對自己哪一點最驕傲。主要是相處時多留意，他往往不經意間已經洩題給你，畢竟要知道每個人說話都有習慣的用語。小強愛說「白手起家」，卡爾強調自己的「調調」，有意跟他們發展關係的女性都應該要看出這些是關鍵的字句，還不趕緊裝在箭頭上朝他們射去。

第四十九章

最後，熟男如何一舉成擒

三不五時，我們會心痛如絞、披頭散髮地把腦筋動到品質通過長時間考驗的熟男身上。這些熟男單身（廢話），而且是從來沒結過婚，但從外人的眼光來看他們不是條件不好，事實上他們看來也是很挑，出去約會或談個小戀愛都非正妹不找。問題是一進到單獨出去的穩定期，他跟對象就維持不到幾個月的光陰。朋友問他在等什麼？有事嗎？他總是玩世不恭地聳聳肩，笑著答說：「喔，沒啦，我在等對的人出現。」

這樣的回答有不老實嗎？這樣的男人是打算單身到死嗎？其實不然。他是眞的在等對的女人，而那個女人也眞的還沒現身。**不過有件事他倒是眞的沒有老實說出來，那**

就是他所謂對的女人，是指性方面能滿足他的女人。

說到四處都吃得開，給人感覺獨立、穩定、有能力的單身男性，傑瑞就是個典型。眞要說，傑瑞是他那個社區裡最値得多看兩眼的黃金單身漢，要帥夠帥，四十歲上下說小不小，說老也還不會太老，重點是他的個性很好。這樣的條件，讓他在地區的電視台擔任談話性節目主持人，工作算是多姿多采。但他眞的單身太久了，久到有時連來賓都會冷不防在節目中脫口而出：「你什麼時候要定下來啊？」或「傑瑞，你要讓街坊的小姐們哈到幾時啊？」但傑瑞的回答永遠是千篇一律：「對的人還沒來。」

姊妹們，要是愛上像傑瑞這樣從來沒被征服過的梁山，妳得有三兩三，才好去嘗試登頂看看，不然別人都到不了的禁地，妳憑什麼覺得自己有成功的機率。而這個三兩三就是妳得要掌握一些別人都被蒙在鼓裡的資訊，這樣妳屬意的男性才能手到擒來，他也才會在心裡暗自鼓掌說：「妳終於來了。」

我跟傑瑞也是因爲「計畫」結緣。當時因爲在做相關的研究，我頓時成了半個兩性專家，經常受他之邀上節目講話，我們也順勢成了「純聊天」的好朋友。某天夜裡下了節目，我們一起到電視台附近的餐廳吃飯，席間我也問了那個他身邊每個人都在問的問題：「對的人還沒來喔？」結果出於對我的信任，他給了我眞正的答案。

原來傑瑞有個小祕密，但他對絕大多數人都不好意思講。這晚他一會兒插著比目魚排，一會兒擰著手，小小聲對我說：「有時候跟女人上床的時候，我會幻想自己才是女的，而我的女伴是男的，我會期待她來勾引我，主動把我給吃了。」

「所以呢？」我不當回事地說，「性幻想是人都有，這很嚴重嗎？」

「嚴重，」他戰戰兢兢地一邊說還一邊四處張望，深怕有熟人在旁，「因爲我會想穿成女的。」話畢他整個把臉埋到桌底。

我對傑瑞說這眞的沒什麼。「很多人都這樣幻想，你不知道而已。」聽我這麼說，他的表情寫滿了感激，雖然我其實有爲了他說話比較誇張。接下來幾小時，傑瑞心防一整個卸下，拿所有的細節朝我轟炸。他說自己只要跟女性約會，都會丟出一些暗示測試對方的反應。比方說有時他會看著女生的高跟鞋說：「欸，妳這鞋很好看耶，不知道我穿起來如何？哈哈。」

這麼說完傑瑞會緊盯著女生的回應。如果她說：「拜託，你是男生耶，穿高跟鞋能看嗎？」那傑瑞就會失去對她的「性」趣。反之，如果她回答說：「還不錯啊，要不要試試？」他就會馬上給葛萊芬多，嗯，給這位女伴加二十分；如果她的回答竟是：「你超適合的啊！不然我今天穿完送你好了。」那傑瑞就會宣布比賽結束，說不定連單身狀態也會一起結束。男人就是這麼搞怪，就是這麼變態！

女人若不能回應男人的性幻想，讓他覺得有機會得到滿足，他就會打退堂鼓。而要面對男人各種奇怪的性幻想，妳可不能純潔得像白紙，否則妳跟獵物的緣分就會到此爲止。

各式各樣讓我們良家婦女不可置信的閨房祕辛充斥於坊間報刊雜誌與各家名嘴的口中，但我們還是私心覺得這是極少數人吃飽太閒才會做的事，而且這些人都是潛在的性侵犯，最好通通抓去關起來。他們所不了解的是性心理不是只有黑跟白，正常跟變態，這當中其實存在很大一塊灰色地帶。許多看起來正派的男人，事實上都有微量的「變態傾向」，傑瑞就是如此。這樣的變態慾望不會強到讓他在電視觀眾面前「出櫃」，不會強到讓他去勉強別人，但會強到讓他去等待對的人。

傑瑞說如果約會對象給他正面的回應，他眞的會認眞考慮在關係上更進一步。通常跟新伴侶上過幾次床之後，傑瑞會找一天說要玩「角色互換」。「寶貝，」他會故作輕鬆地說。「今天妳是男的，我是女的，換妳來把我。」他說大部分的女友都會「一時不察」而眞的半推半就地玩玩看。「但我看得出來她喜不喜歡。」傑瑞斬釘截鐵地判決定讞，「如果她實在不是『吾道中人』，那我當然也不會勉強她，但我更不可能勉強自己接受她。反之，如果她願意把我當成她的芭比娃娃，那閃婚也不是不可能。」他是認眞的。

傑瑞變不變態我不敢講，但他絕不是特例，而是通案。當然我說通案的意思不是一堆男人想做女人打扮，而是說在性的世界裡，「重鹹」確實是很多人的菜。

為什麼傑瑞會想玩這麼大？

這個問題的答案，還是要回到人的個性去談，而人的個性又得回歸到兒時的成長經驗。

經過分析，癖好的根源多半都能浮現，但有些男人的狀況一看便知，連分析都可以省下來。

傑瑞記得五歲時的一天，他姊姊聯合幾個女生把他脫光光，然後拿她們的蕾絲內衣給他穿上。他記得低頭看著自己的樣子，他硬了，這是他生命中的第一次勃起。傑瑞一方面覺得被女生擺布很丟臉，但又覺得得到這麼多女生注目很開心。這件事從此在他的性愛地圖上有了座標，甚至可以說是成了地標。

各位女人，權力與控制的遊戲是男性性幻想的不變主題，妳一定要努力在他的言談中搜尋。主動與被動、命令與服從，是男人性愛園地裡盛開的花朵，但妳可能不知道有多少男人不想主動，不想下令，而是想處於被動，想乖乖地服從。

對習於採取被動與守勢，習慣退讓的女性來說，在床上對男人言聽計從沒什麼大不了。在「被強」這一經典的幻想橋段裡，陌生帥哥會在夜裡將她一把抱起，帶回自己的城堡裡，這樣的發展對男女雙方都是很合理的劇情。但如果反過來由強壯的女性把男生給綁起來肆意妄爲，那就多少會尷尬，男生尤其會覺得丟臉丟到家。

爲什麼控制與被控制會在幻想裡有這麼重的戲份呢？性的快感第一次出現時，小男生的太陽系還是以媽媽爲中心。在嬰兒時期，媽媽會幫小男生洗澡、換尿布、拍背、對小雞雞灑痱子粉，甚至幫他灌腸。你想得到最沒有距離、最沒男子氣概的事情都讓媽媽給集滿了。這階段的媽媽既是他的守護天使，也是他的凱撒，做錯事凱撒可以處罰他。他在媽媽面前只有無助二字，媽媽對他想怎樣就可以怎樣，他不能說話，因爲他甚至還不會說話。但在媽媽對他的操控底下，他小小的內心感覺到自己擁有母親像太陽一般完全而永恆的愛，那是一種全然的安全感。

長大以後，男生遠離了母親的保護與控管，他自由了，但也落了單。我們可能都沒有意會到，但每個人每天都在學習處理這樣的「孤單」與「疏離」，而有些男人處理之道就是躲到性幻想裡。如果媽媽的陪伴回不來了，那就找個漂亮的女人來替代吧。這個女人可以命令他、指正他，甚至於處罰他。這樣的男人渴望有個性伴侶可以讓他放心做自己，想哭就哭，想求就求，從頭再扮演起無助的小孩。

有些男人會把幻想整個倒過來，把他們不敢講，但其實希望妳對他們做的事情，反過來用在妳的身上。這類男人會把幻想鎖在最裡面最裡面的心房，要非常聰明的女性才能把他的心情按捺得服服貼貼，才能卸下他的心防，這就像阿拉丁神燈有人摸什麼都沒有，換個人摸就會冒煙。

姊妹們，如果妳覺得自己跟像傑瑞這樣的男人在一起會開心，有一個辦法可以讓妳達成目的，妳就跳進他的幻想裡，跟他一起玩。如果妳可以接受的話，那其實可以跟男人玩的東西還蠻多的，除了換衣服穿，兩個人在房間裡還可以打屁股、搔癢、相撲，乃至於試用各種莫名其妙的成人玩具。

脫離常軌看看

跟傑瑞其他條件一樣，但性幻想更詭異的男人也找得到。就像破殼而出後的印記影響小鴨一生，有些男人也會因爲小時候的某項經驗而一輩子受某件事物吸引。有時候小男孩的初生性慾會「歪掉」，結果他長大後會迷戀媽媽幫他換尿片時，磨到他小雞雞的塑膠圍裙，或是沒穿鞋在他搖籃邊走來走去的大腳丫子。這就是部分成年男性會有戀物癖的原因，而且因爲女性幾乎沒有這樣的案例，所以她們往往會覺得這樣的男性心理很稀奇。

妳有辦法扭轉或改變獵物的慾望，讓他眞正長大嗎？嗯，專家說基本上沒辦法，不然妳先去找個同性戀者來改變一下，要是成功了我們再來談讓男人不變態。像傑瑞這樣想穿女生衣服的癖好，算是比較極端，所以很多人知道了會驚呼「眞的假的」。但極端歸極端，男性的幻想通常比較具體「可行」。

我可以負責任地說妳如果可以接受（或很能接受）跟男生玩這些「遊戲」，那妳就再回到之前租男性A片的錄影帶店，我相信不論曖昧對象的癖好爲何，裡面一定可以找到相關的教材。

第五十章

關於「看別的女人」這件事

有件事情我們要知道，那就是地球上的每個國家、每個城市的每個表面，包括地鐵月台在內的所有空間，都存在同樣一個問題，困擾著所有帶閃光出門的男人或女人。

迪克跟珍妮是一對典型的情侶，兩人正開開心心牽著手在人行道上散步，迎面一個正妹來襲。「不會吧！」珍妮心想，「迪克一定也注意到了，他應該很想看吧，這傢伙敢嗎？」

「哇哩咧靠！」迪克腦袋轟然出現一個詞，「正妹！哇嗚，眞的超正的啦。等等，小心，千萬不能讓珍妮抓到我在看妹。嗯，我頭不能歪，要等到跟正妹距離最短的瞬間再快速掃一眼。」

迪克跟珍妮繼續走著，一副若無其事，好像朝他們走來的美女是透明的一樣。迪克對珍妮笑了笑，握緊的手也再多出了一分力，好像在說「我不會亂看，妳不用擔心」。珍妮看來對男友的輸誠很滿意，這時的她還是滿臉笑意。

但不變的是無名正妹愈走愈近，眼看著最佳觀察點就要來臨，迪克卡在女友跟正妹中間，他到底是應該一點險也不冒，小心駛得萬年船，還是看一眼也好，不在乎天長地久，只在乎曾經擁有。問題是如果看了這一眼，迪克是否能全身而退？

想得美！迪克可能以爲自己的眼神像康定級的拉法葉艦，在女友的雷達上只是像漁船般的一小點，但其實女生的心眼是最先進的E2D預警機，你的一舉一動跟方圓百公里內的中等以上美女都逃不過她的法眼。一旦她發現你的眼睛在亂飄，頭有稍動（她也一定會發現），保證你吃不完兜著走。她要嘛當場大爆炸，要嘛從此疑神疑鬼，動不動就酸你：「沒看過女人喔？」

這樣會很難看。

技巧83▼（給男士）：禁止看妹

獵人先生們，要贏得女生的心，出門請你戴上隱形的眼罩把路上的正妹影像趕出去。跟寶貝在一起的時侯就只有她是你的菜，其他女性都是不應該的存在。你應該祈禱在路上都是正妹在你跟女友的身邊走來走去，這樣你才有機會證明你眼裡只有她一個是女人，其他的異性不論再美，都只是過眼雲煙，惟有身邊的她才能讓你望穿秋水。

各位小姐，我相信各位的男友一定都不會亂看妹，但如果「萬一」裡的那個一發生了，這裡有一招我希望妳能知道，至於它的內容我想用法律條文的風格來呈現：

鑒於：男人都喜歡看妹……說不愛看的不是不老實就是還沒出櫃。

鑒於：做起來有罪惡感的事情，往往都是他真正想做的事情，給他自由去開心，他會對妳超感激。

因此：要抓住男人的心，就讓他跟隨自己的心去做事情。他不好意思吃宵夜就主動說要去麻辣鍋店，他想吃甜點就幫他點一點，他不看妹就把妹的畫面推到他眼前。

不管是走在路上、一起參加活動、還是在看電視時，妳都可以主動幫男生物色美女，免得他錯過了任何一位士林林志玲或八里李毓芬，抱憾終身。要是珍妮可以大方地說：「快看快看，十點鐘方向走過來一個美女！」，妳想想迪克會有多印象深刻，他會想說跟這女人交往簡直太值得！

技巧84（給女士）：讓他看妹

姊妹們，幫男生找正妹還點名要他看，就說：「生魚片旁邊的女生好正喔！你看看」、「有沒有這麼正啊？那女的，你看是不是？」

稍微有長腦的男生都會馬上抗議說：「妳在胡說八道什麼，明明妳比較正。」當然他一定要先看一眼對方，才能確認妳真的還是比較正，這樣他可以得其所願，看到正妹一眼，大方的女友一角妳也才可以順利扮演，雙贏！

第五十一章

寧可信其有：愛的氣味

要讓人愛上你，你就不能偷任何一丁點懶，冒任何一丁點險，有任何一丁點僥倖之心。這麼想的話，我們確實還有一條通往愛情的途徑沒有試過。有人說通往男人的心要通過胃，我說通往戀人的心會通過鼻腔，費洛蒙飄散在這條路上。

什麼？再說一遍。

費洛蒙：人體分泌的化學物質，體味是也。

近年來費洛蒙是很熱門的話題。

在某些昆蟲或動物身上，費洛蒙已經證實有其吸引異性的效果。有些蟲子會完全受氣味的擺布，母豬一聞到豬公的汗味就會張大鼻孔，搖著屁股示意豬公過來。

人也是動物，所以我們的汗味、腳臭，甚至各種好說跟不好說的分泌物（不好說的意思就是需要買婦潔來去除其氣味），都可以算是費洛蒙的分身。但問題是有沒有用呢？男人的體味能吸引女人嗎？女人「味」是言過其實還是眞有其事？人貴爲萬物之靈，跟其他動物在這方面有沒有共識？

一部分人確實會對異性的味道起反應，不少男人喜歡聞女人的腋下。拿破崙據稱寫過信給心愛的約瑟芬，信裡提到：「我明天入夜會抵達巴黎，萬勿沐浴。」當然在二十一世紀的今天，哪個先生敢提出這種變態的要求，做太太的一定會罵他有病，幫他約好醫生然後叫他滾一邊去。

所以雖然很多人會質疑，但還是有科學家深信人類費洛蒙的潛力。事實上有六位聲譽卓著的科學家認爲人除了五官，在鼻腔裡還有一個新的感覺器官叫作「犁鼻器」(vomeronnasal organ, VNO)。這六位科學家主張幾個世紀以來，生理學家跟解剖學家都沒發現這個器官，但也不怪他們，因爲這構造既小又不起眼，基本上不過是鼻中隔底部的一個凹槽，但卻有報告說這小又不起眼的凹槽可以偵測到人跟人之間自己都沒有察覺的化學信號。

爲了證明這點，這群科學家做了所有科學家都會做的事情，就是實驗。可惜受試者躺著用力聞了又聞，卻什麼事情也沒發生。身爲女性的受試對象聞了男性在腋下戴了好幾天的止汗墊片，結果是她們的經期稍有改變，但絕對沒有哪位女性覺得這樣很性感。

不過當代的科學家跟創業家並沒有放棄，他們還是不斷在研究，希望哪天可以一舉成名天下知。他們的希望（或奢望？）是能夠把體味「瓶裝」，這樣我們就可以把母豬聞到豬公時的反應複製到人類身上。事實上有位冰雪聰明的創業家已經做出了體味的「易開罐」，建議售價是五十毫升七十美元，就連「聞到」商機的郵購業者也不甘人後，開始促銷萃取自人體的神祕成分，還保證異性對其毫無抵抗力。

我自己也在這方面做過一些研究，但我本身算不上很科學的觀察是把男方的費洛蒙塗一點在耳後，你會吸引到一堆疑似雌性的飛蟲跟著你，至於女人會不會有一樣的反應，目前倒是沒有什麼強力的證據。

嗅覺無疑具有強大的吸引力。誰能保證呢？我們還是不能排除那一絲絲可能性，也就是科學家跟創業家的靈感是對的，而只要有這一絲絲可能性，我們就可以說：人身上的味道可以載舟亦可覆舟，要注意！

技巧85▼你知我知，鼻子也知？

當然，你不應該期待獵物會只因為你的味道就愛上你，但費洛蒙確實是動物界裡有實證基礎的催情劑，所以寧可信其有，不可信其無，買香水或古龍水時可以考慮一下曖昧或交往對象的心情，這樣對你們的未來肯定是有利無弊。

結語

我們從母親的子宮來到世上，是一個人；我們的存在有身體跟心靈的疆界，疆界以內是一個人；我們有天離開這世界，也會是一個人。如果來到世上這麼一趟，一個人可以跟另外一個人一同放下孤單，找到連結，那才稱得上是無上的幸福。但真愛不是天賦人權，而是無價的奢侈品。既然是奢侈品，我們就必須付出才有機會得到。

我們可以尋求科學研究的幫助，讓科學家分析戀愛的理由，然後我們可以按照這些理由來行動，讓我們心儀對象的需求得到滿足，進而與我們相戀。但就像美國詩人柯立芝 (Samuel Taylor Coleridge) 在給同事的信裡寫道：「我堅信五百位埃薩克・牛頓 (Isaac Newtons)，才能換得一個莎士比亞 (Shakespeare) 或米爾頓 (Milton)。」愛情也不遑多讓。聆聽那科學研究帶我們深入淺出的六項愛情元素。

- ❖ 第一印象的影響
- ❖ 物以類聚的能量
- ❖ 愛情關係的對價

❖男女都是自戀狂
❖異性相吸的方向
❖性愛前中後的爽

把科學研究萃取出的愛情理論與技巧搭在弓上，瞄準你的對象，但別忘愛情仍舊是門藝術，你仍然需要創意、靈感與愛的魔力助你一臂之力。好的演員會終其一生認眞鑽研技巧，但只要上了台，只要沐浴在聚光燈的溫度裡，台下的十年功都會被拋在腦後，表演者會完全投入在台上的十分鐘，這十分鐘裡沒有過去，只有當下，沒有練習，只有早已內化的功力。談戀愛也適用同樣的道理。讓人愛上你的技藝你可以努力去研習，但一旦那人出現在你眼前，就放手一搏，直覺是你的方向盤，心是你的引擎，衝就對了。

愛在前方等你。

國家圖書館出版品預行編目資料

跟任何人都可以聊得來3：學會愛的語言、追愛得愛，人見人愛就是你 / 萊拉．朗德絲 (Leil Lowndes) 著；鄭煥昇譯 —— 初版. —— [新北市]：李茲文化, 2015. 05

面；公分

譯自：How to make anyone fall in love with you

ISBN 978-986-91637-0-5（平裝）

1. 兩性關係

544.7 104003447

跟任何人都可以聊得來 3

學會愛的語言、追愛得愛，人見人愛就是你。

作　　者：萊拉．朗德絲 (Leil Lowndes)
譯　　者：鄭煥昇
責任編輯：陳家仁
主　　編：陳家仁、莊碧娟
總 編 輯：吳玟琪

出　　版：李茲文化有限公司
電　　話：+(886) 2 86672245
傳　　真：+(886) 2 86672243
E-Mail: contact@leeds-global.com.tw
網　　站：http://www.leeds-global.com.tw/
郵寄地址：23199 新店郵局第 9-53 號信箱
P. O. Box 9-53 Sindian, Taipei County 23199 Taiwan (R. O. C.)

定　　價：360 元
出版日期：2015 年 5 月 1 日 初版
2023 年 2 月 8 日 十二刷

總 經 銷：創智文化有限公司
地　　址：新北市土城區忠承路 89 號 6 樓
電　　話：(02) 2268-3489
傳　　真：(02) 2269-6560
網　　站：www.booknews.com.tw

Change & Transform

想 改 變 世 界 · 先 改 變 自 己

Change & Transform

想改變世界・先改變自己